贡山怒人（今怒族）

云南德钦溜筒江人马溜索过渡

云南宁蒗革囊（金沙江）

云南维西叶枝乡傈僳同胞跳锅庄（摄于 1942 年）

云南维西叶枝乡傈僳族妇女之头饰（摄于 1942 年）

云南丽江么些（今纳西族）妇女装束情形

么些（今纳西族）妇女装束

张正东先生在丽江鲁甸工作之情形
（图为注射防疫针）

云南维西傈傈族学生（摄于 1943 年）

西南联大社会学系毕业生合影（后排左起第三人为张正东先生）

1980年10月全国民族学会期间合影（摄于八角岩饭店，左起依次为张正东教授、吴泽霖教授、邝文宝老师）

张正东教授与学生们（1985 年秋摄于贵州民族学院教学楼前）

1989 年 3 月 31 日与参与“十一亿人口日”的民院师生合影（左二为本书的编者石开忠教授，左四为张正东教授）

1991 年 4 月 28 日清华建校 80 周年校庆（左一为张正东教授，左三起为薛寅、裴毓荪、费孝通）

云贵民族考

张正东 著

石开忠 编

群言出版社
Qunyan Press
· 北京 ·

序一　教书育人、服务社会

张正东，曾用名张征东（字正中）、张振东，正式使用张正东一名是在1960年5月19日于中国科学院贵州分院民族研究所。张正东教授原籍河南省襄城县，1919年10月25日出生于河南省汲县的一个医生家庭。父亲张恩宣，医师，一生从事医务工作，1957年病死于华中师范学院卫生科科员任内。母亲魏守贞，家庭妇女，1930年病逝。继母张灵凤，家庭妇女，父亲去世后随大弟住北京。大妹张彩荣，医务工作者，1949年去台湾，1980年曾到沙特做援外工作。二妹张彩瑞，在上海纺织品进出口公司工作，已退休。三妹张彩云，北京日坛医院科研处副处长。四妹张彩兰，中国气象局医师。大弟张振西，在中国医学科学院抗生素研究所工作，曾派驻比利时进修。二弟张振国，武汉医用玻璃厂技工学校负责人，中共党员。

张正东教授妻子邝文宝老师，1919年3月生，广东人，华侨，为国立西南联合大学社会学系同学。他们于1942年6月结婚，育有三个子女。大女儿张凯龄，曾在安顺一中工作，后调入贵州民族学院教务处工作，现已退休；长子张协龄，在贵州民族学院图书馆工作，现已退休；次子张昌龄，在贵阳市房地产管理局工作，是房产评估师。

张正东教授受过良好的教育：小学是在河南省商丘县立小学（初小部），中学是在上海、河北通县、河南开封等地完成的；1938 年 10 月至 1942 年 7 月，在云南省昆明市国立西南联合大学法商学院社会学系学习。

张正东教授的学术思想与他的个子一样可以概括为一个“高”字。张教授有 1.9 米的身高，同时考取著名大学——清华大学即后来的西南联合大学，也就是说他的学术起点高。许多著名的教授曾是他的老师，如闻一多、潘光旦、吴泽霖、费孝通等。在他的同学中也有一些著名人物，如杨振宁，还有一些著名人物的子女，如国民党高官陈布雷的女儿陈莲。张正东教授考取清华大学的化学系，与世界著名的科学家杨振宁是同一寝室的同学。由于他对化学药物敏感，不能继续在化学系学习，杨振宁的父亲是化学系的系主任，在征得他同意后转到了法商学院社会学系学习，从此开始了他社会学的学习生活。这样的生存环境和人文环境，对于他的政治生活和社会生活以及学术思想影响都比较大，以至于影响了他的整个人生。

张正东教授一生都在为少数民族地区、少数民族教育做贡献。1942 年在西南联大毕业时，有一位在广州岭南大学任领导的亲戚曾给他安排了一个教职，邀请正东教授到该校任教，他婉言谢绝了。他认为哪里的城市基本上都是一样的，有宽阔的马路，有高楼，而农村却不同，各有各的特点，特别是在少数民族地区的农村更是不同，更是需要他们这样的人才。于是正东教授夫妇俩人从 1942 年 7 月到 1946 年 1 月，受清华大学资助在云南丽江从事民族调查，在吴泽霖教授的指导下进行了长达四年的民族调查研究工作。这些工作主要有三项：一是兴办学校，进行民族教育工作。这里是边疆地区，又是少数民族地区，学校及其教育不发达，办学校，发展教育需要教师，正东教授夫妇俩适合这一需要，积极主动地进行了这一工作。1946 年 2 月至 1949 年 7 月，在云南丽江师范学校任教员、校长，直接从事民族教育。二是发展当地的医疗卫生事业，改善这里少数民族的缺医少药状况。正东教授夫妇虽然不是学习医学的大学毕业生，但他俩利用自己原有的医学知识，同时边干边学，较好地完成了这项工作。三是争取边疆地区土司回归祖国的工作。因为这里是边疆地区，土司的去留与我们国家的国土有直接的关系，土司如果不归顺，则我们将有一部分国土丢失；如果土司归顺，则我们就将拥有一片领土。这三项工作在当时的意义是重大的，特别是争取土司尤为突出。这段调查生活是艰苦的，风餐露宿是经常的，有生命危险的时候也是存在的。就是在这样的环境中，正东教授写出了《云南傈僳族及贡山福贡社会调查报告》等研究报告（该报告及文章由吴泽霖教授交西南民族学院图书馆保存，吴教授当时在该校任教，后该馆曾内部刊印，内容详见本书第一部分）。这些报告是研究二十世纪四十年代这些县及民族不可多得的重要资料。1989 年 4 月我随正东教授去云南大理参加“西南民族人口研讨会”时，时任云南丽江州政协副主席的正东教授在丽江国立师范学校时的学生曾提到这些资料的出版问题，并邀请正东教授访问丽江，后因身体原因未能成行。

1949 年 10 月至 1950 年 3 月，正东教授任云南大学社会学系讲师，讲授“人类学”；1950 年 4 月至 10 月，在西南人民革命大学云南分校学习；1950 年 11 月至 1951 年 7 月，任云南昆明长城中学副校长、文科专任教员；1951 年 8 月至 1953 年 8 月，任云南昆明第十二中学文科专任教员；1953 年 9 月至 1956 年 5 月，任云南昆明第六中学文科专任教员；1956 年 6 月至 1957 年 6 月，任云南昆明第十五中学文科专任教员。

新中国成立后不久，中央派民族访问团访问贵州民族学院，而访问团成员中就有其恩师吴泽霖教授。当吴泽霖教授听完汇报后得知贵州民族学院师资非常紧缺，他立即想到他的学生正东教授。于是，吴教授写信给正东教授，希望他到贵州民族学院工作。在收到吴教授的来信后，正东教授夫妇俩毫不犹豫地来到了贵州民族学院：1957 年 7 月至 1959 年 12 月，在贵州民族学院研究室从事民族学研究；1959 年贵州民族学院被撤销，1960 年 1 月至 1979 年 8 月，正东教授到贵州省民族研究所工作；1975 年贵州民族学院恢复办学，1979 年 9 月正东教授调入贵州民族学院从事教学科研工作，一直到退休。

正东教授注重调查研究，除了早年在丽江从事多年的民族调查研究工作外，在到贵州工作以后，曾多次到一些县进行调查研究工作。1982 年我在贵州民族学院政治系毕业后，留校任正东教授的助手，曾多次随他到台江、惠水、都匀、贵定、雷山、剑河等县、市进行调查，并撰写了相关文章。

正东教授对学生作业和论文的修改是认真严肃的，我记得现任贵州省人大副主任唐世礼的毕业论文就是他指导的，修改意见非常细致具体；还有现任贵州民族大学副校长杨昌儒的

《民族学纲要》一书也是正东教授细心指导修改后出版的，所有这些过程我都在场，给我的印象非常深刻。对于我个人来说，在跟随正东教授的十二年里，不仅在写文章上，同时在做学问、做人上都有很大的收获，以至于终身难忘，终身受益。

正东教授西南联大毕业时正是风华正茂的年龄，国家将其当作栋梁之才来培养锻炼，正东教授被吸收到了当时执政党——国民党中，同时出任丽江国立师范学校校长。1949 年新中国成立，中国共产党执政，由于当时的政治环境，正东教授受到了不公正的待遇。从此以后，他不仅在为人上，同时在写文章上也显示出“小心翼翼”、“谨小慎微”。这样的为人处世令处世不深而懵懂的我有时感到不耐烦，而现在回想起来却是正东教授留给我的一笔财富。

1982 年他加入了中国民主同盟，这是一个人才济济的民主党派。在力所能及的情况下正东教授做了大量考察和智力支边工作。

他担任《中国人口·贵州分册》副主编，参与编写了贵州省第一部区域性人口著作，参编了《贵州省志·地理志·人口篇》、《清实录·贵州资料辑录》，还参加了云贵等省十几种少数民族的调查和资料汇编工作，同时撰写了多篇具有较高学术价值的论文。他还担任《贵州通史》的编委。在教学科研工作中，他还关心、培养中青年教师，他接待了不少来我省、我院访问的国内外专家和学者，同他们进行了友好的学术交流，例如，在 1986 年就受学校委托指导从美国来进行苗族研究的路易沙。在贵州省的民族识别、民族教育和贵州少数民族地区的社会经济发展方面也作出了贡献。所以，1986年9月，贵州民族学院授予他“为人师表，教书育人”先进教师称号；1984年9月，贵州省委、省政府授予他“民族团结”先进工作者称号；1985年10月，省政协、省智力支边领导小组、省委统战部授予他“贵州省各界人士为四化服务”先进代表称号。

正东教授在生活上始终保持艰苦朴素的作风，为人师表，严以律己，宽以待人，在大是大非的问题上态度鲜明。他曾参与了贵州民族学院历史系、社会学系的筹备工作，并是历史系的负责人之一。在课程的设置上和学科定位上高瞻远瞩，放眼全国，放眼未来，以至于现在依然还有指导意义。

1997年3月6日，在正东教授追悼会上，贵州民族学院在悼词中说：“张正东同志退休以后，仍然十分关心贵州民族学院的建设和发展。他曾担任学院关心下一代协会顾问，发挥自己的余热。他谆谆教导在民院工作的子女，要老老实实做人，勤勤恳恳工作，为党的民族教育事业作贡献，为贵州民族学院的建设和发展尽心尽责。直到他生命弥留之际，还向前往医院看望他的学院领导询问学院情况，充分体现了他关心民院，热爱民院的深情。张正东同志的逝世，使我们失去了一位好同志、好老师，是民族教育事业一个无法弥补的损失。我们要化沉痛的哀思为力量，学习张正东同志高尚的品格和严谨的治学态度，努力做好贵州民族学院的各项工作，以告慰张正东同志的英灵于九泉之下。”这是民院人共同的心声。

石开忠

（贵州民族大学民族学与社会学学院院长、教授）

序二　师从张正东先生学民族学

张正东先生的文集就要出版了，我的师弟石开忠教授要我写篇文章纪念张先生，欣然应允。其理由是通过深情缅怀先生为贵州民族学院民族学、社会学的学科建设、人才培养、社会服务以及为贵州民族研究和民族团结进步事业所作的贡献，检讨我校民族学、社会学发展的现状，努力搞好民族学、社会学学科建设，更好地为贵州民族地区和少数民族服务。

我的本科专业是政治学，但教学计划中有民族学的课程。刘绍励、张英志两位先生给我们讲民族理论与民族政策课，李智仁先生给我们讲恩格斯的《家庭、私有制和国家的起源》。张先生在20世纪70年代末调入贵州民族学院后，与姜永兴先生一起为我们开民族学专题讲座，少数民族社会制度、婚姻家庭制度、精神文化等专题深深地吸引了我，也许这些是我走上民族学教学道路的开始吧。

1983年我从中央民族学院进修回来后，省委组织部下达任务，要我校干训部搞一个民族干部调查报告。我接受任务后，找张先生请教，先生为我草拟调查提纲，教授我收集资料的方法。我谨记先生教诲，深入三都水族自治县，在为期半个月的调查中，获得了三都县干部队伍的基本情况，形成了《三都水族自治县民族干部调查报告》，这份报告最后在中国民族理论研究会主办的《民族理论研究通讯》全文刊登。

1984年我把学习《家庭、私有制和国家的起源》的学习心得整理成文送《贵州民族学院学报》编辑部，当时，张先生负责民族学方面论文的编审，先生看到我的文章后随即通知我到他的家里，逐字逐句地修改我的文章，经过两个晚上的修改，题为《试论民族与国家的相互关系》的论文最终定稿，并在《贵州民族学院学报》上发表了。

1987年我提出重建《民族理论与民族政策》教材体系，并把写作大纲交到学校科研处，很多专家认为我年纪轻，阅历不够，难以承担这项任务，况且国家民委1985年出版的教材是权威，不可任意修改。只有张先生坚决支持我、鼓励我，与我一道讨论写作大纲，并表示愿意为我的书作序。在张先生的鼓励下，1988年年底我完成了写作任务，1989年贵州民族出版社为我出版了《民族理论概要》一书。

回想与先生相处的这些事，感想颇多，如果没有先生的指引和悉心教诲，我不可能是第一个对国家民委统编的《民族理论与民族政策》教材体系提出修改的学者，也许人云亦云、照本宣科的工作样式就会伴我终身，教育部民族学本科教学指导委员会的人员名单上就不会有我的名字。

回顾与先生相处的这些时间和事件，我认为有两点经验值得贵州民族大学民族学学科珍惜和铭记：

第一，鼓励和支持后学。张先生非常注重学科建设，注重学术人才的培养。学科建设说到底是学科队伍建设，要搞好学科队伍建设，首要的就是鼓励和支持后学，这样才能形成后浪推前浪的态势，方可保持学科建设昂扬向上的活力。如果学科带头人只注重自身的发展，忽视后学，也许你的峰头很高很大，但没有后浪的波峰推动，其结局必然是后继乏人，“青黄不接”、“一代不如一代”必然成为描述学科现状的形容词。

第二，严谨的治学精神。先生毕业于西南联大，曾师从费孝通等名流巨匠，言行举止间彰显了西南联大的传统。先生花了两个晚上为我修改文章，逐字逐句的修改过程中没有训斥，更多的是商量和说明为什么，每句话、每个字的使用都强调其合理性。先生这种学术品格和仁者情怀值得我们效法。

先生虽然离开我们，但先生的精神永存。今后我们在学科建设、学术研究和人才培养方面，要珍惜先生留给我们的学术基业和精神财富，要根据当今中国和世界的发展要求，励志前行，用无愧于时代的研究成果来告慰先生的英灵。

杨昌儒

（贵州民族大学副校长、教授）

目　录

第一编

云南傈僳族及贡山福贡社会调查报告

（本编是正东教授早年在滇西时的调查报告，报告写成后交给时任西南民族学院教授的吴泽霖先生，吴先生将其交存于图书馆。西南民族学院图书馆于 1986 年 5 月编印成册，名称为《云南傈僳族及贡山福贡社会调查报告》。正东教授得知后写信索要了该报告，并就报告中的错漏部分作了纠正。因年代久远，加之作者已去世，文中仍有一些需要调整的，为保存这一地这一时期的珍贵资料，故未作改动，特此说明——编者。）

云南倮倮族调查报告

第一章　民族名称

一、自称

倮倮自称为倮倮，又自称为鲁庶扒，以上所称二语是倮倮族笼统自称之名词。查倮倮族，分为三大支系，各有自称之名词：其一，为黑倮倮族，乃自称栗庶能，又自称曰“尼那扒”。其二，为白倮倮族，乃自称倮倮铺，又自称曰“勇伯扒”。其三，为花倮倮族，乃自称倮倮迦楞，又自称曰“楞梅扒”。

二、自译本族名称之意义

倮倮二字，为本族自称词之语根，在本族语文中，本义难于解释。其第二自称之鲁庶扒三字，可从本族语文中解释其意义：所谓“鲁”者，倮倮语“石”也；所谓“庶”者，倮倮语“生”也；所谓“扒”者，倮倮语“人”也。“鲁庶扒”三字，直译之则为“石生人”，□□□倮倮长居石岩之顶，而得其名也。“鲁庶”二字，么些族人也称本族（栗倮）之名词，于么些象形文字经典中常见之字，写作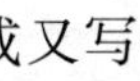。在《毕扒果苏》及《措波萨》等书，或简写为字，或又写作字，意为倮倮打竹签卦也。

盖本族（倮倮）与么些族有密切之关系，其统治之土司、头人多系么些族；本族无文字，而么些族有原始象形文字，其记载于该族之经典者，系属可靠之名词。笔者研究么些经典有年、可以将二字，训诂其义：“”字本为人戴石之形，读如［lǔ］，鲁者，石也。故上为，下为，即取从石从人之义。假字之声而附之形，为形声字。字本骰子之形，上加三撇，读如庶。庶者，草也，假借解为生，为假借字，合组为则指人类（倮倮族），与本族语中所释之意义相同，故引之为证。

在本族之邻，除么些族外，尚有德钦之古宗族，维西之西番族及喇嘛族，兰坪之民家族，贡山之俅族，福贡之怒族，该六族语言互异，而均称倮倮族为鲁庶，于此可证［1v－1svy］之词，不唯本族之自称，亦系他族称彼之名词也。

黑倮倮自称为倮粟能。查本族（倮倮）语，“粟庶”等于倮倮；“能”等于黑也。“粟庶能”直译为倮倮黑；因本（倮倮）语文法组织有异于汉文法；每为名词在前，形容词在后，“粟庶能”意即为黑倮倮也。于后又自称为“尼挪扒”。倮倮语中“尼挪”为维西，“扒”为人，盖指为驻维西之倮倮族也，并表明由维西倮倮族系分派之族类矣。

白倮倮自称为粟庶铺。查倮倮语，“铺”等于白，“粟粟铺”等于倮倮白，即白倮倮之义也。于后又自称“勇伯扒”。查倮倮族语，谓永胜为，［iy－1py］也即指明由永胜倮倮族系中分派之支也。

花傈傈自称为栗庶迦能。傈傈语，谓黑白相间者为“迦能”，花之意也。“栗粟迦能”意谓花傈傈也。于后又自称为楞梅扒。查傈傈语、称思梅开江为“楞梅”。所谓楞梅扒者，盖指为住恩梅开之傈傈族也。

三、汉族对本族之称谓

汉人称本族为傈傈，由于本族自称之二字之音译，而汉人向无一定之音标工具，乃随意就其音之相近者注之，竟有九种不同之字样，作：栗粟、力苏、力（此夕）、傈傈、力些、猓獥、力梭、黎苏、狸苏等。

以上虽有种种不同之字样，然皆就其字之声母，凡汉字近于［l］字之音者注为：栗、力、猓、黎、狸、傈六字，标其第一音；又将字［sū］之声母，凡汉字近于［s］字之音者，注为粟、苏、（此夕）、傈、些、獥、梭七字，用标第二音。然皆不出乎［lisū］二字之音也。

查本族傈傈之名称，载于汉人典籍者，不一而足。最先为唐樊绰之《蛮书·名类第四》作“栗粟”。“栗粟二姓蛮……皆乌蛮、白蛮之种族……。”

宋、元二代史乘里未曾发现，或许笔者不注意及之。

其次又见于《木氏宦谱·木青传》作“力苏”。“万历二十五年，云龙洲力苏抢五井司提举皇盐作耗奉总兵官征南将军太师黔国公沐武靖昌祚及两台明文，亲领兵征进，杀获八三级，蒙奖花牌表里。”

又其次见于明杨慎《南诏野史·南诏蛮夷种类》四十条作

为“力”（此夕）。“力（此夕），即僳僳，衣麻披毡，岩居穴处，利刀毒矢……以制服西番……”

又见于清顾炎武《天下群国利弊书·云南五》作：“力些，惟云龙洲有之，男囚首跣足，衣麻布直撒披以毡衫，以毳为带束其腰。妇女裹白麻布，善用弩，发无虚矢。每令其妇负小木盾径三四寸者前行，自发弩，中其盾，而妇无伤以此制服西番”。

又见于清毛奇龄《云南蛮司志》也作“力些”。“澜沧，卫有力些贼，每聚众杀人、烧庐舍。宣德初，招纲巴罕入贡，夺其贡物”。

又见于《续云南通志·南蛮志种人》作为“僳僳”。“僳僳相传楚庄足乔开滇时便有此种。无部落，居姚安、大理、永昌、江四府。其居六库山谷者为最悍，其居于赤石岩金江、边地与永江连界者，依树木岩穴，迁居无常”。

又见于清余庆远《维西见闻录·夷人篇》作为“栗粟”，“栗粟近城四山，康普弓笼、奔子栏皆有之。男挽髻戴簪，编茅草为缨络缀于发端，黄铜勒束额，耳带铜环，优人衣旧则改削而售其富者衣之，常衣杂以麻布织，皮色尚黑，袴及膝、衣齐袴、臁裹白布。妇挽发束箍耳带大环，领盘衣，系裙曳袴男女常跣。喜居岩峦绝顶，垦山而种、地瘠则去之，迁移无常。刈获则多酿为酒，昼夜沉酣，数日尽之。粒食罄，遂执劲弩药矢以猎，登危峰石壁，疾走如狡兔，妇从之亦然。获离兽，或烹或炙，对坐共食，虽猴猿亦炙食。凡烹，俟水一沸即食，不尽无归。餍，服采草根树皮食之。取山中草木为‘和合药’，男女相悦，暗投其衣，遂奔而从，跬步不离。婚以牛聘，丧则弃尸，不敬佛而信鬼。借贷刻木为契，负约则延巫祝，置膏于釜、烈火熬沸，对誓置手膏内，不沃烂者为受诬。失物，令巫人卜之，其人也以此法明为。触忿则弩刃俱发，著毒矢处肉，辄自执刃刳去。性刚，很嗜杀，然么些头目、土官能治之。年奉头目麦黍共五升，新春必率而拜焉。栗粟种类在滇省夷中为最劣，维西者杂处于各夷中而受治于么些族犹较驯顺”。

又见于清《盐源志·种人》作为：“傈獥”、“傈獥即栗粟，居于雅砻江谷之崇岭，为爨蛮之种族，刀耕火种，迁徒不常……。”

又见于清顾祖禹《读史方舆纪要》作“力梭”。“铁索箐在县西北，逶迤千里，山阿水隈，溪径深险，夷人每聚于此恃险出没，剽掠几百余年。万历初，铁索箐力梭夷叛、抚臣邹应龙讨之，七十二村悉平。”

又见于克勒脱纳《云南地理考察报告》内有《关于栗粟种族之考源》作“黎苏”。“黎苏人，乃藏缅族之一支，彼等现在似尚继续向南迁移。其居地为高山，与住于山谷低处之掸人，恰成一个对照。”

又见于和锡光《中甸县志稿·种人》作为“狸苏”。“狸苏，即《通志》所称之傈傈也。居于金沙江畔之峻岭崇峰间，种荞麦而为食，织麻缕以为衣。喜猎，射则必中。性狡悍，好杀戮，惟敬畏么些头目。”

又见于《中央制定改正西南少数民族命名表》订本族之名为“傈傈”。

以上有书所载固有十种之不同，字样虽殊，读音则近，其实则指傈傈之一族而已。

四、本族对其他民族之关系

本族（傈傈）向无部落，迁移无定，与各夷族杂居，每因环境而与其他族发展关系。所以形成黑傈傈、白傈傈、花傈傈三支系。兹就该三族之如何形成以及与他族之关系，分以下三项详述如下：

（一）黑傈傈族与么些族发生关系

黑傈傈之社区，其中心地带在维西近城四山、康普、叶枝、工笼、奔子栏及金沙江上游之中甸县属之江边境，丽江县属之鲁桥乡之高山上，其住地多与么些族接近。或通婚姻，或互相交易，彼以往来，联络情感，且本族（傈傈）最爱吸收么些族之文化，仿其俗习，循其礼教，甚而服饰也喜改为么些装束，学么些语言，能操么些语者极其普遍，并且统治本族（傈德）之土司头目，多系么些族人。因此关系尤为密切，于无形中发生同化作用。吾人推其远因，在清嘉庆八年，傈匪恒乍绷叛乱，云贵总督觉罗琅玕讨平之，乃悉么些头人、土官能治服傈傈之情形，作善后之设施，即具奏摺，奏请慎选头人，分路管束。查此次所委之头人、土官，俱系么些族选派。禾君相为中路之头人，管治维西属之舍根登、喇噶洛等寨，及丽江属之树苗、小甸等八处。又选派钱现、禾世昌二人为北路之正付头人，管制维西属之吉根、兔别多等十八处。又选派和畅、傅国相二人为南路之正付头人，管制丽江属之多依、卫达等九处。又选派和鸣皋、肖汉远为东路之正付头人、管制丽江属之鲁甸、独木村、栗地坪等八处。又选派扎安、杂其二人为澜沧江外之陇戛正付头人，管制江外陇戛、橄览木等十一处。每处都设有么些头目，妥为约束管辖傈僳夷众，安辑地方。所以黑傈僳，依么些之政教，学么些族之俗习，熏熔陶冶，潜移默化，很有逐渐同化之可能。今举实例证明之：么些族于农历正月初，必举行“祭天”之礼，而在维西属、中旬属、丽江属之傈僳，亦举行“祭天”之礼也。么些妇女服装，戴缁布髻，著长布袄，系麻布围腰；今傈僳妇女亦去其挽发束箍之头饰，而戴缁布髻也。去其短麻布对襟盘领衣，而著蓝布袄也；去其麻布短裙，而系麻布围腰也。傈僳之男人亦去其铜片勒额而戴瓜皮小帽也，去其麻布及膝之对襟衣，而著白布汗衣也。且农耕之工具多模仿“么些式”之形式而制造；盖不久将来必被么些族同化，因环境之关系而然。

（二）白傈僳族与汉族之关系

白傈僳族之社区，其中心地带在永胜之五郎河、蕨菜坪及宾川之感古山、姚安之铁索菁保山之登埂、鲁掌、卯照、六库、老窝等土司地，与汉人错居。其统治之土司头目多系汉人。因有政教、俗习、贸易往来，有迫切之关系，所以白傈僳族多能操汉语，尽量吸收汉人文化、婚丧、礼制，每喜仿汉人俗习。其住宅之大门贴春联门神等物，其男女服饰亦多改为汉装，农具什物等亦模仿汉制；盖汉人文化水准高于傈僳之上，且汉人文化有潜移默化之伟功。因此，白傈僳族为汉族半同化之演进。是以白傈僳文化水准，较诸黑傈僳族进化。但白傈僳之性质染著汉化之奸诈，不如黑傈僳之诚朴也。此亦由于环境之关系而使然矣。

查白傈僳族固有特殊之言语，其语词中多参著汉语之名词，其原因乃白族之语言词句有限，不能表达其意见，又不能创出新语词；故借用汉人之语词，以补其缺陷而为易于表达意见之工具。所以形成白傈僳语之主因，也由于与汉人种种关系故也。且白傈僳族，除对本族讲白傈僳话外，其接触最多者为汉人。例如，有交涉诉讼之事，必申请汉人排解之；交易往来，必与汉人谈商之；自应学习汉语，为白傈僳族之切身需要也，盖白傈僳族在不久将来，必被汉人文化同化之可能。此无他，亦由环境之关系而然也。

（三）花傈僳族与汉人发生关系

花傈僳之社区，其中心地带在腾冲之滇滩、古永、狼牙山、明光、鲁仰各寨及龙陵之平戛、六根、象达各地，亦与汉人杂处。其宰官、头目亦多系汉人。互相通婚为亲戚，互相交易为朋友，与汉人关系比白傈僳族尤为密切。农田耕种方法弃其刀耕火种之古老式，而采用灌溉稼穑也。其主因，由于气候温热、土地肥沃所致，受汉人之农作影响而成。故花傈僳族之生活每仿效汉人为标准，于无形之中受著汉人之支配。故花傈僳知汉礼，能操汉语，在傈僳族中属较优秀、较前进之分子矣。花傈僳族不唯能吸收汉文化且受欧西之基督教化。自英传教士傅能仁（J. O. Frazer）用拉丁文发明傈僳字，译就傈僳语之《圣经》，始传受于龙陵社区之傈僳，继续扩广到各处之傈僳寨后，向之无文字者，今则能记账，写书牍，立契约也；向之无宗教者，今则祈祷上帝而忏罪恶也（此节关于宗教及文字问题俟于

第四章《宗教及信仰》一文中详述，兹从略）。但其文化愈进步而其人性质愈虚伪。花傈僳族因环境之熏陶，一面吸收汉文化，一面又吸收基督教文化；既不能彻底了解汉文化，又不能明白基督真理，所以形成虚伪之流，远不如黑傈僳之自然浑厚。

以上三项所述，是为本族（傈僳）被文化较高之汉族及么些族与基督教之发生关系，而演进同化之情形矣。

至于俅子、怒子二族，又被本族（傈僳）所统治，而发生同化之关系。查知子罗、上帕二设治局之傈僳，为怒子、俅子村落之伙头、排首甲长等职，管理赋税及一切行政事项，所以俅人、怒人每有事务必与傈僳协商。其接触时间，比较为多，有诉讼者，俅傈僳头目排解之；有疾病者，必请傈僳“尼扒”禳除之。于无形之中，该怒、俅二族，已直隶于傈僳族之下也。是以怒人、俅人，以种种之关系，有学习傈僳语之必要；而怒人、俅人亦多通傈僳语，以便互相沟通文化。所以傅能仁（J. O. Frazer）所译成之傈僳文《新旧约全书》可以在怒人、俅人社区内传教；俅人、怒人能读傈僳文之《圣经》者，因能通傈僳语故也。此系傈僳族文化较俅人、怒人为高，而怒人、俅人又被傈僳同化也。且傈僳族每恃其强悍，压迫俅人、怒人，苛征暴敛，而俅、怒人民不敢反抗。倘傈僳族人或被怒、俅人所戕害，则傈僳头目索其“尸骨钱粮”屡世不绝。现贡山毒龙江之俅子，犹上纳嘉庆年间之尸骨钱粮。故俅、怒二族每畏惧傈僳族。此为环境势力之关系而演变成之公例矣。傈僳社区之东北部，为康藏属之古宗与西番，然古宗、西番，素号凶恶，而受制于傈僳。古宗虽勇猛，不敢南下而犯其境界；西番虽狡悍亦不敢西进而凌其民人。该二族常畏惧傈僳，盖有其毒矢也，并畏其善射也。傈僳自卫之武器，唯有硬弩与毒矢，然其射击也，百发百中，触之者立毙。所以傈僳能控制西番与古宗之作患。此则傈僳与其他族发生戎事之关系矣。

五、与汉族混合情形

在上节（二）、（三）项中，白傈僳、花傈僳二族与汉人之发生关系，已曾详述其梗概。兹将本族（傈僳）与汉族混合情形，当详志于后。

自贡山、福贡、碧江、泸水等处设置设治局后，汉人来傈僳社区者日益众多。支边军队之驻防，商贾行旅之往来，先后接踵而至，混合情形，日益复杂。或互相贸易，以通有无；或“打老干”联为弟兄；或通婚姻，结为夫妇。寄居傈僳社区之汉人，就地学说傈僳话，而本族（傈僳）亦从汉人学汉语。言语间的隔阂，日渐沟通；感情上之联络，日益亲善。汉人子弟随傈僳而生活，傈僳妇女亦与汉人而歌舞。且各设治局区，推行普及教育运动，成立国民学校，勒令傈僳儿童入学读书，能识文字通文理者不乏其人。现在国立丽江师范学校中傈僳族之受业者，有窦桂生、和桂芳、木维修三人，都识傈僳字，并识汉字，在校成绩，每列优等。从此汉、傈渐次混合，努力推行政教，通商惠工，奖励互相通婚者；则不难与汉人同化，团结而成国族主义。于是国防巩固，边患无虞也。

然傈僳秉性凶悍，汉人赋性奸诈，其混合也，两相不能持久。故每每混合之后，初以互相轻薄，继以互相嫉妒，终而互相交害，乃演出种种惨剧！凡汉人之到傈僳社区者，每欲逞其威势，压迫边民；而傈僳对于汉官与汉人，都认为可杀。每持其弩弓毒矢、快刀等武器，趁其酒醉，杀害汉官，俘虏汉人，大歌《造反曲》以为荣。

兹录《造反曲》之原音（略）：

并将此歌词意译附后：

汉人的布就是我们的布呀！

汉人的米就是我们的米呀！

快把汉人的头颅杀得切萝卜似的切又切。

傈僳于酒醉饭饱之余，愤泄其夙怒夙怨，剑拔弩张，高歌《造反曲》，包围汉家营，大肆猖狂，逞其兽性，不忌汉人枪炮之厉害也；虽饮弹狼藉而死亦不顾矣。于是演成戎事之混合矣。查傈僳族之戎事混合情形，散见于志乘者不一而足。如毛奇龄《云南蛮司志》所载："澜沧卫，有力些贼，每聚众杀人，烧庐舍。宣德初，缅甸招纲巴罕夺其贡物、而射死其子……上命都督沐昂发鹤庆、顺宁土汉官兵分剿，二贼俱平之。"

又载张履程《明黔宁王沐氏世袭事略》："正统元年，四川、会川、黎溪贼矣的诱合土寇底泊等，啸聚金沙江，晟遣弟昂除之。"（按沐晟遣沐昂而立其功）

又载："宣德元年平浪沧力些等寇。"（按沐昂之功绩）

又载："万历元年，铁索箐力些夷叛，昌祚同巡抚邹应龙讨之，七十二村悉平。"（按沐昌祚之功绩）

又载丽江《木氏宦谱·木青传》："万历二十年，云龙州力苏抢五井司提举皇盐作耗，奉总兵官征南将军太师黔国沐武靖公昌祚及两台明文亲率兵征进，杀获八十三级蒙将花牌表里。”

又载于《云南通志·秩官志二》：“雍正七年，王仁率众投诚，授土把总后，从征傈匪有功，授临城土把总世袭。”

又载《秩官志·土司二》：“雍正七年，夷目喃珠、工笼从征傈匪，以功赏给土千总准世袭。”

又载《秩官志·土司二》：“雍正七年，王连带练从征傈匪阵亡，赏西路土把总。”

又载《秩官志·土司二》：“乾隆七年，土人赵谟从征岩瓦傈匪，以功授浪江土把总世袭。”

又载师荔扉《滇系事略》：“嘉靖四年已未，八月癸亥，维西力些藤鲊蜂（按：觉罗琅玕《平夷碑》作恒乍绷）纠众作乱，总督琅公玕驻剑川，集兵剿之，愈年始授首。余众就抚。”

又载《滇系》：“力些藤鲊蜂，知医药，所治病即愈，只博酒食，却钱币，诸夷咸相亲爱。驻防某千总赫以邪教，得赂方止，已非一次，继之者大有所欲。诱而系之空室。于是夷众愤怒，持械劫之去。驻防以作乱报，维西协付将即令千总以兵五十征，拒捕反斗，伤兵十余人，并杀千总，事遂未可已。夫朝廷设驻防，原为保民，乃以数千之生灵，数万之库帑，徒供末弁之一激，司其事者，盍亦反而自审哉!”

又载云、贵总督觉罗琅玕《平夷碑记》（碑在石鼓江边）：“古有京观，所以示武功矣。嘉庆七年正月，维西傈匪恒乍绷勾结滋事，蔓延千有余里。余奉命督兵剿办，派拔将弁，分路搜捕。自七年二月至八年九月，始将逆首恒乍绷及其家属一并生擒，凌迟斩首，明正典刑。而各路领兵文武，于临阵击杀之外，斩获首级并将著名贼目及助逆颗党擒拿尽净。先后押解来营，于各处斩枭示众者，不下仨千余人。蠢尔顽夷，生当圣世，胆敢于光天化日之下，共作不靖，骈首禽诛，固由自取；而目睹累累枯髑，心甚恻焉。事竣，命有司各就其地掩埋之：土塚岿然，盖以示戒，非以示武！爰记其事于后，使群夷能目而知警云。大清嘉庆八年，岁次癸亥九月×日立。”

又载陈宗海《丽江府志略》：“嘉庆七年壬戌，维西傈僳恒乍绷作乱，总督觉罗琅玕讨平之。恒乍绷，浪沧江外傈僳，幼学为端公，占卜疾病，人称为“沙尼（活佛）”，在康普打鼓念经，夷众悦服。头人禾曼仁惧惑众，责而逐之。六年冬岁，欠大雪，众傈僳向康普古刹借粮，不允。恒乍绷逃，挟禾曼仁责逐之嫌，遂纠众抢劫。总督觉罗琅玕往剿，江内外傈僳纷纷投降，恒乍绷逃往江外，官兵分别撤留。七年冬，江内降夷复勾结恒乍绷劫掠各村寨，上命琅玕再往剿。八年九月擒恒乍绷斩之，并掘其祖墓，傈僳平。”

又载于《续云南通志·秩官制》：“嘉庆七年，禾良斗带营练从征康普傈匪，以功赏戴蓝翎，世袭阿墩子土千总。”

又载《秩官二》：“嘉庆七年，桑上达从征康普夷傈僳，以功赏戴蓝翎，授阿墩子土把总世袭。”

又载于《维西县志稿》：“咸丰六年冬丙辰，县属傈民挖暑扒作乱。共济区江外小谷曰，傈民挖暑扒为办金厂与汉人杨灿争讼，被诬，怨官府，乃降神聚众，以铲除不良政府为名，内外沧江夷民应之，来犯维城。至大坝心、腊普湾一带，官军抵御、剿办得力，两月而扑灭。杀首恶百余，绿营及团练队亡四十余人。”

又载于李根源《滇西兵要界务图注》：“左抚夷，茨竹隘土守备也。四川华阳籍，其祖左万象，永乐时从征，以功袭漕涧土都司。次子文伟，率弩手来防明光，乾隆间从征称戛有功，授世袭茨竹土把总，传至大雄。道光二十一年，剿平滇滩处傈僳之乱，征服傈僳野夷二百余寨，伐旧荣山里麻地之野夷，皆诚服，受大雄管理。群众称大雄：‘虎将军’。”

又载《维西县志稿》：“民国五年丙辰春正月，兰坪傈匪雀才保率众入寇，兰坪属石登村县佐詹盛全为禁烟，办理太辣，激成民变。江东西里傈人闻风而起，戕官据署，举傈匪雀才保为首，分道入寇。一股由兰坪入剑川，一股入维西出鹤庆、丽江。风声传来，中维游击队中队长张勋臣率队至拖别抵御。匪众兵单，退回。初十日，雀才保率众二千余人，自西山蜂拥而来。一股由树苗路至北箭道，一股曲微子坡至城西脚。由北箭道东之贼匪，得邑之勇敢士卒并游击士兵于团龙山顶，用大炮轰击，不敢进而退。南城脚来之股匪，又得团兵荀景春等用枪击毙，贼匪丧胆亦退。两处得利。匪退守日登一带。后数日，维西县长余斌查烟回衙，中维游击队长马贵堂率全队兵士亦到，乃进攻。在日登、维登一带共击毙匪人千余名。我邑陈亡游击士兵、民团十六人。”

又载张光宿先生《旧存档案》：“民国八年巳未五月，石鼓傈民楚三扒，由三仙姑作乱。石鼓里民熊祥报称：‘傈傈匪类数百集于干于化羊场之地（三仙姑山上），将石支甲牛、马、羊子尽行抢去，甚是猖獗，民心惶惶。’丽江县政府派团防大队往剿，大战于红石岩下。不幸大队长和令德被匪击毙阵亡。六月，拖支张光宿率壮丁三百余搜索匪踪、生擒渠魁楚三扒并伊子三人、侄二人。查此次傈匪滋扰，当经先后令饬防堵剿抚兼施在案。现楚三扒、怒子扒均已擒获，仅饶喜扒一匪未获……缉拿务获究办。查近日傈匪自行到石鼓投降受抚以及堵获后安抚者甚众，均各发给食米与包谷凭单，饬令回家，各安生业，勿再躲避游荡。……自行回家受抚无所有者若干，亦应呈明，以便一并筹给子种，免致饥寒无告，铤而走险。楚三扒讯明取供，电请正法；阿姑麻首级持往木取底悬示。其余各犯讯明，分别律办”。

又载《维西县志稿》：“民国九年（1916年）庚申夏五月，哀署渴傈人密喜叛。哀署渴村傈人密喜同二三夷民在该村后山岩洞假观音菩萨降灵，谓‘夷人当兴，汉人当灭’。此间夷人纷纷赴会上香求佑，本无作乱之心。后，丽江县属三仙姑击散傈人，闻风来附，始酿成杀伤偏天阁村甲长曹嘉龄之事。政府乃派兵攻击，计杀男女三百余人。正严行搜罗间，奉大理卫戍司令部电文：‘不得蔓引株连，妄杀无辜’电训，乃止痛剿。斯役也，维西县长屈之春，事先不派员查办，临时也不亲往弹压，使无辜夷民，死于枪林弹雨，或死于冤枉法庭。噫，可叹矣。”

又载缪悔一先生《沧怒丽江见闻录》：“知子罗、上怕两属，原系云南土司地，既有沧、怒两江之险，又有怒山之万峰重叠。该地栗粟怒子，自成部落，内地人士足迹罕到。人民秉性强悍不驯，常到沧江内地抢劫汉人民家；或外越求江压迫怒子，强收粮税。前清光绪年间，因杀死游历之德国人于现在上怕所属之地方，以致引起外交，才派兵进剿。但是仍认怒江为蛮地，事后又置之不闻。直至辛亥革命成功，李根源派委任宗熙为怒、俅殖边正委员长，景绍武、何泽远为付委员。任、景两员率拓边队八十多至丽江，分路并进。任率队四十名，由富川入上怕；景率兵四十名，由营盘街入知子罗。该地土人，聚众顽抗，不愿归顺，并以弓弩、毒箭，屡伤官兵；后来终以弓箭敌不过枪炮，才投降归服。从此以各队镇摄两地，经营拓殖，到民国五年，才将两地改为行政区域。而土人仇视汉人之心，终不能泯。民国六年，又聚众作乱，围攻公署。幸知子罗董委员早有防备，未致受害。此次平定以后，至今相安无事。”

又载《贡山志略》：“民国二十四年乙亥，福贡全属傈僳变乱。当日行政委员包维德苛政枉法，民不堪命。戕官之议，隐图欲发，惟事未成果，包委员即行交卸。继任者为施国英，卷土从来，贪婪剥削，滥用私人，民苦于水深火热，于是祸肇萧墙，事遂不可已。结果施国英竟罹于难。然事非偶然尔其来者渐，乱至严重时期，而傈匪贪多务得，竟将官府财资，均分一空，掳去银元万余元、黄金千斤之巨款。旋奉马委员莅任，觊觎财资不置，严格询究傈夷，至是民怒沸腾，蠢尔蜂起，乃演成第二次变乱。傈匪等飞传‘木刻’之兵符，格杀汉人。先后扑袭贡山，与贡山傈民活动联络，希图联合战线，共灭汉人。所幸贡山新任局长张炤鹏精于兵略，布策有方，防堵于腊早附近，亲身督战，匪未得逞。不久北路阿墩独立连队伍，叶枝土司王嘉禄土练来援，南路大理第一旅队伍不分星夜，拨来一营，碧江兰坪维西各县局常备队及民团，四路围攻，鏖战于怒江峡谷。是役也，傈僳与汉人之无辜伤亡者，经济财之损失者不可数计，边民事变中之空前惨剧也。”

又载于《维西县志稿》：“民国二十六年（1936 年）丁丑，维西娃平箐、阿化洛傈僳别鲁事变。先是夷人射猎飞鼠，不幸射中同党，创伤喉咙，即毙命，亦来诉讼及官府。然此事欲盖弥彰，不能隐蔽，被舍根登乡长吴魁斗探悉，前来纠讼挑拨，惩罚黄牛七头，意图私囊中饱，终未能如愿。于是怂恿是非，潜害夷民。事之起也，缘傈米底一夷女，嫁至水巴落，牵回一头瘦牛，系婚聘财礼；中途遇雪，至宜其底村，疲睡不行；夷众聚集屠牛，被诬约会造反之说，以为报复。众夷忿激，曾辑拿乡长，欲和解，未获。彼时夷众狂波，殊为猖獗，演成混战之局。愚顽之潜伏意识，众志成城，事变之导火线爆炸焉。互相杀害抢掳，焚烧庐舍，有不可向迩之势。官府发兵往剿，始能克服。是役也，诬良为匪，逼民多事，事虽寝矣，而边民无谓之损失引入起无限之嗟叹。”

吾人从上面记载中，可深悉傈僳与汉人混合后，每演出戎事之惨变。推其因果，多由于为官宰之汉人，多示贪婪赃污之辈，苛征暴敛，欺诈傈民，愈取愈求，不堪其命。而傈僳狡悍成性，杀戮为能，饮恨汉人之见欺，积忿汉人之凌辱，忌妒汉人之享受，习仇视汉人汉宫，杀身分尸以为乐，且驻傈僳社区之汉军，以及贸易边地之汉商，多系奸诈之徒，自私自利，盘剥傈民，欺之侮之，用其种种伎俩而凌辱之，蹂躏之，戏弄之，俾傈民无以自容，无以自忍，无以自耐，饱受着诸多不平条件所压迫；是以傈僳自由之天赋，似有被汉人夺去，竟相谓曰：“汉人没有好的，乌鸦没有白的”。对于汉人之印象，有如是之恶劣焉。而汉人之与傈僳通婚者，结朋者，“打老干”者，初则亲密，继而松懈，久则欺侮，每每辜负傈人之诚挚及触犯傈人之忌禁，藐视傈人知识低劣，甚而奸其妻女，骗其财物，控制其生活。所以傈汉混合不久，汉人有轻蔑傈人之态；傈人有痛击汉人之心。彼以恳直而受愚，此以骄诈而逞威；向之联为姻娅者，今则成寇仇矣；向之联为朋友者，今则成冤家矣。傈民固非久屈而不振者，亦非畏人而不敢动者；偶触其怒，该傈民成群结队，张其硬弩，上其毒矢，拔其快刀，趁其酒兴，逞其兽性；将围着汉家营，活捉生擒，剥其皮，分割其尸，以泄其不平，演成种种惨剧。此无他，来傈僳社区之汉官汉人，只知图利而混合，而不能作精神团结耳。倘汉人与傈我无尔诈，尔无我虞，互相联络情感，互相团结精神，边地之一切情形，谅解之，体恤之，亲善之，感化之，则傈僳胞虽曰顽冥、自必降服。孔子曰：“言忠信，行笃敬，虽蛮貊之邦行矣。”傈胞之向化心情，服从政府，有十二万分之热情，每对汉人认为优秀民族，尊之敬之、奉戴之，信服之，如印地安人之欢迎美国人也。今政府委任边地官吏，宜注意人选，具有良好道德，了解民族意识者，方可委任；则边地之傈胞熙熙向化，能得优游于青天白日旗帜之下，而归化为国族矣。

六、独居之中心地带及分布地区

傈僳民族之中心分布地，多在云南西北部横断山脉中之高原及浪沧江、怒江、恩梅开江之峡谷地带中。在东经九十八度到九十九度三十分，北纬二十五度到二十七度三十分之间。住于云岭山、碧罗山、高黎贡山岩谷里，分属于维西、贡山、福贡、碧江、泸水、兰坪等县局。人口约十万余，自耕而食，自织而衣，竟不履城市，可谓为独居之中心地带。

其他散布于雅砻江、金沙江、恩梅开江及怒江、曲江、沧江下游、之陕谷里之村落，亦复不少。兹就散布于雅砻江流域者，如四川之盐源、盐边、冕宁、会理等县。之山谷高峻处有傈僳之村落。而散布于金沙江流域者，则中甸、丽江、宁蒗、永胜、华坪、宾川、大姚、元谋、武定、永仁等县局之江边峡谷高山上都有傈僳村落。在恩梅开江流域者，如滇缅北段未定界之江心坡及腾冲之古勇、狼牙山，登埂、滇滩、明光土司地，其住民多系傈僳。在怒江流域者，如腾冲、龙陵、镇康、路西、盈江、莲山、陇川、瑞丽等县局之高山峻岭，亦有傈僳村落。在浪沧江流域者，除中心独居地带之贡山、福贡、碧江、维西、兰坪等县局外，尚有剑川、洱源、漾濞、云龙、大理、蒙化、永昌、顺宁、澜沧等县均有傈僳山寨。

第二章　地理环境

一、地位

（一）位置：傈僳居于云南西部、北部并滇康交界之县区内。

（二）面积：傈僳住地之面积甚难计算，因傈僳现已无独居之地带。现估就地图上之比例尺将有傈僳居住地区之总面积约略计算，大致在十万平方公里以上；但实际由傈僳居住使用之土地面积，则难统计。

（三）疆域：云南境内有傈僳族居住之地区为宾川、大姚、元谋、武定、永仁、永胜、华坪、丽江、中甸、维西、兰坪、剑川、洱源、漾濞、云龙、顺宁、澜沧、腾冲、龙陵、镇康、宁蒗、潞西、盈西、连山、陇山、瑞丽、泸水、碧江、福贡、贡山等县区及滇缅北段未定界内毗连泸水、碧江、福贡、贡山等设治区者，又西康之冕宁、会理、盐边、盐源等县亦有傈僳居住。

二、地形

（一）地势：傈僳居住之区域多地势高峻而少有平原沃野。各地海拔平均多在2000公尺以上。

（二）水流：傈僳分布地区内之主要水流为恩梅开江、金沙江、澜沧江、怒江及雅砻江五水，而沧怒两江流域傈僳分布尤为密集。

（三）山脉：傈僳分布地区内之主要山脉为云岭、怒山及高黎贡山三脉。其他均属此三主脉之支脉。

（四）地质：傈僳住地多在滇康边地之山嶽地带。其地层表面大部分为中生带之水成岩以石灰岩为主；下为古生代之火成岩，以花岗岩、斑岩闪绿岩为主。

（五）土壤：傈僳住地之土壤多欠肥沃。就吾人常见者，以砂土为多，亦有一部分填土。

三、气候

（一）温度：傈僳居住地区内之温度少有记载者。兹将新运总会第一边胞服务站及维西天主堂所作之维西县城温度记录择列于后，以供参考。县城海拔 2350 公尺距最近之傈僳村落不及三十里。

1. 新生活运动促进总会第一边胞服务站民国三十二年（1943 年）十一月至三十三年（1944 年）十月所作之维西县城室内温度记录平均数（第一数为晨间六时之平均数，第二数为晚间七时之平均数，均按华氏表计算）。

民国三十二年（1943 年）

十一月：43℃—57℃　　十二月：38℃—52℃

民国三十三年（1944 年）

一月：36℃—50℃　　二月：43℃—51℃

三月：48℃—57℃　　四月：55℃—61℃

六月：68℃—72℃　　七月：68℃—71℃

八月：65℃—71℃　　九月：65.4℃—68.6℃

十月：58.6℃—62.7℃

2. 维西天主教堂民国二十八年（1939 年）二月至二十九（1940 年）年三月所作之维西城室外最高最低温度记录（第一数为最高温度，第二数为最低温度）。

民国二十八年（1939 年）

二月：17℃—1℃　　三月：19℃—2℃

四月：18.5℃—2℃　　五月：27℃—6℃

六月：28℃—15℃　　七月：27℃—14℃

八月：28℃—14℃　　九月：25℃—11℃

十月：22℃—6℃　　十一月：21℃—2℃

十二月：18℃—（-1.5℃）

民国二十九年（1930年）

一月：16℃—（-1.5℃）　二月：18℃—0.5℃

三月：18℃—1℃

以上系从摄氏表计算。

（二）雨量：傈僳住地之雨量材料现已阙如，故只得引用维西城及小维西村两处材料如次：

1. 维西城民国三十年（1941年）各月雨量：

一月：3.5　　二月：41.3　　三月：41.3

四月：125.9　　五月：92　　六月：233.8

七月：124.5　　八月：289　　九月：53.4

十月：126.8　　十一月：17.7　　十二月：0

全年共计1158.9公厘

2. 维西县城康弯乡之小维亚西村民国三十年（1941年）全年雨量为1104.7公厘。上列二处均由天主堂记录。

（三）风：沧怒两江流域每年十一月以迄翌年三、四月多为西、北风，四、五月后转为东、南风。

（四）温度：此项材料现无法获得。

四、物产

（一）动物：傈僳住地多山，故动物除家畜外多禽兽之属，如虎豹、獐、鹿、麂、熊、山驴、马麓、猿猴、獭、野牛、羚羊、麇鹿、兔、狐、豺、狼、蜚鼠、鸱鸮、鹞、周鸽、鹊、雀雉、鹧鸪、鹦鹉、鸽、鸠、孔雀、燕等。

（二）植物：

1. 农作物：（详本报告《经济生活》章）

2. 野生植物：傈僳住居地区内之野生植物有贝母、黑木耳、黄木耳、各种食用菌、当归、猪苓、茯苓、竹子参、竹叶菜等，至漆树、核桃树、竹子、黄连等栽种及野生者均有，或供药用，或供食用，或作建筑材料。

3. 森林：傈僳住地之森林名目甚多，常见者为松树、栗树、杉树。

（三）矿产：傈僳住居地区内之矿产有金（金沙、澜沧、怒江、思梅开江均可淘洗沙金，又西康冕宁县亦产金，云南中甸县之中江河亦有淘金者）、银（石南永胜、姚安等县产之）、铜（云南永胜、云龙等县多有出产）、铁（云南维西、福贡等县区产之）、汞（云南维西县产之）、云母（云南贡山设治区产之）、盐（云南剑川、兰坪均有井盐出产）、铅（云南永胜、姚安、兰坪等县及西康之会理均产之）、石墨（云南福贡设治区闻有蕴藏）。

第三章　历史传说

一、傈僳的创世传说

在洪荒之世，分为三个时代。第一代谓之“楚甫迦”。那时人身仅长五寸，所用器皿，锅如蛋壳大，碗如栗壳大。因人类气质渺小，不能做大事，亦不能抵抗大风、大雨、大雪，经此自然界的变异，不免冻饿死亡而灭绝，所以楚甫迦时代仅成为历史上的名词。

第二个时代谓之“缪书缪休迦”。人类的身体，仅高一尺五寸许，矮小如野猴，采木实而食，掇树叶而衣，较楚甫迦时代稍有进步，然居无家室，不事稼穑，穴居而野处，不能御风雨，不能避寒暑，随生而随死。当时自然界灾异特多，天上发现九轮太阳，热不可耐；夜间发现七块月亮，冷不可当。而太阳照耀山川原野，晒得遍地生烟，草木蔬菜枯死。大旱三年，枯无食物，人民乃登山求食，向天神求雨，而天降霖霪，三年不止，山洪大暴发，横流天下，所以缪书缪休迦时代亦被洪水毁灭。

第三个时代为“汪恩行美迦”，是魔王汪恩行美主宰宇宙之时代。魔王身大无伦，所有人类织了三年之布尚能不裁魔王一件裤。魔王每餐吃七个大甑之饭还不能果其腹。人类既摄于魔威，不堪其命，乃潜逃入山中鼠匿岩穴，变为猿猴，所以汪恩行美迦时代，人类与猿同居。

迨至太古之世，经过了“楚甫迦”时代之大雪冰期，又经过了“缪书缪休迦”之大旱洪水之劫，又经过“汪恩行美迦”时代之魔慑人变猿之后，宇宙间已无人类矣。天下乌萨神（上帝）乃敕令“恩仪抛”天使降凡，去创造人类，特赐给南瓜子一粒。恩仪抛降临大地，将南瓜子种于园中。不久，瓜生出蔓，开花结实，大于车轮（约高丈余围二丈余）瓜中每闻人语。天神恩仪抛俟其瓜熟，执神剑剖瓜之东面，有二鬼出（系傈傈族信鬼之鼻祖）；剖其南面，有二狼出（系傈僳部落恶兽之鼻祖）；剖其西面，有二蛇出（系傈僳部落毒物之鼻祖）；剖其北面，有二犬出（系傈僳部落猎犬之鼻祖）。恩仪抛再把南瓜从西向东划成两半，于北部之瓜瓤中有一男孩，于南部之瓜瓤中有一女孩。男名恩恒扒，女名恩恒女麻。二人生而能言，能行走，不哺乳而能采食果以为食，乃与瓜中所出之二狼二蛇二鬼二犬共同生活（所以傈僳族永远不能离开鬼之关系，蛇之关系，狼之关系，犬之关系），永远同住在一起。

恩恒扒兄妹不久长大成人，而男人无妻，女人无夫，观察宇宙之间，恨无可娶之女，亦无可嫁之夫。天神恩仪抛谕之曰："恩恒扒、恩恒女麻，汝二人系天之骄子，现长大成人，可以结为夫妻。"二人闻之，不敢乱许，拒之曰："吾二人是亲胞骨肉也，绝不可乱伦以致天愆"。恩仪抛天神释之曰："吾奉乌萨天神之命，使汝兄妹二人传天下之人种，是天意也，违天则不祥，汝兄妹无须尔，且余有石磨盘一付，上下各一。恩恒扒汝执上磨盘在箐之左，恩恒女麻执下磨盘在箐之右，二人同时将磨盘滚下，倘上下磨盘合，而为一，则汝二人可以婚矣；否则可各行其志。"

恩恒兄妹乃依恩仪抛天神之命，各取磨盘在箐口往试之，果然上下磨盘合二为一。从此兄妹二人结为夫妇，一胎生三男：长子名咱格紫猛，次子名咱哩比猛，季子名哓肯啦玛。三兄弟均聪明异常。后来长子咱格紫猛明断果敢，善于办事，为傈僳族之宰官。次子咱格比猛见机知微，善于占卜，为尼扒（巫者），季子哓肯啦玛多才多艺，善于建筑，为工师。三人同心协力，从事创造建设而成部落。

此传说录自碧罗山陇戛寨老尼扒口述。

系笔者在（民国）二十四年随中央民族考察团采访工作之报告稿。

二、本族来源传说

傈僳之创世传说与其本族来源传说不易划分，故特合并叙述。本报告共搜集有关傈僳创世及宗教来源之传说三则：前一则系在维西县境内澜沧江沿岸某傈僳村落中采访所得。

（一）太古的时候，有七对太阳，七对太阴，天地距离很近，热得非常难当。“别饶时”的族人就把太阳射伤，太阳没有出来，天便愈低，地便愈高。① 去去来来的人将要撞破脑袋的时节，有位造物的女神背着小孩说：“天也高些吧！地也低些吧”！这样，天也渐高了，地也渐低了。那时的大地上闹成一塌糊涂；人同鬼混，真伪不明；人声鬼语，莫能分辨。

当此时期，有兄弟二人开垦伐木，但他们今天的工作等到第二天早晨却仍旧恢复原状：土既填平，树已复原，好像没有工作一样。他们无可奈何，只得重新垦松砍伐，不料第三天早晨复将第二日之工作复原。他们非常惊异，终于决定埋伏起来，由暗中观察，见到一只黄鼠狼在结合着那砍伐的树木，松好的田土。他们向黄鼠狼盘问结合的原因，黄鼠狼说：“天翻地覆，

---

① “别绕时”为傈僳图腾之一，一意为“蜂”的氏族，现从姓丰。傈僳相传说，姓丰这族人因打过太阳，所以到现在，姓丰这族人很忌用拿铁桑木做的弩弓，旁族的人都是用铁桑木做的弩弓。

洪水必来”，正想进一步的计较，忽然显现出来一个白发老人。长兄打了老人几巴掌，但是那老人却说：“你们弟兄两站在我肩膀上”，兄站左，弟站右，马上地面裂开了一缝，示以无须空费力，不久洪水就要降临。于是老人吩咐长兄将耕牛杀掉，剥皮为鼓，洪水来临时，匿身鼓内，并划开大孔用小绳塞之，将其拴系于树上；又吩咐其弟砍下一棵大树，中间挖空成为鼓形，洪水来时可以匿身，并嘱携往狗二只、鸡二只，一对铁锅，两扇簸箕，滤酒管一支。他们兄弟料定人类末日快到，照着吩咐的去做，并邀妹妹同座。洪水来临，浩浩荡荡，长兄被洪水淹死了。

他们随波逐流，海角天涯，到处飘荡，后来用滤酒管向树外吸。先试放一支狗出去，没有回来，后放一支鸡出去，也没有回来，知道被洪水淹没了。等到第二度向外边试吸时，已无水，晓得洪水已涸，将剩余的鸡狗先后放出，听到鸡啼狗叫，随即出来，人类已没有了。他们商量寻人类的踪迹，先将木梳折成两片，佩带于衣襟之内，又把铁棍截为二根，各杖其一，以约定日后相会之证据。一溯江源，一顺江流，南北相背地巡行，终于人类的踪迹没有寻着个究竟，绕来绕去，绕至东西相向的两座山。兄在东山，妹在山西，相对地调情歌舞起来，相应地唱和着。男的说：“黑齿黑煞”，女的说：“耍齿耍煞”，结果好像兄妹破镜重圆了，世界上没有别的人了，拿出来木梳相合，铁杖相接，俱成一物了。

但是伦理上的兄妹怎么能作伉俪呢？于是商定以滚铁锅、簸箕来测天意。兄妹分在山之东西，滚放铁锅、簸箕，结果滚到沟底均一一结合了。这时候他们鹤发耄年，天荒地老，亦无如何，只得结为夫妇，于是誓愿种瓜。瓜种后第一日叶已发绿，生出枝条来，第二日开出美丽的花，第三日结起肥硕的果，第四日果子长得像房子一样大。说也奇怪，他们走近瓜的时候，听到有喧嚣的声音而徘徊瞻顾，见不到人类的踪迹。日子一天天过去，喧嚣的声音一天一天地厉害，听得有点儿不耐烦。后来他们计划破这个大瓜。有一天，他们把这大瓜由中间劈成两半，从瓜中跳出傈僳、怒子、求子、古宗、汉人等各色各样的人种来。由瓜里跳出来的时候，傈僳跳在最高处，所以喜居于山坡悬壁；汉人站在最低处，所以乐于平原地带。而汉人穿棉布，古宗穿毛布，傈僳等穿麻布，均系破瓜时此一对老夫妇顺口指定。各色各样的人得到各色各样的名称和生活样法。最后的两人没有得到人类的名称，一为山神，一为水神。至于各人种姓氏之不同，系由于在瓜里跳出来的时候，各人所带的植物或动物不同，后来即以所带之动物作为其子孙之姓氏，于是姓氏繁衍，人种遍布。①

然而此时还没有太阳。人们去迎接，太阳不出来；猪去迎接，太阳不出来；公鸡去迎接，太阳说："不来了。"公鸡说："你出来的时候，开三道大门来迎你；回去的时候，开三道大门送你；你若不信，可刊木刻与你。"② 等到太阳来时，子夜冥冥，公鸡啼了三次，则渐渐至天明，到白天来，公鸡还是啼三次，

---

① 傈僳宗族存有图腾之遗迹。他们各种姓氏即由图腾中演变而来，其详见于本报告之《社会组织》章第二节。

② 木刻为傈僳宗族中通讯记事、交易、信贷、信约，传递命令等之一种标符。

才慢慢把黄昏告终。现在鸡冠上残留的缺刻即是表示不悔当初，矢守信义。

从此以后，太阳照遍了大地，发育万物，五谷丰盈，面粉满地。但是人们有了得天独厚的便宜，取用不竭的结果，渐至糟塌五谷，拿面粉来擦屁股。造物的女神大怒，把五谷收回天上去了，一粒无存，再不愿给人间享乐，把满山遍壑的面粉诅咒成寒冻的白雪，叫人们穷饿饥荒。那个时候，狗是饿得饥肠辘辘，女神非常怜悯它，以菩萨之心，赐给稻谷一小穗，玉蜀黍一把。人们又把它繁殖起来，所以现在的五谷结的果实多如稻穗，玉蜀黍的果实细小而微，终没有初次赐与的丰硕，叫人奔波一世才能生活。①

（二）上古时候，曾有一度人烟稠密而生活资料丰美，但是人的自私心很大。虽然天下把各种事准备得很完善，人们仍是争权夺利。世界变成残忍的地狱，人们的贫富很不均匀，势利很不相等。因此天神为了消灭这无道的人群，改造世界起见，计划用洪水来淹没世界，另换些良心好的人来世界上生活。

洪水泛滥之前，人间有两兄妹，父母全已去世，只有他二人当家，素来良心非常公正，为人也很慈善。有一天，他们到山坡里的森林去工作，砍伐森林，备作农田。清晨起来，二人收拾刀斧到山上去，选择一块很肥沃的林地。二人用力地工作，砍伐了约一架牛工②范围的森林。日落西山，二人方归家。第二

---

① 五谷是狗寻来之说，古宗么些各宗族各有传说，故边民逢年过节必先以谷肉祀狗，平时忌食狗肉。

② 一架牛工为一牛每日所能耕作之面积，约合三亩。

天为了想继续昨天的工作，早上吃过饭就到昨天去过的那座森林里。但是奇怪得很，昨日砍伐的树林完全复原了，与原来的模样并无半点不同。二人见了很稀奇，心想，莫非是什么鬼神在作弄？二人商量今天还是继续砍伐，看明天如何？于是照样工作了一天，还是日落方转去，今天砍的比昨天的区域还大得多。二人回到家中，谈到树木复原的问题很觉难解，又讨论到明天树木若再复原怎么办，一夜都没睡觉。明天不待天亮就起来，二人匆匆忙忙做了些饭吃完之后，东方才是鱼肚白的时候，就起身到那块砍过的山地去。呀！昨天砍伐过的树木又复原了。二入瞪着眼，看着复原的树林，想不出解释的理由来，只是望着树木发呆。后来还是哥哥想出办法来，说道："这样奇特的事自古以来未曾有过。我们两兄妹今天再砍伐一次，看看今夜如何复原法，今夜不回家等候在这里！"妹妹听见了哥哥的办法很好，立刻赞同。二人商议已定，又接着砍伐了像昨天那样大的一块山林，直到大地上收了金黄色的阳光为止。晚上二人商定躲避在一处岩洞里。于是二人将用具收拾好，走到岩洞里缩起来。夜间并无月色，在深黑的夜里，二人总是关心到所砍伐的树木怎样复原的事，总是躲在那里偷偷地看。等到半夜的时候，忽然看见从砍伐过的树林里跳出一只白鼠来，在已砍伐的树上跳来跳去。这已砍伐的树木自然直立起来，接着没有多少时候，将所砍伐的树复原了大部分。二人看来很是奇怪，并且有些胆怯起来。还是其兄胆量较大，他有无限怒恨。他想，这个小白鼠真可恶，于是提刀往前去想要把白鼠杀死；但是奇怪得很，白鼠好像人一样站了起来。

“双欺，请你不要杀我吧！我有话对你说。”白鼠竟会说起话来了，而且还知道他的名字，真奇怪。双欺一时想不起怎样答复才好。

白鼠接着又说：“我劝你，你不要在这里花费时间了。我告诉你，天神要收这世上无道的人群，不隔几十天就要放洪水淹没这世界。你现在还是回去准备躲避的地方，要不然你的生命真是难保。”双欺听了白鼠的这段话就去问它道：“怎样准备呢?”白鼠说：“你去挖个地洞，要一间民房那样大。等你挖好后，里面安排要周密，房内分成三十九格……”双欺就问道：“为什么要分成三十九格呢?”白鼠说：“这次洪水期间，世界上的动物都要搬些到洞里去，以免将来绝种。”双欺听它说的有理，很受感动，而且相信洪水是一定要来的，于是便同妹妹转回家来，等第二天就动工，经过六七天的工作才把洞修好，然后照白鼠说的办法，把世界上的动物每一种搬一对去。后来他又不知道哪一天起洪水，自己真是怀疑，又到那山去找白鼠，那时候确又遇见白鼠了。这时白鼠说：“你将洞造好了没有?”双欺很担心地回答：“我们照你的话办了，世界上所有的动物每一种都搬进去了一对，但是还有别的吩咐没有？万望指教。”白鼠说：“世界上的动物凡有益的就搬进去，没有益的就不要搬了。现在你再去准备七天七夜的饮食，越多越好。再过三天洪水就要来了”。说后回头就想走。双欺急忙跪在面前，哀求道：“你既是这样救我们，请留下一个圣名，以作将来报答。”这时白鼠不得已说出自己的姓名：“我是这里的山主（山神）。”说后便在一阵徐徐的风声中消失了。双欺方明白白鼠是神祇，自己就转去，急忙准备七天七夜的用品。经三天后，天色急变，雷风交加，大雨骤作，四山好似动摇。双欺已知洪水来到，即刻搬进洞里，将门紧紧闭了，躲在洞内，外面的一切都不知道。

这时候世界上洪水滔滔，汪洋一片，尽成泽国。多少百万居民全被淹死。洪水滚滚，淹没了高山峻岭，世界上万物都淹死了。

双欺双杀两兄妹躲在洞里，不觉又是过了六七天，心中不知洪水平静了没有。第二天早上，他们放出一只乌鸦，看看洪水退了没有，但乌鸦出去后却未归来。他们很是担心，后来又放出一只喜鹊，隔了半天喜鹊衔树枝转来，两兄妹才知道外面的洪水已经平了，然后才出洞来。望望四面无人，世界已经变成了寂静的一片。二人看了真是有些难受，就商量要到各处去寻人，兄往南寻，妹往北找，经四五年的光阴，又相见于相邻的两座山顶上。兄在东山望见西山有一人往南走来，高声呼道："阿里吗按?"西山的人答道："双杀"。接着西山的人倒问一声："怒里阿里瓜念数按?"① 东山的人答应道："双欺。"二人方知世界上无人烟了，相遇后相谈别后数年中到达的地方。

兄说："我达到南极山尽地绝的地方，一个人也没有了，因此转来找你，你可见人烟呢?"妹说："我也到了北极山尽地绝之区，没有一个人相遇。"谈后方知世界上已无他人，只得兄妹结婚。二人商议，若天愿成此姻缘，兄背一扇磨，妹背一扇磨，一人往东山，一人往西山，从山顶上滚下来，到了坝子上合在

---

① "阿里吗按"意为"什么人"，"怒里阿里瓜念数按"意为"你是哪里人"。

一堆方能结婚。第二天照商定的办法去做，果然合在一起。因此二人想，这是天父旨意，兄妹只得结婚。后来生子女约十人，年纪约四五岁，但个个都是哑巴。兄妹二人真是奇怪。后来二人在田中种瓜，结得大瓜一个，大如住房。有一夜二人所生子女完全不见了。二人正在哭哭啼啼寻找时，却在那个大瓜旁边听见里边有声音。二人就商议道："莫非子女都躲在里面?"于是准备大刀，要破此瓜，事先祷告天父，烧香磕头，求神保佑。后来开刀把瓜破了，就跳出五对男女来，衣服形形色色，各个式样不同，分别东西南北中五个方向。此后一传十，十传百，父传子，子传孙，乃演成日后世界不同民族。

（三）古时候有瓜撒瓜此兄妹二人开得山地一块，撒上小米及天粟米种子。七天及十四天后曾往探视，均未见禾苗生出。只见野鸽及黄鼠狼各一对。第二十一日往视，仍未见禾苗生出，野鸽及黄鼠狼你来他往，瓜撒疑禾苗为此两物所啮食，拟以弓箭射杀之。但野鸽及黄鼠狼告瓜撒、瓜此兄妹洪水将于七日后降临，嘱彼二人早作准备。瓜撒、瓜此初拟挖地窖藏身。野鸽等告以应准备木排及食物。七日后洪水果来临。彼等全家移居木排。洪水漂浮未几，彼二人父母及姊妹均死去。一月后洪水退去，彼二人乃下木排住，世间人烟已绝迹，于是瓜撒、瓜此两人乃以手杖比量身长后，分向大江东西两岸寻找配偶。若干年后瓜撒在江东呼喊一声，江西有人答应。瓜撒渡江视之，乃为其妹。于是彼二人乃在江边构筑住房，计划成为夫妇，但恐天意不许，乃各持一簸箕分自东西两山滚下，不期此二簸箕竟合在一处。彼二人仍恐就此一事不足以觇天意，乃以弩弓射击插于碓尾上之针孔，亦中的，然彼二人终以兄妹结婚不合情理，故未同房。住定后，瓜此乃以所携之瓜种埋于屋旁。数旬后见所结瓜有一特大者，日夜增长至一人高、两人合抱粗时，其中有声音发出。历数昼夜后，瓜撒磨刀对天默祷，谓将以刀切瓜，如瓜中为鬼，则应杀死；若瓜中为人，则勿令伤之，祷毕，乃砍瓜为六瓣，见有六对男女分立六瓣中。其中衣黑长衫一对向东方走去，是为汉人祖先；向北方去之两对男女，一衣古宗装，是为古宗之祖先，一衣怒子装，是为怒子之祖先；穿花长衣向南方去者为傈僳之祖先；向西方走而以狭布遮下身者为求子之祖先；又衣么些装（女子束围腰，背羊皮）者即为么些之祖先。傈僳之祖先生下阿得簸、阿得秀、阿得咩、阿得闸四子。长子与汉人祖先之长子争论何人应统治世界，最后商定以手杖两根插于地上，对天盟誓视明晨何人之手杖先开花，何人即应有统治世界之权。汉人祖先之子于天未明时往视，见阿得簸之手杖已开花，汉人祖先之子乃替换其位。天明阿得簸发现其开花之手杖地位移动，乃与汉人祖先之子理谕。但汉人强词夺理，终得统治世界之大权。

附补：人类来源传说

人类之祖先为兄弟两人，以垦山地为生。某次，彼二人开辟一块山地，但该地今日砍倒之树木，垦松之土地明日往视，已全部复原，如是者数日，兄弟均甚诧异。某晨，彼二人往地中工作时，见一老者立于地中。其兄以为老者作祟，乃欲以农具击之，弟未同意。老者乃告彼兄弟二人洪水将临，万物均将毁灭，嘱二人设法避之。兄弟二人乃叩请老者授与避难之方，老者教兄制一木船，洪水来临时登船避水；教弟缝一大皮囊，洪水来时坐于皮囊上避水。其后，洪水到来，木船不久巅覆，兄长淹毙；其弟坐于皮囊上随水浮沉，未遭灭顶，曾有数次被洪水漂浮至极高之空中，致曾触及天顶数次，最后漂到一极高之山峰上，此即天神住处。

此世界仅存之一人名“爷爷”，到达高峰着陆后因饥饿已极，故见一小屋即行进内，唯未见室内有人。“爷爷”乃自取室内可食之物充饥，食后乃退出，住于森林中。一日后复饥，乃进入该室觅食，此次被天神“乌撒”之幼女望见，“爷爷”去后，天女乃禀告其父。天神谓人世既尚有未被洪水淹死者，姑容其至吾家生活。于是此人第三次前来觅食时，天神“乌撒”乃出见，并留其共同食宿，唯天神欲测验此人之本能，故以各种难事令彼为之。

第一次天神命其作一狩猎用之弓箭，并遣乌鸦随时前往窥探制法，报告天神。乌鸦第一次前往时，“爷爷”正以弦线在臂上缠绕，准备装置弦上，乌鸦乃以所见报告天神。第二次乌鸦前往窥探时，“爷爷”已将弓箭制毕。因见此乌鸦随时前来窥探，心中不悦，乃持弓控弦上箭，瞄准乌鸦射去，当即命中，并自射落之乌鸦腹中取出一段肠子，为弓弦中端，乃携所制之弓箭返回天神处复命。“爷爷”于洪水前曾为猎人，故作弓箭一事彼并不甚难。唯此次弓弦中加入乌鸦之肠子一段，故嗣后猎人一拉弓弦，乌鸦即飞去，盖其腹部有予感也。

第二次天神命“爷爷”将全部山岑上撒布松、栗两树之籽种，并指定向阳处撒松树种，背阴处撒栗树种，并限于三日内完成，否则须受处罚。“爷爷”一筹莫展，焦虑异常，后乃请教于彼第二次觅食时所见之天女。天女乃教以可先以松栗二树种子分布向阳及背阴处点种数株，以为示范，然后可持种子立于高峰上，令风依样吹散，并谓奉天神命为此，自可成功。“爷爷”乃如法行，果得完成，归报天神，天神查验无虚，乃免谴责。

第三次天神命“爷爷”将山上生长之树木一日砍倒。彼自忖无法办到，但又惧天神之刑罚。后天女知其甚窘后，乃教以先将山上现有之树木砍倒一二株，然后立于山巅上高呼：请奉天神之命，将山上所有之树木于一日内砍倒，尔等万物均应各尽其能，执行命令。凡能咬者应咬树子根，凡能推拉及鼓动风力者，均应一致努力，否则必遭天神最严厉之惩罚。“爷爷”依计而行，果得山上各物之助。于限期内完成任务，回陈天神。经天神查验无讹，乃免刑罚。

第四次天神命“爷爷”将上次砍倒之树一日复原。“爷爷”无法，复以所窘之事请教于天女。天女教以先以手扶一二株示范，然后命令山上有手足能扶持树干之生物齐来工作，即可成功。“爷爷”依计而行，果达所愿，复命天神后，乃免杀身之祸。

第五次天神命“爷爷”将山上所有之树烧去。“爷爷”无法。天女睹状，告以汝只需将树木烧起一株示范，然后命大风吹刮，自可将全山树木一律烧光。“爷爷”如法做去，果得成功，报告天神，查验无讹，乃免惩处。

第六次天神命“爷爷”于一日内取得两篓蜜蜂。“爷爷”因平素未见有蜂子飞翔，且一日之内觅取两篓也不易办到，故乃私向天女请教。天女告以此山之最高处有大树两株，每株树上有蜂窠，取之合为一篓。于是“爷爷”乃取竹篓两具请天神另派一人随彼出外觅取。彼照天女所示路线与位置寻去，果得蜂子两篓，归以呈送天神，复免罚惩。

第七次天神命“爷爷”于两岸削壁，中江急流之湍水中捉鱼一袋，并指定自是晚起，每晚须与天神同睡于江岸壁上守望。如遇有鱼游过，即应由“爷爷”跃如江中捉取，并限三日捉足上数。“爷爷”以此得绝难做到，且自审性命难保，乃愁容满面，痛苦万状。天女睹情乃询明原委，告以可结网罟、系长绳投入江内，明晨提取，自可获所需之鱼。通“爷爷”急如法秘密准备，先期将网投入江中，至晚乃与天神同至削壁守望。天神命“爷爷”睡于外缘，自居内层，盖准备于“爷爷”倦极入睡时顺手将之推入江中。“爷爷”窥之其意，乃趁天神倦困时轻身潜离，另以木柱一根置于天神身旁，“爷爷”乃至先前投网处提网，果得鱼一袋，翌日提鱼见天神复命。天神以为“爷爷”被推入江内仍捉得满袋江鱼确系奇才，盖不知此法系天女所授也。

第八次天神命“爷爷”撒种豆子，爷爷无法进行，后经天女提示彼可照撒松栗二树种子办理。“爷爷”恍悟，乃如法炮制，结果卒能于限期内将大量豆种撒完，请天神查验无讹，乃免其罪。

第九次天神命“爷爷”将上次所撒之豆种完全自地中收回，并限于日内完成。“爷爷”觉此事甚难，故忧愁万分。天女睹状，乃教之曰：“取大口袋一置于山谷低洼处，汝本人可立于山巅命凡保存豆种之土均应将豆种吐出，又令风将豆种吹至口袋中。“爷爷”如法作去，果得收获满袋豆种归报天神后，天神计数，尚不敷三粒半豆，饬令“爷爷”觅还。“爷爷”无法，请计于天女。天女谓此三粒半豆种或系被斑鸠所啄食，汝可以所制之弓箭至豆地附近觅射斑鸠，剥其肠胃检查，或可获得。“爷爷”持弓箭至豆地附近巡视，果见有两只斑鸠憩于树上，乃瞄准射之，均命中落地。“爷爷”剥其肠胃。发现豆种三粒半尚未消化，乃亟取归献天神，方告无罪。

天神经前述种种试验后甚嘉慰“爷爷”才智，故特以天女一人妻之（此天女即最初发现“爷爷”并随时指示其应付天神各种试验者）。另指定一山为彼等生活之园地。唯当时白菜及菜菔为天神处最珍贵美味之食物，故天神不愿将其籽种传人世，唯天女于手指缝中夹藏少许与其他蔬菜种子同时带到人间，后为天神发现，乃诅咒此二物：“背时重如石，吃时淡如水”，故目前吾人所有之菜与菜菔远非天神原日所有者之珍奇美味。

数年后，天女与“爷爷”已生一子，唯天女思家心切，时思归回旧日住处，而“爷爷”因伉俪情深，苦苦劝留。天女无奈，乃于某晚以泥土照其本人形貌塑一人像，并吹气使活；塑成，其本人乃潜回天神处。因天女前生之子曾食此泥人乳汁，故以后世人身上仍常有泥土尘垢出现。

天女去后，“爷爷”与其子种植南瓜。某次有一瓜特别巨大。后父子将此瓜破开，中间跳出三童子，唯均是哑巴。经数月后，“爷爷”甚忧急，乃设法往访天神，后竟访到。“爷爷”乃请求天神使此三童子能言。天神告以汝应准备大瓜一个，中盛清水，另以五谷及肉类为祭品，祭祈天神。“爷爷”返回家中如法准备。临祭之时，天神变青蛙前往监视。祭毕，世上各种动物都来抢吃祭品。“爷爷”家中三童子领尽瓜中智慧之水，其他各种动物祭女后，乃来咬人。天神睹状，急将人挟于腋下保护，故人身上之毛虽被咬去，而头发幸庆保全。而以三童子饮过智慧水后即会讲话。

若干年后，三子均成人，“爷爷”乃教以至他山上，候晤女人，以便结成夫妻，分别营生。后三子各至山顶叉路上守候。其后长子遇一虎由山上向山下走，追之，变成汉装妇女，乃与之成婚，是为汉族之祖先。次子遇一熊由山下沿山脉向高处走，追之变成藏装妇女，乃与之成婚，是为藏族之祖先。季子遇一蛇，追之变为倮倮装束之妇女，乃与之成婚，住于水坡上，是为倮倮之祖先。

三、与汉族及他族关系之传说

倮倮宗族中主要之传说只上述三则，① 故其与汉族及他族关系之传说请各看上节。其中重要之点为倮倮与汉族及他族同出一源，由此可证中华民族该为一整体。

四、过去生活环境之传说

倮倮族过去生活之环境为山林地带，此事可就下列四点说明之：

---

① 各则传说中洪水泛滥，兄妹结婚及人来自瓜三点相同。故三传说可谓无大差异。

（一）本章第一、二两节所举的三个传说中，对倮倮谋生活动均有叙述。吾人由其谋生活动中即可推知当时倮倮之生活环境。

（二）本报告《社会组织》章第二节第四目中所述倮倮之姓氏，来自山林之动物或植物者居多。

（三）倮倮传说其祖先与汉族之祖先相互约定以文字之发明，决定平原沃野之主宰。倮倮发明文字，书于鹿皮上。结果被狗拖去，全功尽弃。汉人发明之文字书于简册上，乃被保留，故汉人获得平原沃野。而倮倮失败后无颜与汉人竞争，只得退至山林之地居住，从事刀耕火种的生活（刀耕火种详见本报告《经济生活》章第一节）。

此传说虽可说明倮倮山居之来历，但倮倮所以采用鹿皮作书，汉人所以采用简册作书之理由亦颇值得吾人思索。但无论本传说中倮倮汉人住地与其书写之用具，理论上之先后关系如何，吾人似可得知倮倮过去之生活环境确为山林地带。

（四）云南省维西县化普乡腊八山村周围三五十里内，均系山岭逶迤，林木深茂。该地倮倮居民传系由永胜县徙来。其祖先兄弟三人：一名虚吕包，一名拖得包，一名咩色平。三人每年来腊八村一带狩猎，收获甚多。某年彼等在露宿之火塘边试种天粟米一粒，次年狩猎过此，共收获三升之数。彼等见山地肥沃，遂徙居来此。其后彼等又巡猎至腊八村附近之施格登地方，试种麦子，收获也甚丰。拖得包及咩色平两兄弟乃迁往居住。由是亦可见倮倮居住于山林地带而渐由狩猎进入农耕之生活。

傈僳过去生活环境传说，除前述外，笔者又访得维西县叶枝乡岩瓦洛村傈僳过去生活环境传说如下：

据该村居民凹士波君表示，初来岩瓦洛之傈僳虽发现该地可种谷物，然彼等仍从事于狩猎生活，并未遽行从事定居之农耕生活，直至最初前来之人在西康边境狩猎遇害后，其同伴方返回原住地，邀集另一族人偕同前来岩瓦洛村开垦以迄今日。

由此传说中，吾人可窥知傈僳原为狩猎之部族。

五、英雄故事

傈僳之英雄故事尚不多闻。兹将笔者于民国三十三年（1944 年）十一月在怒江流域之福贡设治区内所得英雄故事一则列后：

碧江设治区之俄笼村，古时有一人名阿国。鉴于当时怒江流域妖怪甚多，乃至东方之八堂村请莫比进怒江杀妖①，莫比到后先向南方杀去，到孟仲村有一大龙，时常伤人。莫比用一根长草将龙头割下，除一大害。又前进到狄给村，遇他族酋长，乃在此以石刻分界②，由此转身北伐。莫比穿七件衣，束九条衣带并身藏九把利刀，躺在某处山坡上装死。至第二夜，许多妖怪来莫比睡处翻弄，并以刀子将莫比衣服划破，肚上划了一条血痕，莫比此时一跃而起，用所藏九把利刀一阵乱砍，当时即杀死了不少妖怪；其后在怒江东西南岸且行且杀，又有

---

① “莫比”原意为胡子，传闻此人系由丽江（金沙江流域）经兰坪（澜沧江流域）来怒江者。但八堂村（谐音）之确址已不易考。

② 传此石刻距福贡设治局所在之上帕村八日程，约在今泸水设治区内。

若干妖怪逃往远方，永不归来；少数胆怯者且投江自尽。自是怒江乃太平，而南自狄给村，北至贡山设治区达拉乡之双郎（怒江西岸）义郎（怒江东岸）止，均归莫比管理，现其后人仍有居住福贡者[①]。

六、有盘古之传说否

傈僳之传说中最普遍者，为本章第一、二节所举之传说。至于盘古开天辟地之传说未曾闻及。但本章所述之创世及宗族来源，传说中曾有造物女神命令天地分离，或可比拟于古之传说。

七、有孔明之传说否

傈僳之居于金（沙江）、沧（江）、怒（江）三江上游者，多无孔明之传说。唯藤冲、龙陵边区及滇缅、（甸）北段未定界内之傈僳[②]则多视孔明为神明，呼孔明为“五布底”意为创作一切文物制度之圣人。又傈僳江上往来溜渡之法[③]传为孔明南征时发明。

八、迁移路线之传说

傈僳迁移路线传说不一，但大多数均谓其祖先由内地徙来而渐次及于边界者，如维西、傈僳有传其祖先由永胜方面迁来

---

① 福贡设治区章化村有一保长名叠肯者，自称系莫比之后裔。

② 北纬二十五度三十五分以北（滕冲尖高山起）即为滇、缅（甸）北段未定界，界内人种复杂，傈僳居住于南部者较多。

③ 溜渡法详见本报告《日常生活》章第四节。

者，宁蒗之傈僳有谓自武定、元谋等处迁来者，至于怒江流域之傈僳不谓其祖先由下游移来，即谓自金（沙江）、（澜）沧（江）两江沿岸移来，而求江流域之傈僳则系由怒江迁往。但也有与上述路线相反之传说，如宁蒗沿金沙江岸居住之傈僳有称来自维西者，但持此类传说者为数甚少，或为一、二特例尔。

第四章　宗教及信仰

一、神

（一）神之传说：傈僳主要历史传说，为本报告第三章第一、二两节所叙者。兹就其中与“神”有关之部分略加分析：

第一则传说中说造宇宙万物者为一女神，而山神、水神则与人类同一祖先而未获得人类之名号者。

第二则传说中说宇宙义宰为天神，而山神则为指示人类祖先逃避洪水，使人类及动、植物不致灭绝者。

第三则传说中虽未明白提及，但瓜撒、瓜此之若干行为认为事前予觇天意或默祷上天，故其意识中仍有一最高之主宰存在。

笔者除自第三章所叙之历史传说中加以分析外，并于民国三十四年（1945 年）十月二十四日邀维西叶枝乡岩瓦洛村傈僳凹士波君前来询问彼族中对神之一般传说。据彼称傈僳认为天地间最高之神为“乌撒”，居于世界最高之山峰上，管理世界万物，对之有生杀予夺、成毁损益之权（汉人通称此神为天神，本文也借用此名）。其余之山神、龙神、火神、家神均受“乌撒”管理，遵照“乌撒”之旨意，行使对万物之管理权。

天神为无所不知，无所不能，独一无二，至高无上者，而其余各神之数目甚多，如火神家神每家都有；山神每一村或每一山有一个；龙神则凡较大之水源及河流均有，而由一大龙神统之。

天神有时会装死，装死时则某处山坡上忽现一块若有人耕过之山地，而地上有树之枝叶或饭碗发现，又有如坟状之凸起者，宽约五尺。天神之坟发现十三年后世间有灾难，人死甚多。又据傈僳传说，旧历每月中如遇初十、十八之属龙日，下雨，则此雨必可延绵甚久，因此两日大龙神召集所有之小龙神开会；是此日大龙神家中之龙子、龙孙可能趁机以降雨为戏而无所忌惮。又各龙神家中烧火之烟变为人间所用之水，人间烧火之烟又变为龙神所用之水，互相循环。

以上所述者为傈僳原有之神。至其与汉族接近之傈僳则其信仰已有转变，如怒江、澜沧江沿岸之傈僳，亦有少数信仰观音、孔明或孔子者。至于有西洋传教士活动之区域，傈僳改信上帝者更属常见。

（二）神之种类、性质及阶段：傈僳所奉之神共有五种，以天神地位最高，权力最大。下为山神、火神、龙神、家神四种，承天神之命分负管理宇宙一部分事物之责。此四种神彼此间地位平等，互不统属，唯龙神之上有一大龙神总管各龙神。

（三）神相：傈僳传说中的神相彼此不一。天神形象为一老者，但亦会变为其他动植物之形象；山神也具人相；龙神初为一鸟所生之蛋，继变为蛇，又变为龙，但亦可变为人形；至大龙神形如周鸣状；火神形如金塑之小佛相，常在火中出现。

（四）神之威力：

1. 天神：总统宇宙万物。

2. 山神：司世上人口数量与生活资料彼此间之调适。如人口数量超过地上生活资料所能供应时，则减少人口，反之增加人口；又对动植物也有管理之权；因傈僳为山居部族，其生活资料均赖山林值物、动物供给，故乃由山神管理“人与物”间之调适。

3. 火神：管理世间所需用之火（有如汉人之灶神）。

4. 龙神：管理世间所需用之水。举凡饮水及江河均属之，而大龙神则司雷雨，并管所有之小龙神。

5. 家神：管理每家人口、牲畜并各种器物与其家运之兴替（有如汉人供奉之祖先所具之权威）。

（五）神与人之关系：

1. 神保佑人：神在普通情形下为保佑人者。如人类所需之各种生活资料均由天神供给，分由各神管理之。而人之行为，如顺从天神所制定的原则与标准，并对诸神保持定时之祭祀与相当之诚敬，则神为人之保佑者。

2. 神处罚人：人之行为若违背神之意旨或不保持对神之定时祭祀与应有之诚敬时，则神可处罚人。其情节重大者天神可命他神收回此人、此家、此部族或全人类（如本报告第三章第一节各则历史传说中所称者）；情节较轻，则可予人以疾病、贫穷或财物之损失，如家中污秽而将火神之眼遮盖，而使死后尚未投生之鬼将火神所保管之火种偷来焚烧房屋。

3. 人变为神：傈僳传说，远古有弟兄俩，哥哥出外打仗已久不归，后经父母逐之，遂为山神；又家神也为人所变，人死后如经天神指定其变为某家家神时，即将原有之家神调回，由此人前往接充。

（六）神与鬼之关系：傈僳认为神与鬼无直接之统属关系，即鬼之行为并非为神所授意，亦非神能限制者。其详请参阅本章第二节。

（七）祀神节令及时刻：

1. 天神：祭祀天神在每年旧历十一月，因其时田地中之各物均已成熟，而村人也较清闲，且蚊蝇灭迹，祭祀时可保洁净。日子由村人决定，自清晨五更时即起祭。

2. 山神：每年分两次祭祀，一在旧历正月，一在七月[1]，日期不限定，祭祀时在晨间举行。

3. 龙神：无一定之祭祀时节，由村人或某家人之需要而自定[2]。

4. 火神：每日进餐时均向火神贡献，故无定时祭祀。

5. 家神：同火神，但亦可由每家特选其家中人员属相最多之日，或家长生日属相祭祀之，至于月份则不拘。

（八）祀神地点及庙宇形式：

1. 天神：祭天神在村中空地或附近山坡上行之，无庙宇

---

① 祭山神有谓在旧历六月二十五日，即俗称火把节时行之者，想系各地习俗不同所致。

② 龙神、火神、家神祭祀时间并不完全固定，如某家有人患病，经宗教师指定应祭祀某神时，可由此家人单独定期祭之。

供奉。

2. 山神：在村旁之山坡举行之。

3. 龙神：在村中或村旁取水处行之。

4. 火神：在家中行之。

5. 家神：在家中行之。

各神均无庙宇，往时常祭祀天神、山神、龙神之处或取石块、树木为标志，以之作神位。有以花纸、白纸贴房壁上表示神或祖先之神像者。家神是否即为其家之祖先精灵所变，傈僳未能说明。但人死后能变为家神，则已于（五）3 中加以说明。

（九）祀神之形式：

1. 天神：祭天神费用较大，故多由一家以上联合行之。祭品以中间盛水之大南瓜为主[①]，五谷、肉类、酒、茶等亦需要，其他家中所能找到之任何洁净物均可作为祭品。盖天神为万物之创造者，是祭祀时如能多有供品，自可邀其喜悦。而各类供品中，傈僳尤以得自土司家中者为珍贵，祭典由宗师主持之。此人前三日沐浴斋戒并停食一日[②]，又须更换新衣（如无新衣者应将旧衣洗净）。祭典于清晨即开始，由宗师念经。经中述天神创造万物之详细经过，并各物事后之演变与近况，末述感谢之意；并谓以不腆之物请天神收纳，尚祈继续赐福，使祭者粮食丰收，身体健康，家用无匮，至此次各种祭品来自何处亦一并叙出。经甚长，快者黄昏时方能念毕，慢者须至二更时方毕。

① 南瓜为人类所由出之物，而中间盛水，则因人饮用南瓜中之智慧水后方会说话。（详见第三章创世传说及本族来源的传说）

② 斋戒时禁食烟酒及腐臭肉类。

念经为献祭之主要仪式。当日所用之祭品仍可由祭者食用。

2. 山神：祭山神多合村联合举行。维西县叶枝乡（沿澜沧江）之傈僳祭时以肉五碗（猪羊或鸡之肉均可），饭五碗（米饭或其谷物所做之饭不拘），酒一瓶行之，仍由宗师主持祭礼，念经感谢山神之保佑并其各种恩惠，求以更多之动植物赐予祭者。[①]

3. 龙神：傈僳对龙神之祭祀多由合村合祭，以求龙王降雨、止雨或供给彼等饮用之水。祭品也为酒、茶、肉、饭之类。宗师主持祭典，仍不外念经、供献等项。

4. 火神：祭祀火神于每饭时举行或以盛饭菜之碗上举示意，或将菜少许丢入火中示意，而无特定的形式。

5. 家神：平时即于每餐时敬献示意，特选之祭祀日则以酒、茶、饭、菜为祭品而供献之。

除上述之祭祀外，如遇某家有人患病而经宗师指出系某种神作祟时，可单独举行祭祀仪式，其祭品由宗师规定。

兹试举西维西化普乡第八保腊噶洛村一带所通行之祀神仪式于后，唯其中所举神之种类与前列者略有不同，其有关传说、性质、神相及威力等则未得知。

1. 祭黑山神：剪用一纸人，纸耳环一双，红绵纸旗二面，白绵纸旗二面，竹筛子一面，野灯草缀成两个太阳式波圈，插

---

① 除上述祭山神之仪式外，有谓傈僳家中正房墙壁上所贴之白纸及每次获动物时以其角、脑盖、颊骨参差挂于墙上，且逢获时以酒肉祭祀，均系对山神之一种表示。而每年旧历六月二十五日祭山神时，则在附近之山坡上举行。祭坛以松树一株，系以白纸细条，杀绵羊一只，放生公鸡一只。由宗师主持祭献典礼。祭后即开始封山，不准刀斧加诸山林；盖此时如砍山林，则将引起天候之巨变，而影响农作物之收获。待秋收以后又再开祭。维西县叶枝乡一带于旧历五月初或四月尾插秧时封山，秀穗时开山。

于筛子边缘上；竹子一根，顶端劈成四瓣，加一十字木片，其上置一鸡蛋；小木片三块，上面以炭涂绘，形式如图一；面人一，荞饼六，弹奏之口琴一副，酒、茶、米、盐各少许，鱼一尾，另备香柱；送鬼之巫者，吹叶子；杀猪鸡各一。“尼扒”得一部分，余皆煮食。

2. 祭白山神：用一根松树，系一白纸、细条，小木片三块，鸡蛋一，米一碗，酒二碗，盐、谷花少许，杀鸡一只。

3. 祭土地神：用三根竹竿，顶端劈破，中夹白纸三条，形式如图二。

图一

图二

青杠栗树枝三根，小木碗十二个，筷子十二双，小木片十二块，弩箭六堆。椏枝三根一排，列成六排，共十八根。削竿十八根，三根缀成一排，如是者六排。土瓶一，酒，滤竿一，装成吸酒状。一根木竿顶端系以草瓣。米一升，小锅之底部盛水，上覆一木碗，杀猪以祭。

4. 祭水神：用一根松树系白纸条，小木片三块，面蛙、面蛇各一，荞饼六，米、酒、盐、茶、谷花少许，杀鸡一只。

5. 祭大路神：用青杠、栗树枝二根，带有钩刺之竿三节，小树桠三枝，木碗三，木勺一，锅一，水桶一，盐少许，杀猪节一只。

6. 祭小路神：用青杠、栗树六技插成一排，荞饼六个，筷子六双，各插于饼上。

7. 祭血神：用木刀二，染鸡血，弓箭各一，其形式如图三；削木杆二根，插于路之上下；所用之鸡，女人可食，男人忌食；另以松明洒香面驱鬼。

8. 祭家神：用青杠、栗树枝六根、木碗六、盐碗一，以木二片卜之。白纸条捻子一把，由“尼扒”摇之；锄头一把，挖鬼住所；锅一，杀猪一只。

9. 祭鸡神：用面人一，红、白绵纸旗各三面，小木片三副，其形式如图四；木房一间，荞饼六，茶、盐、米、谷花少许，香柱数根，杀猪鸡各一。

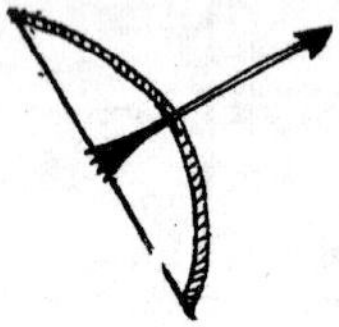

图三

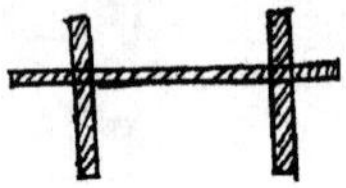

图四

10. 祭天蛊：（得此毒者腹部肿胀）用青杠、栗树一枝，一柱香，杀鸡一只。

以上所举者，为一般较普通之鬼神，其他不知者尚有。各神中以黑山神的地位最高，权威最大。

二、鬼

（一）鬼为何物（观念）：傈傈认为每人之寿限均系天神所

定，故人满其寿限死去，则其灵魂即经天神收去或指示其变神（如本章第一节七目中所述者），或指示其另行投生为人，或指示其投生为牲畜。但遇寿限未到即行死去者，则其灵魂至阴间时，尚不能转世，而阴间生活甚苦，衣、食、住等均有困难，故乃自由行动，设法解决生活问题，是乃发生祟人致病之事，故宗师或被害者家人，只需以食物或鬼所需用之物祭之，即可禳除，其情形略似应付乞丐然。又有谓鬼未得投生前害人，为觅取替身以求早日投生者；又有谓鬼出祟人系亲热之表示，故凡与此鬼生前相熟之人，易被鬼祟弄。

（二）种类及形貌：鬼之种类甚多，可以其致死原因分之①，亦可以其所在之地点分之②。据称鬼有人形无实体，故宗师虽可见其如人形，但鬼撞于人体上，人不自觉，而人以手触鬼，亦无所感。

（三）鬼的活动领域：鬼在阴间无安定生活之可能③，故鬼多到人世活动。但鬼之形状一般人不易见之，而鬼无实体，即宗师亦不能触觉之，故其活动之领域，实际为非阳非阴界。

（四）除鬼仪式及方法：若干地区之傈僳对数种鬼神不能加以详细之分辨，盖因鬼神皆能治病也。如本章第一节（九）中末段所述之祭神除病法中之路神、血神、鸡神，有认为其为鬼者，如属于此种，则可照前述之法禳除之。其他之鬼祟人后，

---

① 有依致死原因而分鬼为跌死鬼、吊死鬼、淹死鬼者。

② 维西叶枝乡之傈僳谓宗师或村中之绅士、头人死后可变为路鬼（有称为路神者，见本章第一节第（8）目中末段）。

③ 阴间有专司灵魂投生之官，灵魂变神亦迅速进行，故一时不能投生之鬼，无法生活。

亦均可由宗教师禳除之，其法不一，除以酒饭、牲畜祭送外，兼有以下数法①：

（1）有将犁头（亦可用锄头，下同）烧红，口中含起，在病人房中及家中跑动，实行驱逐者。

（2）有将犁头烧红以脚踩后，又将脚置于病人之患部熨抚者。

（3）有将核桃油置于锅中加热，待其沸腾时以手伸入（据谓不致熨伤）然后取出抚摸病人者。

（4）有将核桃油会同酒加热，待其于锅内燃烧时，双手放入搓揉，再以手洗面后跳叫驱鬼，并以手抚摸病人者。

三、灵魂与来世说

傈僳认为人均有灵魂，而此灵魂系属永存不灭者。人死后灵魂即至阴间，由阴间之官吏查询此人寿限是否届满，如已届满则按此人生前之行为，并遵照天神意旨（详见下章），分别使其变神，仍投生为人或改投牲畜。属于第一种情形者为奖励办法；至于第二种情形者，大致为不奖不惩之办法；至于第三种情形，则属于惩戒，盖因此人生前行为不正，如傈僳谓欠人债者，死后变牛马等。又某傈僳告笔者云：人临死时，如以墨笔皆或其他颜色作符号或文字于身体上，则日后投生之人体上，仍可出现相同之符号与文字。

---

① 本目所述之法均系指事后禳除，至傈僳事先预防，多以鸡蛋壳置放门口或房内墙缝间。

四、其他冥秘界之说

笔者于维西叶枝乡工作时，遇一傈僳自称某次因贫病交迫曾到过阴间，但因路口之阴官谓其寿限未满，嘱其反阳，故彼略识阴间之情形。据谓到阴间之关口时见有如右图五之黑屋一间。隐约间见其中立有一人。而距此屋不远之处为天神所在。关口后有道路数条，灵魂经由不同之道路，即得变神，投生人，投生牲畜不同之结果。黑屋中人可与天神通话，俾可照天神之意分别指示阳寿届满之灵魂应走之道路；至阳寿之未满者，则不得进入关口，任意走动，故遇此等人之灵魂到达时，多属行退维谷，生活艰难，乃被迫返回阳世，祟人致病，以图获得若干酒饭及用具，等待寿限之届满。

图五

五、宗教师

（一）人选：傈僳语言，南北部所用者稍异，故宗教师之名称，南北亦不同：南部称“香通”，北部称“尼扒”，但维西县叶枝乡傈僳中除“尼扒”外，兼有“多巴”[①]。此辈人物之产生并非由于世袭或选举，亦无任何限制。“尼扒”自谓系于神明启

① 澜沧江及怒江流域之傈僳住地，可以北纬二十六度为南北之分界。傈僳人数北部较南部为多，故本报告中多以“尼扒”代表傈僳之宗教师。北部傈僳语中称鬼为“尼”、“扒”，在此处作人字解。“尼扒”即能与鬼神相通之人，担负祈神禳鬼之事。而“多巴”一名，在他处仅么些社区中有之。故笔者怀疑傈僳之有“多巴”，系习自么些。

示，神灵灌注；能见鬼怪，并知禳除之法。后遇村中病人，如能连续医痊数人，即成为公众承认的宗教师。至于“多巴”则系有志于此者，从师学习而成。“尼扒”或“多巴”均以男子充之。

（二）权威：“尼扒”在傈僳社会中占重要地位，举凡婚姻、丧葬、疾病、占卜、除鬼、喊魂，均求教于“尼扒”，且“尼扒”中有会杀魂者，可致人于死命（请参阅本章最后之附录），故“尼扒”可谓系操生杀之大权，具极高之权威，而与傈僳生活有密切之关系者，至于有“多巴”之处，则祀神（特别对天神及山神之祭祀），均由“多巴”任之，而看鬼杀魂之事，则由“尼扒”任之。

（三）技术的传习：傈僳中“尼扒”自称系得神灵启示，神灵灌注而有超人之见识与能力者，故无法从事技术的传习。至“多巴”则可从事技术的传习。但因傈僳无文字，是“多巴”做法事颂念之经咒，均凭强记，故学习“多巴”甚为费时，往往可达六七年之久，但为“尼扒”者，因系得自顿悟[①]，是其并非随时可以见鬼作法，故有经数年后，其原日之技术即消失者。有一月中只一二日最灵验者（俗谓每月初一、十五“尼扒”作法较灵）。至“多巴”则不然，因其技术系经过传习之阶段，是一经习得，即不易忘却。

（四）典籍：傈僳之“尼扒”、“多巴”均无典籍。

---

① 傈僳为“尼扒”者，据谓事先有三日“眼见”。在此时期内，阴间、阳间，千山万岭外各种事物均能看见，任何障碍均不能阻遮彼之视线。此时期内，彼不思欲食，且眼前之山川房屋均已不可见，故其行动反需家人照料，以免彼失脚或碰壁而致死伤。

（五）宗教师特有之文字：倮倮之宗教师无特有之文字。

（六）符咒避邪物等：倮倮宗教师所用之主要避邪物为农耕用的铁锄头及犁头，至核桃油，酥油等煮沸后亦为“尼扒”常用之物，至符咒甚少用，仅其做法事有若干禳鬼之词句耳。

（七）占卜之种类及方法：倮倮宗教师占卜之种类及方法，就笔者所已知者，约有下列数种：

1. 海贝卜：以白色或黄色（代表金银）两海贝置于手中，丢入一木碗内，视其排列形状以得问题之答案，或判定病人致病之原因与去病之方法。此法倮倮“多巴”多用之[①]。

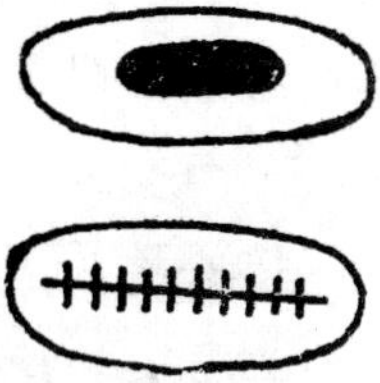

① 占卜用之海贝共计两枚，其正反两面之形状分别如图所示：两海贝掷得甲甲（）谓全白课，掷得乙乙（）谓全黑课、掷得甲乙（）谓黑白相间之课。至于各课之吉凶如下述：

呈三次（甲甲）者，主病，不利；

呈三次（乙乙）者，主男不利，女大利；

呈三次（甲乙）者，大顺大吉；

第一次呈（甲甲），第二次呈（乙乙），第三次呈（甲乙）者，大吉；

第一次呈（甲甲），第二次呈（甲甲），第三次呈（乙乙）者，大吉；

第一次呈（乙乙），第二次呈（乙乙），第三次呈（甲甲）者，大顺；

第一次呈（乙乙），第二次呈（甲乙），第三次呈（乙乙）者，大顺；

第一次呈（乙乙），第二次呈（甲甲），第三次呈（甲乙）者，大顺；

第一次呈（甲乙），第二次呈（乙乙），第三次呈（甲甲）者，大利。

2. 鸡蛋卜：傈僳患病时，请“尼扒”至家中，取一鸡蛋打破，将蛋内倾倒于一盛清水之碗内，“尼扒”即根据蛋白、蛋黄及胚盘在清水中漂游的情形，而占之病人致病的原因及去病方法。

3. 白纸卜：病者以白纸一张，折叠后枕于头下，翌日晨由家人持往“尼扒”处。“尼扒”将纸展示后，即能道出病者家境、病因及去病方法。

4. 手卜：傈僳患病，请“尼扒”前来诊视时，“尼扒”以自身左手拇指与中指伸开时的距离，量自身右手肘弯至指尖之距离，反复为之，而以左手中指指尖与右手中指指尖相互超过之情形（视左手指尖超过右手指尖，抑右手指尖超过左手指尖）并计其相互超过之次数与先后，以决定病人致病之由与去病之法。

5. 米麦卜：用米或用麦（方法同）六颗，清水一碗，先祝告说：如此病为某某神（或鬼）所扰，则以米六颗分三次丢入水中后，其沉浮之情形当一致。祝告毕，即分三次丢两米入水内，视三次沉浮之情形同一次中两米彼此间沉浮之情形是否一致；如一致，则断定病人为某神（或鬼）所扰，否则另卜或改用他法占卜。[①]

6. 以地支十二属占卜：居住于澜沧江流域之傈僳，现以习用以地支十二属记时，故遇有若干需选择时间之行为，亦常于事先由宗教师或其他会以地支推算者代彼决定之。

---

① 有谓卜者先于水碗四周设置标志，分别表示不同之鬼神，然后视蛋黄上胚盘之所指，以定作祟之鬼神。

（八）迷信费用：傈僳请宗教师为其占卜、决疑、祈神、禳鬼、医病、救魂等所付之报酬不一，且多属实物，如米、肉、茶、盐、酒或其他粮食、牲畜，要视邀请者之家境，事件之性质等而决定。至于每次法事所需用之物品，则由邀请者准备。除饮食物品外，多为纸张、香柱之属。就目前物价大致估计，则每次法事最少需滇铸银币一元。①

六、放蛊

放蛊在傈僳社区中不如杀魂（详见本节附录）之普遍，然傈僳亦深忌之，兹述有关各事如下：

（一）蛊之种类：蛊之种类据笔者所知共有七种，即天蛊、蛇蛊、虫蛊、蟆蛊、蜈蚣蛊、猫蛊、树叶蛊，又澜沧江流域之汉人，多称蛊为"药"，称中蛊为"着药"，故傈僳亦有称蛊为药者。

（二）放蛊之人：放蛊之人，男女皆有，且世代相传，而以妇女业此者为多。

（三）除蛊方法：中蛊之原因不一，故除蛊之方法亦有多种：

1. 呕吐：放蛊者多利用饮食之际，使他人中蛊。若中蛊者嗅及烟油之味，即为中毒之症，急宜设法呕出所食之物，并问同席者当时之年、月、日时即可避免。

---

① 边地通行之硬币，每枚重三钱六分，称"半开"作银币五角，与法币兑换率高低不等。民国三十四年（1945 年）八月十五日，日本投降前云南口江、维西、德钦、贡山、福贡等县区每元滇铸银币（两个"半开"）可换国币二千五百元至三千元。抗战结束后，物价跌落，银币之对换率亦低，每元于三十四年十月中仅仅能换得法币五百元左右。是年年底，又涨至一千元左右。

2. 服药：中蛊后可服解药。凡有蛊之处，均有解药出售者。其制法则秘不告人。

3. 祭禳：此法对中蛊者用之。据谓祭时用青杠栗树枝一根，一柱香及一只鸡。

4. 捉蛊：傈僳中蛊后，有谓可请宗教师将蛊捉住，现出原形，然后将其投于沸腾之油锅中，如此中蛊者可得救；而养蛊之人则飞奔前来毙命。

5. 滚鸡蛋：中蛊者之家人，以鸡蛋煮熟后，放于病人身上滚之，滚之后剥开视之，则蛋黄已变黑色，如此连续滚数日，至蛋黄不变色时，即为蛊已去净。

6. 洗蛊：患者家人请宗教师将手放于沸腾食油中，然后用手抚摸病人全身，谓之洗蛊，亦可得痊愈。

（四）关于蛊之传说

1. 养蛊者于端午节日捕毒虫百种，置器皿中，使其自相残食，最后剩余之一种即能为蛊。

2. 养蛊者所畜之蛊，或置于衣服中，或置于头发间，可于饮食时放蛊，或以指将蛊弹出又或用手抚摸人身，使被抚摸者中蛊。

3. 蛊之原形有时可显露，此时放蛊者急速说出一物之名，则蛊可变为该物，而由放蛊者加以藏。

4. 天蛊系自天空中落下，专为害小孩者，故黄昏时小孩忌在院落中随地坐卧或靠壁行走。中此蛊者日渐瘦弱，枯干且复可变瞎。其他各蛊中之者，头痛、腹泻、脚瘫、手软、背痛，日久又可全身浮肿。中蛊后一星期上列病状即发作。

5. 如系由饮食中蛊者，则当时因在何种食物中得蛊，病人即嗜食此物。

6. 有传养蛊者（无蛊除外），系将所养之物置于土陶器皿中，以五色线绕红布盖之，每日以唾涎饲之，经余年后，即可成蛊。

7. 养蛊之家，可“经吃经用”，但因其名誉不好，社会批评太坏，村邻亲朋且不愿与之发生婚姻关系，故虽可生财，亦有损失。

8. 养蛊者如欲将所养之蛊放出，则可请宗教师送出之，但须以其家中珍贵之物品陪同抛掷之，多将蛊及他物以包袱包之，丢于荒野或路旁。如他人贪图钱财而捡取，则捡之者即得蛊；如捡之者不欲养之，则以私人之财货陪同抛掷之。

9. 欲预防与养蛊者同席饮食中蛊，则可于同席时一面问年、月、日、时，一面将筷子颠倒使用，即可防止中蛊。

（五）信仰蛊之程度：傈僳对放蛊者甚为畏惧，亦甚信仰，对有养蛊嫌疑之家，多所忌避。

七、预兆

（一）相貌类：维西澜沧江居住之傈僳对相貌所表示之预兆，有以下各种说法。

1. 痣之部位：

（1）前额正中有痣最好；

（2）鼻梁根部有痣，一生平稳；

（3）鼻尖有痣，命苦；

（4）眼下有痣，一生气愤多。

2. 耳之大小：

（1）耳大能下垂近肩者最好；

（2）耳小者为怪人。

3. 髭鬚有无及长短：

（1）有鬚无髭者命不好；

（2）髭长者寿长，且生活无困难。

4. 手纹：男子看左手，女子看右手

（1）拇指部分之手掌上纵纹数目兆子女多寡；

（2）开口于食指与中指中间之一条横纹（~）兆人生奔波与否；

（3）拇指与食指中间之一条纵纹（≀）兆家财之有无及聚散。

（二）禽兽活动类

1. 乌鸦惊人急叫，兆死人；喜鹊啼，兆有财喜；

2. 公鸡啼不依时，兆将有火灾，应加防范；

3. 母鸡啼兆死人或其他凶事；

4. 母牛难产，兆主人家父（母）将死；

5. 遇虎兆家人死；

6. 旧历年过后，闻斑鸠先叫，兆年丰、地方清平；

7. 旧历年过后，闻绿斑鸠先叫，兆年成不好。

（三）天象类

1. 太阳周围有黄晕，则午前天晴，午后将下雨；

2. 流星较长，且连续发现者，则世间将有兵灾；

3. 流星较短且非连续者，则兆火灾；

4. 较长之流星落于何方者，则该处将有疫症；

5. 天空有一大星与月亮接近，且同一方向进行一月以上者，兆兵灾；

6. 天空有一大星在月亮前行进者，为吉兆；

7. 天空有一大星在月亮后行进者，为凶兆（将有大风或战争）；

8. 星宿出没依时，部位正常者，兆世间清平。

（四）梦

梦，傈语称为“俄密孔”，谓系魂来附托，梦中事物各有征兆。兹就访问所得之五十个梦之解释录之如下：

1. 梦狗来咬，征口舌；

2. 梦狼来咬，征镣铐传讯；

3. 梦虎来咬，征诉讼；

4. 梦打石头，征涉钱财事；

5. 梦熊来咬，征疾病；

6. 梦鹰，征遇杀魂（杀魂之意义，参考《宗教与信仰》）；

7. 梦下雪，征凶祸死亡；

8. 梦鸡、雀、鸟，征凶祸出血；

9. 梦牛角触人，征家神找病；

10. 梦银钱，征精神衰弱；

11. 梦杠抬木材，征抬送死人；

12. 梦风吹下雨，征哭；

13. 梦大便，征沮丧、懊气；

14. 梦树果熟烂，征伤心流泪；

15. 梦洪水蛟发，征凶祸大事（边民认为洪水系蛟作祟）；

16. 梦蛆，征得蛊；

17. 梦攀援树木跌落，征年岁长大；

18. 梦猫、猴子来屋，征小肚泄；

19. 梦蛇，征妇女怀孕；

20. 梦刀、剪，征遇见孕妇；

21. 梦镰刀、锄头，征孕妇生女；

22. 梦柴刀、犁头，征孕妇生男；

23. 梦过河，征生病；

24. 梦蜂王，征生病；

25. 梦包谷子，征儿女出痧；

26. 梦出门归家，征音信到来；

27. 梦猪来屋，征汉人来家；

28. 梦羊来屋，征倮倮客来；

29. 梦结婚，征家人死亡；

30. 梦唱山歌小曲，征遇丧主哭；

31. 梦出兵交战，征好友死亡；

32. 梦放倒绿叶树木，征富者死亡；

33. 梦放倒干枯树木，征贫者死亡；

34. 梦树倒于何方，征彼方必有死亡；

35. 梦放羊上山，征天晴；

36. 梦放羊下山，征下雨；

37. 梦新鲜土堆，征农作丰收；

38. 梦扫空落叶，征年成不好；

39. 梦落牙齿，征儿女死亡；

40. 梦日没月落，征妇女死亡；

41. 梦跳锅庄在前[①]，征抬埋死葬；

42. 梦跳锅庄在后，征村邻人死；

43. 梦划船过桥，征送丧埋葬；

44. 梦金子，征掘圹（埋棺材之穴）；

45. 梦破衣鞋袜，征吃肉；

46. 梦送丧，征猎获兽肉；

47. 梦拾落胡桃，征丧事吃肉；

48. 梦背捡石头，征进财得钱；

49. 梦白发家神，征灾难，

50. 梦黑发家神，征平安。

（五）人事活动

1. 上眼皮跳，兆快乐，下眼皮跳，兆痛苦；

2. 眼皮三日连跳，兆下雨；

3. 眼皮一月连跳，兆亲戚或家中人主要分子将死一人；

4. 耳朵热一时，兆有人论其是非，热一日兆将下雪；

5. 肩肘跳均兆儿辈病。左方兆子，右方兆女；

6. 右上臂跳兆经常可获利；

7. 晨起出门遇三背水，兆到处下雨；

8. 出外遇一桶水及任何货篓，兆沿途吃喝无忧；

9. 出外遇一人负一空篓子，或仅以绳索搭于肩上，兆此次

① “跳锅庄”为边民娱乐之一，详见本报告《娱乐与社交》章。

出外，一无所得；

10. 出外遇空身人手置于后，兆见之者心可宽乐；

11. 出门求财时如遇蛇类由路下向上爬，财即落空；遇蛇由路上向下爬，财即获得；

12. 三人出门，遇蛇由三人中穿过，则三人中必死一人；

13. 见蛇吃雀，见之者数月必死；如能将蛇杀死，则见之者延至数年后方死；

14. 见蛇爬树，则见之者家中死一人；

15. 见蛇食蚱蜢，见之者死；

16. 出门跌倒或被石头碰着，则此人将犯过失；

17. 房屋内若壁上蜘蛛绕满一圈，则此家必须死一人。

八、佛教或基督教之影响

傈僳之信佛教者，南部较多，盖与摆夷杂居或邻居故也，北部未受佛教影响。基督教因多数西洋传教士长期之努力，是在傈僳社区中已渐普遍。即使南部原信佛教之傈僳社区，亦多改信基督教矣。基督教对彼等发生之影响可谓甚大。其日常生活中之衣服已较前整洁，食时必祈祷上帝，住处亦较为整洁；因传教士常来之故。房中原日供奉家神之位置也改悬耶稣、玛利亚之像或其他圣经故事。星期休息并作礼拜，过复活节、圣诞节，取消原有之各种鬼神的祭祀、信仰，改变其婚丧仪式，保持诚实的习惯，服从传教士的意旨，放弃烟酒之嗜好等，均其荦荦大者。虽此种影响好者较多，但也不免因此而发生许多问题，盖边地之传教士多外人；故边民因信奉基督教，也无形养成对外人尊崇及服从之习惯。尝见边地县区中有地方行政官所不能召集之群众，解决事端，教士能召集之、解决之，故教徒渐有“教民”之称[①]。然此种现象之养成，自不能尽责外人，吾地方政府及非教徒，亦有应反省警惕者。

附录　杀魂

傈僳社会中对杀魂之信仰与畏惧尤甚于放蛊。兹将新运总会第一边胞服务站助理事和源盛君所记录维西县化普乡第八保喇噶洛村之一杀魂案附录于此，以作参考。

傈僳民族最畏惧者为杀魂，最信仰者为“尼扒”（傈僳之宗教师称“尼扒”）无论男女老少，遇到杀魂，十有八九不及营救而罹难。余于民国三十三年（1944 年）八月，奉命前往维西县澜沧江西岸之喇噶洛村工作。该处系纯粹之傈僳村落，共计一百零一户。余到后，常闻彼等叙及村内杀魂之事件，云昔日罹难者，已有十余人之众，闻之悚然。余于是询问杀魂术是否人人可能。彼等谓为“尼扒”者，始有杀魂之技术，如是，则人人可得而被杀，复何方法而解救，岂不惧哉！然，“解铃还需系铃人”，是故“尼扒”杀魂，仍可请另一“尼扒”解救。此种神奇事颇欲得知其详，不料是年十月下旬，忽然发生一起杀魂

① 笔者估举一例，以概其余。云南西北边区某设治局长串同地方劣绅胁迫人民种烟。该区内所有信教人民因囿于教义，未即附和；于是，凡是遇上级机关派员前往查烟时，种烟之官绅即怀疑该区内之教士及“教民”为告密者，并声言如有因查烟而发生之人命财物之损失时，“教民”责无旁贷；致使教会、教徒与地方官署劣绅、莠民之间发生隔阂。信教者对地方政府及官之命令，即不乐听从，类此之事，国人应深自反省。

案。兹将其经过详情，一一叙述以作研究傈僳社会之参考。

维西化普乡第八保因辖地比较广，故一保长之下，尚有总甲长二，每一总甲长下，有甲长三人或四人。喇噶洛为第八保下总甲之中心地，除辖古咱、喇马洛二甲外，另喇噶洛有甲长二人，皆系“尼扒”言行跋扈，类似土豪，一名宗俄扒（乳名克早），一名俄美扒（乳名哇贝）。前者只杀魂，不替人禳鬼；后者只禳鬼而不杀魂。总甲长名尔恒扒（乳名咱退），为人坦白，颇懂事理。一日，各头人咸集饮酒，酩酊大醉。先是保长二人因舍根登保国民学校教员吴深，霸占第八保学粮而不尽教学之责，再四赴维城控诉，用村中公积之谷子数斗作伙食开支。是日，此喇噶洛二甲长提出异议，总甲长咱退乃正声厉言道：“汝二人为公不前，在甲下审理民事，吃酒杀鸡，好不痛快!”于是二甲长想立刻动武殴打，所幸旁人劝解。但此二人已怀恨在心，时思报复，伺机而动。十月二十九日，咱退妇人在园中挖芋头，不幸胫间被伤一锄，伤口颇重，即日躺床不起。待至三十日夜晚，宗俄扒将咱退妇人之魂摄去，在多岔路口压住，放出所畜养之神物：鹰、狗各一，暗中前来咬伤咽喉；片时不省人事，眼眶陷落，手足冰冷。斯时家人声泪俱下，悲痛异常，当由亲友分头请“尼扒”医魂。“尼扒”吴纽等皆至，看病结果，俱言系宗俄扒摄魂，魂已压于岔路口一节木头下面，急去抛撇，自可转愈[1]。其家人如言而行，不久咱退妇人生魂

[1] “尼扒”行邪术，摄他人之灵魂后，多将其压于山野之木石碎块或树木枝叶下，至看病“尼扒”则利用病者头下所置之白纸，加以研究。其详可参阅本章第五节（七）目。

转回，眼泪汪汪，渐省人事，亦云幸矣！

次日，家人将此事报告保长、甲长。保长派迟牢扒一人，咱退派金泽扒一人，宗俄扒派害富扒一人，哇贝派哇贝扒一人，“尼扒”吴纽派吴纽扒一人，分为两组，相互监视。一组赴兰坪之维登乡红岩村念吴“尼扒”处，一组赴维西化普乡第七保松坡村饶恩扒“尼扒”处，共看杀魂者之身家情况，所畜神物。两处看来之结果，殊途同归，言合一辄，未有出入之处，至是扒俄宗乃自认是实，愿受裁判。延至十一月十二日，此事开始商谈。十三日，闻知杀魂事件渐有头绪，被告前来请余代写具结纸。余欣然应允，因欲知傈僳杀魂之哑谜也。十四日，原被告点收损害财物，头人村民，宰猪饮酒，大开团宴。十五日，探询被告宗俄扒财物之损失超过滇省银币壹百元。以当时兑换率计算，每元银币换国币壹百元，综合国币壹万元以上，亦云巨矣。

十一月十六日，记录红岩村、松坡看魂经过之口供，旋唤宗俄扒对质，全然默认符合。兹将口供录之如下：

记录人：×××　地址：喇噶洛村新范民众学校

原　告：咱退　被告：宗俄扒

列席人：熊五博、哇贝、迟牢扒、金泽扒、哇贝扒、害富扒、吴纽扒、普得扒和原、被告亲友十余人。

甲：报告看魂经过：

一赴红岩看魂人迟牢扒、金泽扒、害富扒报告谓：前往兰坪维登乡红岩村念吴“尼扒”处看魂时，念吴说，杀魂之“尼扒”是在被杀魂者之东北方，居于村北，有三条路，上、下两路，皆为通行大路，中路可达“尼扒”家。杀魂原因，系因公事口角数语。住宅情形：坡下正房一间，门向南。房下面有桃两颗，现叶落枝空，一颗枝桠依垂屋上。门口前面有猪圈二间。坡上稍偏南有房子三间，右间口向南，无门板，近日内无豢养牲畜。中间有许多人杂居（按内有古咱村来民校之学生五人，宜其底村来民校之学生七人寄宿——笔者注）。左间与中间有一过道，两门相对，左间是牛羊圈。房屋背面有高大之梨树一株。屋之西南数十步有接水槽二，下槽已坏。“尼扒”是一个左脸上有小疤痕，颈间有癣，家中有女子三人，有外来者一，男子二人，一大一小，大者杀魂①。其所畜神物是古宗一人，饿老鹰一只，白颈黄狗一只。家中牲畜有黑狗一只、黄牛六条（内牯子二条，小牛二条，其中一条额白）、黄母牛一条、尾白，紫黄母牛一条，母猪一口，已生三窠，数目多少说不出，山羊六只，二只白羊，一只未在家（按系怒江傈僳买去——笔者注），在家之五只山羊中，尚有白羊一只。

二赴松坡看魂人哇贝扒、吴纽扒报告词全与前面符合，未有出入，故不再重录。

乙：被告宗俄扒供：以上二组看魂人之报告自认是实，一无虚谎，无庸再供云云。

余于是日将口供录毕，代写具结纸一张，兹录于后：

---

① 杀魂“尼扒”所畜养之神物，即其行邪术之代表者与执行者。各“尼扒”所畜养者不尽相同，常人不易见，唯“尼扒”及被害者可得见。此处有古宗一人，系因滇西北边区各部族中，以古宗最强悍，故有此说。杀魂“尼扒”畜养之神物据云有鹰、鹞、蛇、猴子、鸱鸮、童子、喜鹊、白鸽等数种。前五种均害人，而以蛇、猴为最，受其害者不易生还。后三种不多害人，而为“尼扒”执行其他任务。

立具结文约人宗俄扒，系喇噶洛村内居住，自行邪蛊之术，无端摄杀生魂，历有年所，前亦有案。日前与咱退稍生口角，心情不甘，乃趁咱退妇人胫间受伤之隙，摄杀生魂，几至毙命；幸分头请各处“尼扒”医魂，始行转佳，而得保生。村众前来究办，自招认实，改过自新。今愿具结到咱退名下，赔偿损害费大洋三十元；其调解办理各情，另立村约详开；日后在本村范围内，再不敢行邪蛊之术，摄杀生魂，将来如有发现，自愿受惩。人心不古、空口难凭，别无虚谎情事，甘愿具结是实。

立具结人约人：宗俄扒（押）

凭保中证人：俄美扒（押）

代字人：×××（押）

中华民国三十三年（阴）十月初一日

此次杀魂案之处理，村众甚为关怀。事后每户出银币五角积存咱退处，作为日后应付杀魂，制裁杀魂者之用。今后如有同样事件发生，照此数再积。被告所出之费用，原告所得者为黄牛一条，作价银币三十元；母牛一条，作价银币十二元，小牛一条，作价银币五元。另以十元作村内教育基金，七元作该保公费。猪一头，作价银币十二元，村众宰吃。此外“尼扒”[①]看魂费、膳食费，酒茶招待费，甲中老民调解费，一一计算，略含银币四十元。以上综计略合银币一百三十元，案件结束以后，化普乡乡长捕风捉影，以为有隙可乘，于十二月七日驰抵

① 傈僳传说，魂救出后可由“尼扒”喊回病人家中而进入一水杯中。其形状或如树叶，或如树枝，或如蜘蛛，或如他物，他人也可见及。“尼扒”将其取在手中念咒语后，将其放还病人身上，抚摸数次后，该物即不见，病者也皆痊。

该村；因见新运总会边胞服务站之办事处驻此，难以大肆勒索；唯既到之后，心仍不甘，次日暗中将充作教育基金之银币十元，全数搕榨而去。彼等僳胞，望洋兴叹，颓丧不置。

第五章　社会组织

一、家庭组织

（一）家庭大小：僳僳家庭大小，拟分两方面叙述：第一，就家庭中共同生活之人数而言，则据笔者在维西沿澜沧江之僳僳社区及贡山沿怒江之僳僳社区，访问观察之所得，并参与以僳僳接近之汉人、某些人之意见，佥认僳僳每一家庭中共同生活之人口，平均在5.5到6人之间①；第二，就家庭中共同生活各人之关系而言，则僳僳家庭中共同生活之人员，多系直系亲属而绝少旁系同居，换言之，即少同堂共居之家庭。

（二）亲属关系及其在家庭中之地位：僳僳家庭中亲属关系多甚良好，男女老幼，咸相亲爱。其在家庭中之地位，以父母为高，而父亲更为全家之长，操持大权。但如三代或三代以上之亲属同居，则在家庭中之地位，虽以年长辈高者为尚，但家庭中实际之事权，则以负责全家生计之壮年男子为大。

（三）家庭中分工情况：僳僳家庭中分工情形约如下述：

---

① 近年来，僳僳社区因兵役等关系，家庭规模日益缩小。据本报告第十一章第三节补加材料，平均每家之人数低于上列数字一倍者，但笔者认为该项材料所代表之情形并不普遍。

1. 开辟山地，耕种耘获及砍柴背重，服役奉公，贸迁有无之事，多由男子任之。

2. 纺麻织布，养猪喂鸡，缝衣煮饭，生育儿女，整理园圃，汲取用水，舂榨食油之事①，多由妇女为之。

3. 割草拾粪，放牧牲畜，助理杂务之事，多由儿童任之。

此为其分工之大概情形，但有时视家庭中各项事务之繁简，各人之经常工作，亦可有暂时之变动，以收争取时间或集中力量之效。

（四）亲属家之称呼：傈僳亲属间之称谓，主要者如下（［　］中汉字为注音，与原字之义未必有关）：称父母为：［阿爸、阿妈］；称祖父母为：［阿罢、阿牙］；称曾祖父母曰：［阿罢平、阿牙平］；称伯父母曰：［阿五扒、阿五妈］；称叔父母曰：［阿五、阿友］；呼儿曰：［饶（饶字音近国音字母中之［日 r］音，下同）］；呼女曰：［米］；孙男曰：［利罢］；孙女曰：［利妈］；兄弟曰：［腻饶］；姊妹曰：［腻妈］；一般男女之称谓，男性群曰：［饶罢饶］；女性群曰：［饶米饶］；丈夫曰：［饶古］；妻子曰：［饶米吃］；哥哥曰：［阿夷］；嫂嫂曰：［妈牢］；弟弟曰：［腻咱］；弟妇称同妹妹；姊姊曰：［阿姊］；姊夫曰：［妹五］；妹妹曰：［腻妈］；妹夫称同姊夫；儿女相婚配之父母互称：［木夫扒、木夫妈］；外祖父母称呼与祖父母同；称岳父曰：［饶母姨扒］；岳母称：［饶母夷妈］；称舅父曰：

① 傈僳食油多由核桃及漆树子榨取。核桃置于碓中舂后，将硬壳筛去，核桃肉续舂成饼，然后置锅中熬之，油自出。漆油则由漆树子舂之，去核后熬油。除以上二油外，猪油甚难获得。

［阿五］（如叔父）；舅母曰：［阿腻］；甥男曰：［少饶］；甥女曰：［少妈］；侄子与侄女同称：［色］；姑父母与舅父母同称，姨父母与叔父母同称。

（五）命名：傈僳初生婴儿命名，按旧日制度，生男则取与父名有关之名，生女则取与母名有关之名。今此种习俗已渐泯灭。怒江沿岸傈僳，普通对儿女之长幼次序皆有固定之名称。男孩依次序称阿普、阿豆、阿肯、阿此、阿滴、阿革、阿比、阿育、阿匹、阿供；女孩依次称阿娜、阿腻、阿差、阿杜、阿吝、阿打、阿耻、阿更、阿哭、阿义，与内地称儿女之次序为老大、老二、老三、老四、老五、老六、老七、老八、老九、老十之意义相近，惟其特点为男女次序之名称各殊。如果一对夫妻之子或女超过十人以上，则男孩以篾图、牵布表十一、十二，女孩以筑枯、筑也表十一、十二。“篾图”、“牵布”，皆系箭包，代表男子之狩猎；“筑枯”、“筑也”意为绩麻，代表女性之纺织。傈僳家庭中之原始分工，由此男女孩童次序之名称中可以表示出来。至于居住澜沧江沿岸之傈僳，亦有采用上述称谓者。但由怒江徙入者，或常与怒江傈僳往来者为限。原住澜沧江流域者或由内地其他县区徙入者，采用以上称谓者较少。

傈僳初生婴儿之命名，大致以生时之情形而定，试举以下数例，即可见其一斑：

乳　名	取　义
饶妥	孩生时长大
害簸	婴孽生于属鼠日，生时其父出外未归
娃撒	婴孩生时，家人带回三条鱼来

续表

乳　名	取　义
篾碌	婴孩生时，眼睛很圆
要米	婴孩生于麦子成熟之时
擦拖	婴孩生时，家人自市上买得筒盐一块归来
要保	孩生时，家人正在炒包谷，故乃以包谷炸之声为婴儿名
聂雅薄	婴孩生时，其父自山中猎鸟归来
阿拿洛	婴孩生时，犬吠
黑扒色	民国二十四年（1935 年）福贡设治区傈僳发生变乱，捕杀汉人。维西叶枝乡某傈僳适于此时诞生，乃“杀汉人”为名

傈僳未成年之男女，多称其乳名。既届成年则另有喜名，即结婚时所得之名。喜名之取得，多由订婚或结婚时，男家送往女家之财礼而定（参阅本书 88 页注②），间也有取决于结婚时之气候或其他情形者。决定喜名之权，多操于结婚者之长辈或媒人手中。又夫妻之喜名相同，唯于名后分加“扒”、“妈”二字，以示区别。此时之“扒”可有二义：一示结婚之男子业经成人，二示结婚后应有子女，以符合家庭之定义。在子女未出生之前，姑以订婚或结婚时男家送往女家之财礼中一物为名，而称此男子为该物之“父”（“扒”之另一义为父，参阅下文），称其妻为该物之“母”。待子女出生后，父母又以子女之名加“扒”、“妈”为名。

兹将新运总会第一边胞服务站在维西化普乡第六保腊八山村调查所得之二十八对夫妻之喜名列后，以供参考：

喜	名
叶尸扒（妈）	杀猪送礼①
叶崩扒（妈）	抬猪送礼
叶切扒（妈）	背猪送礼，中途滑跌
叶更扒（妈）	赶猪送礼
叶咩扒（妈）	背猪送礼
叶路扒（妈）	猪肉丰餐
叶几扒（妈）	猪肉称过
叶彪扒（妈）	扛猪送礼
吃彪扒（妈）	扛羊送礼
吃巴扒（妈）	换小羊，送大羊
吃花扒（妈）	借羊送礼
吃几扒（妈）	羊肉称过
吃切扒（妈）	背羊送礼，中途滑跌
金卑扒（妈）	酒不满瓶
金咩扒（妈）	背酒送礼
金树扒（妈）	新人家中，酒瓶甚多
普花扒（妈）	借银送礼
普思扒（妈）	挑选银子送礼
娃古扒（妈）	婚期下雪
娃扫扒（妈）	婚期下雪
隆切扒（妈）	馈送饭豆，中途滑跌
拉私扒（妈）	送牛两条，退回一条
拉滋扒（妈）	女已许字，抢来成婚
脱更扒（妈）	结婚时贺礼受骗

① 傈僳之喜名通常均不超过两音，故若仅就此两音之意义观之，未必得其喜名之来由。本目之“取义”部分，多系经关系人解释后而得知者。

续表

喜	名
逆弩扒（妈）	夫妻恩爱
丘松扒（妈）	以米送礼
俄松扒（妈）	以菜蔬送礼
俄咩扒（妈）	背蔬菜送礼

以上所列之喜名，以猪取义者八，以羊取义者五，以酒取义者三，以银取义者二，以雪取义者二，以饭豆取义者一，以牛取义者一，以抢婚取义者一，以欺谎取义者一，以恩爱取义者一，以米取义者一，以蔬菜取义者二。傈僳名之样式尚多，此不过略举数义而已。

夫妻生育子女后，子女即以上法取得乳名。而此时为父母者，多以头生子（或女）之乳名加“扒”、“妈”二字为名，意为“某某”之父母，至此，其喜名即不多称。如婚后无子女，则仍以其喜名称呼之。可见傈僳社会中，也认为男女婚后，即应有子女。在子女未出生前，姑以婚礼或婚时其他事物中选择一种，而以新郎新妇为此物之“扒”、“妈”①。

（六）承继及遗产处置：傈僳家庭中，共同生活之人数不多。女孩稍长，或以之嫁作童养媳，或即与他人正式结婚。而男孩子成人时，亦必为之结婚成家，使其独立生活②。结婚时，

① “扒”、“妈”二字之意义可有多种。“扒”字可作为“人种”、“男子”、“成人”、“父亲”之通称。“妈”字可作为“女子”、“母亲”之通称。但“扒”、“妈”二字就笔者访问所得以作“父”、“母”解者较普遍与恰当。

② 傈僳成年子弟分居情形，近年更有明显之趋势。请参阅本报告第十三章六节。

父母即将家产分赐一部分，至于未成人之幼子，则仍与父母共同生活。故父母死后，所有已婚弟兄分剩之产业，多归幼子享用①。至如家中无子则以女招赘，享受遗产；若子女全无，则由其兄弟辈或其他亲人处置。

（七）生儿育女之信仰及禁忌：傈僳对生育儿女，仍系顺应自然造化，故殊少禁忌。如男女婚后久而无育，则请“尼扒”卜卦问故，或请医买药。若仍无效验，则或认为系命该如此，或由男子另行纳妾。至于其对生男生女，不甚重视，盖傈僳女子之劳作能力与其对家庭之贡献，并不在男子之下也。生育时，由村中较有经验之妇女帮忙接生。脐带以刀剪或竹皮割断，婴儿以涡水洗涤。产褥期间，母猪肉不食，产妇休息三、五日后即恢复工作。产褥期间，也无滋补之饮食享用。小儿满月、周岁之礼，在傈僳家庭中未闻举行。

（八）女子的地位：傈僳女子之地位可谓与男子相等。盖既无若干束缚女子言行之礼教，亦无特种戕斫女子身体之习俗（如束胸、缠足等）。故傈僳妇女，无论在意识上及体力上均可与男子相比拟。吾人于傈僳社区中旅行，或至傈僳家庭中借宿时，每见傈僳妇女态度大方，坦然无私，对待陌生之男子，亦少忸怩羞涩之态。此种事实，当可表示傈僳妇女在其社会中地位之自由。

（九）双生子之处置：傈僳家庭中，双生子事属鲜见；有之，傈僳对之也不以为不祥而加以残害，仍照常抚育。

---

① 幼子结婚后，父母即与幼子同居。此时家庭之财产，或全为幼子享用，或予以重新分配。

二、氏族关系

（一）领域：倮倮部族中，虽有氏族团体存在，但其遗留之特征现已甚少。就其领域而言，则各氏族并不聚于一处，或一距离不太远之区域，且因经过多次之迁徙，是目前渐成各氏族混居之状态。至于每氏族之人数，也因族中分子分散之故，未能知其详。但各族中之分子，却无脱离其本族加入他族之权，且现时各族分子所耕之土地，虽可与他族之分子所耕之土地发生买卖及租当关系，但各人仍能记忆某块土地原为某某族人者，现为某某族人买得或租得或当得。

（二）族长与统治权：倮倮各氏族因住地分散之故，是现今各族中无族长。而原日族长之统治权现已为保、甲长所代替。

（三）本氏族与各家之关系：本氏族与各家之关系目前除共戴一姓外，已无其他之表示。

（四）有无图腾遗迹：倮倮部族中现存之图腾遗迹，就笔者所知者，仅余共同之族称（即姓）一项。兹列表于下：

图腾原名	解　释	从姓
刮饶时	荞的氏族	乔①
施饶时	草的氏族	曹
俄饶时	菜的氏族	蔡
挖饶时	鱼的氏族	余
害饶时	鼠的氏族	楚

① 本表之各种从姓，多系取与汉语解释之意义，彼此音相近而为汉人习用之姓，用之，如荞之与乔、草之与曹等是。

续表

图腾原名	解　释	从姓
别饶时	蜂的氏族	丰
五饶时	熊的氏族	熊
育饶时	羊的氏族	杨
拉饶时	獐的氏族	张
牢饶时	虎的氏族	虎①
蘗饶时	雀的氏族	屈
耻饶时	麂的氏族	金
古饶时	星的氏族②	古
饶利时	窃的氏族	李③
要饶时	麦的氏族	麦
怒饶时	豆的氏族	窦
莫比时	胡的氏族	胡
倪饶时	霜的氏族	霜

目前：各氏族中之分子可互相通婚，对其族姓所指示之物也无禁忌。至于各氏族取得其姓之来由，则或谓系得自天神所赐予或规定其祖先之事物，或竟谓自古即有此姓，而不知其来由。

（五）有无械斗及其他氏族之冲突：傈僳性刚嗜杀。故传闻旧日傈僳社会中，凶杀械斗之事常有发生。双方亲友及同氏族

① 牢饶时从姓虎，但也有发现改从姓和者，因么些族多姓和。

② “古饶时”意译为“星的氏族”，甚属费解，故有人谓此族人之祖先系观星相之术士，故应译为“卜的氏族”，确否待考。至其从姓古，则系就“古饶”一音中取用。

③ 饶利时族人之祖先，相传父子为窃。某次，其子被捕，主人紧握其发辫不放，子急告其父。其父曰：“汝颊巴尚未被抓，彼奈汝何！”主人闻声慌张，图抓颊巴，其子乘间逃脱幸免。如此族人称做“窃的氏族”。从姓“李”谅由“饶利”之“利”字变音而得。

人之相互助阵，形成敌对之战团，待至一方有人员伤，则由双方之妇女出面调停，判定曲直，商议善后赔偿。事件了结时，双方饮酒和好。但民国以来，因沿边各县区多已设治，汉人前往者渐多；数十年来，管理导化之结果，此种械斗及氏族间冲突之事实，已无发现。惟年老之傈僳仍有此类传说，故可知以前械斗及氏族间之冲突曾经存在。

（六）有无公共财产：傈僳各氏族中，现无公共财产，因其氏族团体，已日渐解体。

（七）集会的机会与场所：傈僳集会的机会不多。盖祈神禳鬼及过年节，多系以家为单位而举行。如有需亲友或村人协商之事，也多在当事人之家中、村中、路旁或门前之空地上、水漕附近或较大之房屋内集商。至专为一氏族之事而集会者，可谓绝无仅有。

三、政治组织

（一）村寨大小：傈僳因住居山坡，受地形及耕地限制，是其村寨无过大者。就笔者在沧怒两江沿岸傈僳社区所见者，每一傈僳村落，多只三五十户，较大者亦不过百户左右，至十户以下之村落也常遇见。

（二）保、甲长裁判的力量：傈僳村落中，旧日之寨头称“别色”，汉语称“火头”，系由当地居民选任或由所属之土司委任，奉上行下，除负责传达命令，征解赋款外，对村民纠纷及村中发生之事件也有权制裁处理。近年来，傈僳村寨中也有保、甲长之设置。其人选也以傈僳为多，尤以甲长为然。其权力也颇大。盖其所办理之事项为政府所规定者，故其执行之权力也为政府赋予。人民如不遵守其制裁，彼可请求上级机关强制执行，并可罚钱或限制其身体自由，借对村民增加其权威。

（三）自卫：傈僳村寨中之自卫武器，多为其狩猎之弓箭①，间有少数火铳，如笔者在维西属沿澜沧江之傈僳村落中，即曾发现。至新式之枪枝，仅滇缅北段未定界内受英（国）人管治之傈僳，间或有之。凡村中有警，全村成年男子闻吹牛角或其他音响信号后，均须持自有之武器出外警戒，从事防御或攻击。

（四）旧式村约或乡约：傈僳自以农耕为主要之谋生技术。而有聚居与比较安定之生活后，其社区中即有若干维持公众安全与福利之信约。唯因傈僳原无文字，故其社区中之信约为“不成文法”，与汉人社会中旧式之村约或乡约略有不同。傈僳之村约，主要为自卫办法之规定。盖其居处偏僻，随时有遭遇外人抢劫或伤害、凌辱之可能，故每一村落之住民，多规定有遇警自卫办法。闻特定之信号后，村中男丁均应持武器出外担任警戒、搜寻、战斗或追击之任务。其次，如对“尼扒”杀魂之禁止，也可列入村约②普通傈僳村落遇有须公众遵守之事，多于公众集会时加以宣布。日后遇违犯者，由村中老民予以裁处，一则尊其齿德，二则旧日公议宣布之事，唯年老者方能记忆。

---

① 傈僳有药矢一种。（清）余庆远之《维西闻见录》记之颇详。其言谓：“药矢，弩所用也，矢及镞皆削竹而成，扎篾为羽。镞沾水裹药，药采自乌头曝而研末者。猎中禽兽入皮肤，飞者昏而坠，老者麻木而僵”。按：乌头即草乌头部，性最毒。俗传遇血即可命伤者中毒毙命而有“见血封喉”之称。

② 此事可参阅本报告《宗教及信仰》章附录。该村因遇有民众学校之教员在，故乃将该次杀魂案件之经过及处置办法以汉字书作村约。

其他如偷盗他人物品及狩猎越出范围，或奸淫案件，均系于发生此等事例后，由村中保甲长与老民村众等公议，防止再度发生及处罚办法，而形成该村村约之一部分。

如维西叶枝乡若西洛村规定，犯偷者一两次，赔赃物并予以口头警告，第三次送往官署究办。又，凡打猎超过该家或该族山林之范围时，如有所获，应以一半分与山林之原主。又维西化普乡腊八山村则规定凡与他人之妻通奸者，罚奸夫银币五十元作村中公益事。

（五）诉讼：傈僳彼此间之诉讼事件，较小者由地方保甲长或村中老民予以调处[①]，案情重大者或经村中头人、老民调处，原告不服者，则报请所属土司（如该处尚有土司时）、乡公所或县政府、设治局审理。傈僳因知识及财力关系，诉讼多至县政府为止，绝少上诉者，故实际仅达第一审即止。

傈僳诉讼事件除由村中头人、老民代为和解者，其金钱损失较轻外，若经由乡公所或设治局及县政府审理，则傈僳原、被告之痛苦与损失，实一言难尽，如请人写状纸之费用、乡丁政警传案之旅费与招待、到达受审处所。因延宕而需用之伙食

---

① 傈僳村落中之头人，傈语称为“别色”，汉人称为火头，即今之保甲长。另村中之绅耆俗称“老民”。普通都有调处诉讼之权责。今试举怒江沿岸傈僳之诉讼情形如下：怒江沿岸傈僳诉讼时多无状纸。原、被告由村中头人或所属土司或彼等信服之绅老传讯前来。两造各以一碗酒、一只鸡致献，于是原告蹲左、被告踞右，先由原告取长寸许之竹片若干节，逐条诉陈理由。原告诉毕，复由被告诉陈理由。中席之判事者，倾耳静听，待两造诉毕，判词已成竹在胸；于是乃按是非情理，予以判行。罚金分交胜诉者或地方公益事业。两造服判后，不仇视，不嫉妒，转而相互吃“和气酒”。此种办法乡公所或设治局间也采用。本目正文中所述之傈僳诉讼之痛苦，凡汉化较深及汉官权力较大之区域均存在。惟遇边官清廉者，此种痛苦可稍减轻。

等开支，县府收发处及审案时之各种陋规费用。审判时又或因言语关系，或因审判官受贿舞弊，或因他人从中拨弄，致多未能作公正合理、深惬民心之判决与执行；而败诉者所出之大批罚款，多卷入地方官之私囊。故傈僳向地方政府起诉时，均抱无穷之怀疑与恐惧。至若傈僳因不堪汉土官吏之压榨敲磕，无从控诉，或虽经控诉而未得上峰之公正处理时，甚或激成事变而招致政府及边民大量生命及财产之损失。①

（六）土司权力：元、明、清三代，滇边傈僳多归当地土司管辖。因政府对边地鞭长莫及，故土司之权力甚大。边民之贡赋、诉讼、抚绥、教化，均由土司办理之。有清中叶以来，因改土归流者渐多，故土司之权渐削减。就傈僳分布之地区而言，因滇缅边界失地很多，故一部分原由土司管理之土地及人民，现归英人攫夺，另行设官治理。而沧怒两江沿岸傈僳居住之地区，因元明以来，政府多划为行政区（现名设治区）是原日之土官势力也渐减弱。今维西境内土司势力较大之处，为叶枝乡及奔栏乡。盖政府对该处土司未予以有力之制裁。今土司之名虽无，然多次畀予其他名义，致使彼等有所依恃。怒江流域自泸水设治区起，南至腾龙边区之土司，仍保有若干特权，如受

① 维西自逊清雍正七年（1729 年）设治以来，县属傈僳因受汉土官吏之压榨敲磕，无从控诉，或虽经控诉而未得上峰之公正处理，而激成之“傈僳造反”（普通汉人如此称谓，本报告用“傈僳事变”代之）在十次以上，可谓史不胜书。其近者如民国三十四年（1945 年）春，维西化普乡之傈僳对该乡乡长、保长之劣迹，屡向县政府及民政厅派遣之政务督导员控诉，且几酿事变。又如怒江流域之福贡设治区局曾于民国二十四年（1935 年）发生一次大规模之傈僳事变，戕害设治局局长施国英，变乱经年，汉傈死伤甚多，后经邻属分别派兵剿办，始告平息。至于因土官压榨敲磕而起之事变，为例也多，不及一一列举。

理诉讼，征收赋税等。又如云龙、兰坪一部分乡镇长由土司兼任，故彼等可借名保留一部分权力，成为换汤不换药之局面。至其他县区，则土司之势力已日渐就微。

（七）各种秘密会社：傈僳未闻有何种秘密会社。

（八）政治性的集会：近年以来，傈僳因与外界接触多，见识增加，且因兵役粮款之负担增重，故遇有与公众有关之事，亦多由地方头人召集人民集会，以便宣布真象，商论办法，推选人员，筹集款项，至于其他政治性之集会，则未多见。

第六章　婚姻

一、选择婚姻手续

（一）年龄：傈僳选择婚姻之年龄几无一定。盖居住于沧、怒两江上流之傈僳多有采用童养媳制度者，是男女往往于十岁以前均已订婚，旋即结婚，而待成人后再行同房。南部各县区之傈僳则盛行自由恋爱，故其选择婚姻对象之年龄，必在春机发陈期间。

（二）媒人

1. 人选：傈僳婚姻无论系由父母自幼代为选择，或系由双方自由恋爱而相契者，均须经过媒人从中说合，并行正式之聘礼，方可订婚。是媒人在傈僳社会中之作用甚为重大。但为媒者，并无严格之限制，大抵熟悉双方情形，并为两家信任之男人，均可充作媒人。

2. 数目：媒人通常为二人，取其成双之意，唯只一人时也有。

3. 酬报：傈僳对媒人之酬报殊为轻微，普通仅酒一瓶或茶数筒[①]而已，也有由求婚一方请彼吃饭一次，作为酬谢者。盖“做媒”，在傈僳社会中，可视为一种互助行为，而非以此为职业也。

二、是否可自由恋爱

傈僳社会中，男女接触极为自由，各种男女间之界限与束缚均少存在，故男女年事稍长，自由恋爱之事极为常见。即幼时订婚而未结婚之男女仍可自由恋爱，而请媒人为之解除旧日婚约，由退婚者将聘礼退还。[②] 至已婚之男女，仍有自由恋爱之情形[③]，故傈僳社会中可谓婚前婚后之限制均少。

三、订婚手续

傈僳订婚时无论系由父母代为选择之对象或原男女自由恋爱相契者，均央媒人携酒一瓶至女家求婚。如女家允诺，媒人

① 沧、怒两江流域傈僳所用之茶多成饼状，每七饼（一饼称一元）装一筒，以箣叶、篾条包扎之。三十筒称一担，六担或七担成一驮，为一骡马所能驮载之量。此种包装，盖为便利交通不便区域中之运输与携带也。今各地傈僳饮茶者不多，盖计量及携带均较不便。

② 如男子另有新欢而退婚者，则除牺牲已送之聘礼外，并应另出银钱或实物，赔偿女家之名誉损失。如女家退婚时，则照男方原送之聘礼加倍偿还。

③ 维西县化普乡第六保之腊八山村，傈僳“有黑扒”、“挖佳酒”交互与对方之妻奸恋，“有黑扒”且与“挖佳酒”之妻私生一子。民国三十三年（1944 年）农历正月，双方同意将妻子互换、另行组织新家庭，此为傈僳自由恋爱极端之事耶。

即请女家尝定酒；若女家不愿，则原酒退还。[①] 定酒尝后，男方另以布一件、酒一瓶以为纳采。此后由男方邀请亲友、族人宣布订婚，并由媒人前往商定聘礼数目。也有订婚前由媒人按男女生日属相算定吉日订婚者。

四、结婚手续

傈僳男女方行订婚后，即可进一步磋商结婚时期。由媒人按男女生日属相，算定吉日结婚，选定后通知两家亲友。结婚时，男家准备酒肉食米蔬菜，以备宴客。迎亲时，男家请人前往接亲，并于同日事前由媒人或家人带往酒一瓶。至牛、羊、猪、粮食、银子、器物等则随意选送。如订婚时之聘礼尚未交清，则此时应继续送交。新娘出阁时，女家也吃喜酒，跳锅庄，然后由接亲者迎往男家。送亲之男女数十人络绎相随。至男家则除欢宴之外，尚饮酒跳舞，狂欢一日或三日（视其家境而定）。结婚时并无叩拜祖先、长辈、叩谢宾客之俗。有时于结婚时刊一木刻，以作凭证。如新夫妇尚未成年，则婚礼过后新娘即住于夫家。待成年以后始与夫同房，并另行分居。婚礼毕亲友归时，男家分赠每人猪肉一块。日后新夫妇独立生活时，则当日曾享用此肉者，按其与新夫妇关系之亲疏，赠以器皿、家畜、粮食等，以助新家庭之成立。若为成人结婚，则多先将住

① 有谓媒人至女家求婚时，如女家拒绝则日后该女与其他男子结婚时，应自所受聘礼中抽出牛一头交与原来求婚之家作为遮羞钱。又闻维西康普乡之傈僳，若彼此间发生口角，而日后两家儿女相互婚配时，则议婚时男家应另出三两银子与女家，以示道歉。又遇不同辈之亲属互相婚配时，则男家也应另付女家三两银子（合滇币四元半），作以遮羞钱。

房及用具备妥，而亲友来贺者，亦多以实物或银钱[①]为礼。新婚之夕，新房桌上置水酒各一碗，由媒人及送亲者饮之。此时由男家送与新娘头巾一幅，并为新人取喜名。[②]

五、送礼

结婚时，男方迎亲者除酒外，余可任意选送。至亲友来参加婚礼时，如新婚夫妇尚未成年，虽结婚而不同房时，则亲友之贺礼，多延至彼等独立生活时方行送往。若结婚者已届成年，则亲友可酌送银钱或实物，详情参阅上节。

六、聘礼

傈僳订婚时之聘礼，由媒人居间议定。以牛为计算单位，牛之条数寻常为二至四，亦有多至六、七条者。中分活牛（也称湿牛）、干牛两种。前者指黄牛；后者系以铁锅、铁三角架、布、酒、铜瓢、兽皮等作抵，值价者可作活牛一条。聘礼若于订婚后不能付清，则于结婚时或结婚后补纳；有时甚至拖延甚久，而为儿孙代为偿还者；更有新夫妇生有女儿后又还嫁外婆家，以清夙债者。

七、妆奁

傈僳女子出阁无妆奁，随嫁仅有随身之衣服及一二常用之

---

① 汉化较深之傈僳或位于县城附近银钱流通便利之处，傈僳结婚时也有送银钱者。

② 有谓喜名系于男家迎亲前夕。在女家，由父母提公鸡一只交与媒人，二媒人中，一人持刀，一人抱鸡，由持刀者命一喜名，同时将鸡杀死，割下鸡头烹后同食。

物品携至夫家。

八、结婚日期

倮倮对结婚日期之选择远不如汉人认真，而仅由媒人或会卜卦者占之。占得吉日或与生日属象相合之日，即可结婚。

九、婚后情况

倮倮结婚，如非双方尚未成年，即行同房，并无不落家之情形。

十、入赘情况

倮倮家庭中如无男孩，则为其女招婚，以资侍奉父母，继承遗产，但遇儿女均无或有子夭折，则以他人之子入居己家，作为己子，为之婚配，以为螟蛉。

十一、离婚情形及手续

倮倮离婚者不多，盖其父子兄弟间之感情既较疏远（男女婚后即与家人分居，可为例证），则家庭之乐趣，只有于夫妻生活中获得之。就此情形，又可以说明倮倮家庭中夫死妻多改嫁，妻死夫多另娶一事之理由。至如夫妻不和而致离婚时，则其手续当视当时情形而定，若双方情愿如此，则男婚女嫁问题极为简单。[①] 否则，如系女方提议离婚，或与他人恋爱、私奔者，则

① 参阅本章第二节。

由女方新结交之男子于当时或事后加一倍或两倍赔偿原日订婚之聘礼，至若男子无端遗弃其妻，亦须酌给赡养费。

十二、私生子情形

傈僳男女，不重贞节，故私生子在彼等视之并不为奇。虽为数未必甚多，但既生之后，则多仍养育，如维西化普乡喇噶洛村一未婚女子所养之子，仍安然健在。闻他处遇有私生子时，亦视为寻常，乐于抚养。

十三、是否有节制生育

傈僳男女间之性行为多系顺应自然之造化，生理之要求，故未闻有节制生育之事实。

十四、结婚年龄

傈僳因有“童养媳”及成人结婚两种，故结婚年龄甚不一定，但通常女子年龄每较男子为长。位于金沧两江流域之傈僳，则结婚年龄较晚，通常男子以十六、十八、二十、二十二、二十四，女子以十六、十八、二十为多，以偶数为原则，忌奇数年龄结婚。

十五、婚姻之距离

傈僳婚姻血统之距离不甚讲求，故其远近不一。试举所知血统甚近而结婚之数例如次：

（一）维西化普乡腊八山村，有舅甥二人，分娶姊妹二人为妻者。

（二）维西化普乡喇噶洛村，有舅父与甥女结婚生子者。

（三）同上村，有某家姨表叔之女与姨表侄女之子婚配者。

至傈僳与汉族或么些族结婚者亦有，但多系傈僳以女妻之。

傈僳因住居山坡地带，与外间交通不便，故其婚姻在地理上的距离，也少有超过两、三日程者。[①]

十六、平均每对夫妇所生子女数

傈僳在家庭中与家庭外之性行为甚为紊乱，[②]且婚姻血统上之距离也不讲求，故每对夫妇所生子女为数不多。据新运总会第一边胞服务站工作人员在维西县化普乡腊八山村调查该村三十七对夫妇中，所生子女无超过七人者，现存子女无超过五人者。平均每家现存子女三人。已死子女数均占所生子女数百分之十五至二十五。[③]

---

① 壮年男子一日所能步行之山路，以百里为限。

② 据新运总会第一边胞服务站助理干事和源盛君在维西县化普乡第六保腊八山村、第八保喇噶洛村工作时所作的片断记述云："余奉派服务于腊八山村时，常听到公开性交之新闻，甚有数男子交媾一女子。深更半夜也常有嬉笑追逐之声，真所谓天机自然之世界也。""据喇噶洛村人员谈，该村有一男子与祖母、母亲、原妻三代过性交之生活。闻现时家庭已见衰落。又古饶村、饶利村一带，则祖父与孙女辈性交，孙男辈与祖母性交、祖父与儿媳性交，则更为寻常。傈僳性交之自由，漫无限制。譬如某一男子与某妻性交，而对方之夫亦可与某妻交合，互不计较。而未满成年之幼龄女子，山野放牲之际，常被男子逼奸，然彼等视为寻常之甜蜜生活，社会也不加禁止。常听到腊八山村与喇噶洛村十龄左右之女子，皆已被男子奸污。"

③ 此数系笔者根据少数事例推算而得者，如某夫妇共生子女七人，死一人，则为百分之十五；共生子女五人，死一人，则为百分之二十；共生子女四人，死一人，则为百分之二十五。惟因询问家庭不多，故未必准确。

第七章　丧葬

一、治丧各种仪式

倮倮人死气绝，掬以冷水注口以受气。若系小康之家，或用银器置口中，于是将死人之眼睛捏合，以便关闭，停尸于木板或篾席之上，缝麻布被窝一幅盖之，请“尼扒”开山引路，嘱去阴间。舀一碗水，将鸡溺毙一只（男用公鸡，女用母鸡）置于胸部，以资镇压。另制一竹帚，置于鸡上，备作驱逐苍蝇之用。生者忌与死者肉体接触。死者面部，由“尼扒”以白纸掩蔽，亲友世谊，前来吊丧者，每携白纸一张，依次掩蔽死者面部，[①] 并以酒祭奠。旁人则执礼赞曰：“某亲友来献酒”，即揭开面部白纸，以酒灌注于口。

人死，殉葬面袋，内分两隔，一放生面，一放炒面。炒面之锅，设于门前，日未出须炒尽，日出则舂之。死者无子，则以女替之。舂碓时，面向外，背向臼。筛面则以直系儿孙之媳行之。门前锅中，留贮温水以备洗尸，但常用之锅，则应忌用。

洗尸后，穿衣服。所穿之衣为新衣，抑仍穿其生时之衣，视其家境而定。穿衣后孤（哀）子女均须绕灵，男死九巡，女

---

① 相传以前某家死一子，家人因思念之故，日必于仿佛之间见其形容，后全家均死绝。是后各家遇有死者，均以白纸盖死者面部，以隔绝阴阳两界而免阴魂缠绕。至以酒祭奠之原因或系因倮倮嗜酒之故。

死七巡。死者在家停尸之时间短促。家境清寒者，即日抬埋。小康之家或停留一、二日后，由家人或亲友以猪、牛、羊致祭。由“尼扒”告死者携去，祭后复将各物杀死，以头之一半陈于灵前，余件以炒面锅煮之饷客。

二、出殡仪式

出殡时，“尼扒”发矢三，始启灵运行。“尼扒”在先开路，驱鬼、念咒语，并与送丧之男子各取所佩之刀弩在空中舞动示威，发引至墓地。怒江流域之傈僳赴葬则尸不出户，必经破竹垣、穿墙窬抬出。

三、殡葬仪式

墓地之选择，傈僳并无定则，大致于其住处不远之地择定之。旧俗选圹穴时，以粗如拇指，长约一尺五寸之栗棍三根，两端削尖，以手丢往七、八尺以外之地。如此三，栗棍均能直立，则即以该处为圹穴；否则，另行选定。待死尸到达择定之墓穴时，先由“尼扒”掘二锄，头尾各一，然后由亲友掘成圹穴，左右头尾各置木板一，将死者尸板畀入，上覆以板，即成棺材状；或以大树挖空为之。尸体入后，掩土瘗埋成丘。

镇灵之死鸡，掘圹之锄头（去柄），由“尼扒”弃之。以鸡与锄之方向，[①] 兆其吉凶；头向外则谓魂已消逝，头向内则谓魂尚纠缠。锄则多为“尼扒”拣去。如死者家中需用，则以价

① 锄头与鸡头方向之内外，以其与“尼扒”并死者家人立视之方向同背而定。

取赎。

四、坟墓情形方向及挂清情形

倮倮坟墓形式为长方形或椭圆形。至坟墓方向似不计较。惟倮倮多居山坡上，是死者之头枕于较高之一方，脚则置于较低之一方。故位于江东之倮倮，死者以头东足西，住于江西之倮倮，死者头西脚东。葬竣，视死者为男为女，分用九块板砍九刀或七块板砍七刀盖坟。坟上栽一棵芦草。子孙家事发达与否，并墓地风水好坏，看芦草荣枯而定。除以木板盖坟外，有于坟上建木架如屋者，也有取石板架盖于坟之两边及顶面，另于顶面下以石板垒成空格，将男女生前习用之物放入，以代悬挂。死者所用之什物，如烟袋（内盛烟叶少许）、碗筷、酒茶器皿、弩矢、柴刀统置于麻袋内，由孝子负挈至坟地，挂于新冢之侧。女则除弩矢、柴刀外，他如镰刀、竹箩、纺机上另件等，也加入若干，挂于坟侧或坟后①。亲友致祭之牛羊，除于灵前祭奠煮食外，剩余残骨，仍携往坟上挂之。

葬后，儿女将归，“尼扒”以青松、苦蒿之属，蘸以酒水，洒于头上，代以戴帽、头巾。儿女持杖排列，吞声饮泣、插杖而回。夜间儿女扎火把前往暖坟，以慰灵魂之寂寞，如是者三夜。

---

① 倮倮之坟旁多立木杆，将死者生前所用各物装入竹器中，悬挂其上，也有将木杆立于坟后者。如坟上搭有木架，则将各物放于竹器中，挂于木架上，不再立杆。至于坟上架石板屋者，多将死人生前所用各物放于石屋前端顶面下之空格内。

五、汉化情况如何

傈僳死后之祭奠、沐浴、更衣、殉葬，请宗教师作法事、土葬均有与汉人相似之处。但此等仪式在傈僳社会行使之久暂，尚不知悉，故吾人目前尚难骤谓系受汉人影响。

六、男女老幼有无区别

傈僳死人男女之分别已见上述，如死后镇灵之鸡，男用公鸡，女用母鸡；绕灵男九巡，女七巡；盖板男九块，女七块；坟侧悬挂之什物亦有不同等均是。至幼年人死后不开吊，又幼年人死后无为其服丧者，此其分别之荦荦大也。

七、宗教师所用之咒语

傈僳葬时，“尼扒”所用咒语之内容，系指示死者灵魂至阴间之路，嘱其早日投生转世，俾可少受阴间痛苦，并勿祟害活人。至其语句，未获记录译注。

八、送礼

傈僳遇亲友有丧事，多以实物或银钱馈送，以助丧家之费用，兼示悼念死者之意。通常以茶、酒、米粮、牛、羊、猪、鸡为多。如家中无上述之物，则间以银钱赠送。丧家受亲友礼后，多加记录，以为日后遇机会酬还之根据。

九、孝歌

傈僳遇有丧事，亲友来吊问者，于丧家跳唱。但此时所唱歌词之意为安慰死者家属，谓死人虽可恸，但既已死去，即无法追回，而凡人皆有死故宜达观乐命。至殡殓时亲友之送丧执绋，则仅哭泣，不唱挽歌。

十、孝服及除孝

倮倮死人未闻有服孝者，仅子女遇父母或其他长辈故去时，将所戴之帽或头巾取下，头发不结辫，以示哀悼。同辈中死则年幼者为年长者去帽，但不散发。年长者对年幼者则不服丧。服丧之期普通为死后三日及开吊时三日。

十一、祭灵纪念之日期、仪式及费用

倮倮祭灵最初者，系于葬后三日内行之。（参阅本章第三节）除祭灵外，并宴请亲友。

葬后数月或一年以后，另择期开吊。开吊时因消耗之酒、肉、菜、米较多，有非丧家所能于短期内储备者，故开吊亦可延至数年后，且可为一个以上之死人同时开吊。

开吊在家中举行，由宗教师将死者之灵魂召回，享用祭品。

第八章　经济生活

一、农耕技术

倮倮之农耕技术，有“刀耕火种”与“犁耕”两种，分别

施行于生地与熟地上，但以后者较为进步。“刀耕火种”[1] 用于生地上，即选未曾开垦之山坡，将坡内之树木以刀砍倒，仍存放于原地，任其干朽，待冬末春初，纵火烧之，再经一番人工之挖锄，将土质垦松。烧焦之枝叶灰烬及腐蚀之树叶与泥土混合，然后撒播荞子之属。怒江沿岸可点播旱稻。山坡往往很陡，故用竹帚或树枝扫平泥土覆盖种子。作物自然发育滋长。犁耕用于熟地上较平坦之地。生地开荒多年后，树根、草莽、杂石障碍皆清理完毕，于是可双牛犁耕。顺山坡高低，按畦分丘，随地之上下，将整块犁尽，并用锄头扒平，轮栽各种农作物，以此为犁耕制。平地或水边之田，亦多用犁耕法。

二、农具之形式与制造

傈僳所用之农具，最普通者为犁及锄两种（如下图），所列各物多系向附近城市中或街子上[2]购买或至铁匠处订做[3]。至伐木砍柴所用之铁刀，亦依上法获得。

三、耕地大小

傈僳耕地大小，殊不一定，盖其开辟山地，时或栽种一年后使之休息一、二年再为种植。又因傈僳各家人口多寡不一，故其能垦种之土地亩数亦大不相同，平均每户以二十亩为多。

---

① 挖土地时，除用铁制之锄头外，亦有用傈僳特有三方头柴刀或烧坚了的树叉为之者，此为更原始之法。

② 街子即边民每一定时日前往贸易之处，犹他处之场集也。

③ 傈僳社区中为铁匠者，多为汉人及么些人。

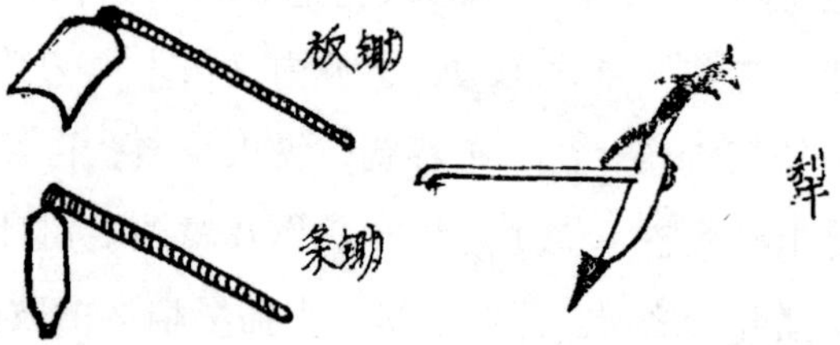

四、耕地种类

傈僳之耕地分山地（俗称火山地）、干地及水田三种。前者即本章第一节所称之生地，用刀耕火种法耕作。后者为经整理之山地及位于平原上之耕地但灌溉不便者。再者为水旁灌溉较便，可种水稻之地。

五、主要农作物

傈僳农作物之种类较多，但以杂粮为主。大致住居于山坡地带者，春季农作物为大小麦、豌豆、燕麦、青稞、① 洋芋等。秋季农作物为玉蜀黍（俗称包谷）、小米、黍子、荞子（分甜荞子苦荞子两种）、天粟米、鸡脚稗、“巴戛”、芋头②等。至其居住于江边地带者，如怒江流域之傈僳则多不种春季作物，而秋季作物除包谷、荞子外，兼种水稻及早稻。至其主要作物则为

---

① 青稞为麦类之一，果实较小麦为大，呈紫黄色。青稞之作为炒面，称为“糌巴”，为边民旅行时之一种干粮。

② 甜荞与苦荞虽系就果实磨面后之味而分，但甜荞茎叶色红，杆细叶小，故外形也可分之。天粟米茎叶有红、青两色，果实有黑、白、黄三种。茎烧后以水浸之，为边民常用之发面及洗用之碱水。

麦、包谷、荞子三种。

鸡脚稗类似黍子，穗分五瓣，形如鸡脚，故名。

“巴戛”为秋季农作物之一种。茎叶略似麦类，果实外层为灰色，略较麦粒为圆。怒江流域福贡设治区之干地有种之者。“巴戛”为当地名称，汉名为何，未能考得。至芋头与春季农作物之洋芋（马铃薯），虽可作菜，但通常边民亦多以之为主要食物。盖边民应付各种赋款及其他开支，多以粮食缴纳，或变卖之，故不能以所得之粮食尽作食用也。

六、农副产业

怒江沿岸居住之傈僳除栽种食用粮食外，兼有利用农闲于江边沙土地带栽种落花生者，收获后即至附近城市及街子上求售。又有栽种食用姜与甘蔗者，但为数不多。除直接以原品求售外，未闻加以改制者。又龙陵境内之傈僳有种植大竹，每年运售竹笋者。至种麻、织布并种植核桃及漆树以取食核桃及漆子油，兼出售木漆，也为各地傈僳之普通作业。

各处傈僳除从事农业外，兼从事于狩猎及挖取药材，以所得之兽皮、熊胆、麝香、鹿茸、鹿尾、贝母、黄连、香菌、木耳等出售之，以补日用之不足。因本章无适当节目，故特以之作为傈僳农耕外之副业，于此一并述之。

七、租佃制度

傈僳住处偏僻，土地贫瘠，故土地权集中事例尚不普遍。在山地尚无人垦种之处，傈僳可自由开垦。既垦成后，即属己有。故傈僳社区中，多属“耕者有其田”。但沧、怒两江之沿岸，有土司及喇嘛寺及汉人之处，情形则略有不同。盖有土司之地区，在理论上区内所有之土地及附著于土地之一切物产，均为土司之财产，故傈僳耕地应向土司缴纳山租①。如傈僳领种土司直接使用之田地，则由地主出种子，佃户出劳力，收获按成分划。沧、怒两江之喇嘛寺，也多为大地主，盖旧日维西、贡山等地均置土司羁縻，所有土地均操于土司之手，而以上两地喇嘛寺，则为土司所捐建，皆附有大量之田产。维西阑经寺对其佃户要求之租额②，系按种子数目计算。如发谷种一升，则收租一斗；发一斗者，收租一石，成一与十之比例。至汉、傈杂居之地，则汉人利用高利贷及复利计算法，逐渐将土地所有权转入其手，而其收租成数，则高低不一，与前述土司和地主情形相同。然就常见事例言，则地主或向佃户规定每亩地应纳之租粮，或由地主出种子，收获时先将种子归还地主，余粮按对成平分，或六成归佃户，四成归地主。至于傈僳因经汉人高利贷剥削，或因一时需款将耕地典当与汉人或么些者，则由当入者出种子，而于收获时先将种子收回，再将余粮平分。

八、佃户之额外服役或义务

佃户对地主除耕地纳租之关系外，通常遇地主家有婚丧事时，

---

① 土司之山租系按户计算，如维西叶枝乡方面，每一土司之百姓年纳春粮（麦子）二斗，秋粮（包谷或荞子）二斗。此辈傈僳所耕之山地，未经清丈，故上项山租即为土司私人收入。

② 规定之标准，多系就一亩田地所能出产之平均量，由双方平分。前述阑经寺即系用此法。

均有前往帮忙之义务（仅由地主供给伙食）。至遇政府规定因土地而征收若干款物，如抗战时期的征实、征购、征借及多种之赋税等，亦多由地主直接或间接转嫁于佃户。他如遇有公务员役及军队过境时之佚马输送，也多由各地之么些人、傈傈佃户任之。

九、币制

纯粹之傈傈社区中，遇有交易，多系以物易物。其后因于汉人、么些人交易，且需缴纳公款，故采用钱币。初采用滇省铸造之二角镍币及半圆银币两种，而以铜钱为辅佐。后因滇缅边界被英人强占，且滇边居民有赴印缅服役或经商者，[①] 故怒江沿岸各设治区之傈傈尚行使印币（RUPee）。民国二十七年（1938 年）镇府边地推行法币后，傈傈虽迫行使法币[②]，但以彼等智识简单，易受欺骗，且法币价值于抗战时期甚欠稳定，故居住于沧、怒两江流域绝大多数之傈傈仍绝对信仰滇铸之半圆银币。至二角之银币及铜钱因停铸已久，且物价高涨，交易需款数目较巨，致现已不存于市场矣！现时傈傈交易，以两为单位，一两曰："提罗"，一元曰："提扁"，五角曰："提赔"，大

① 滇边之开钦（又称山头）傈傈等人有自愿或经英人招往印度服兵役者。至边民前往坎底及密支那贸易者也多。

② 法币推行之初，边民不肖官绅、地痞、流氓以边民愚昧乃乘机取巧，致使边民对法币之印象甚坏。闻维西推行法币之初，上项人员与将药品仿单或纸烟壳抵充钞票，欺骗傈傈。待发觉后，彼等已无踪迹，傈傈只有忍痛呼天。彼时维西各地设关卡，没收现金，明暗俱有。行旅之人，对现金分文难以携带。当时由福贡等远处来维西出售山货之傈傈既恐现金被私行没收，而不兑给钞票，而在城中所卖之黄连、贝母、皮货尽得一盘钞票，真伪又难辨识，故多数傈傈回到澜沧江边时，即将钞票完全焚去，并发誓："今后永不再来！"故今日傈傈社区中，仍以现金为主。

概重三钱六分之半圆银币三枚（合一元五角）为一“提罗”。如果买一头牛，价为“此腻罗”（十二两）。若以元为单位计之，则合银币拾捌元。

十、度量衡

傈僳长度少有用尺寸计算者。普通多以两手平伸，其间之距离称为一攀，俗字也有作垄字者，约合普通五尺。布匹交易每以攀数计算。计算里程之长短则如汉人。重量也无标准之器。惟内地通行之十六两秤已见普通使用。容量则有两种器物，一为筒，每筒三碗。碗为普通饮食用之土瓷碗，量米、盐、酒、油等多用之。一为升，每升二筒。升以上以十进计：十升曰斗，十斗曰石。

十一、场集

傈僳每隔一定之日期集合于一特定之地点而交易之。“街子”① 到处均有。兹举维西、兰坪、贡山、福贡四县区傈僳常往交易之街子如次：上述四县区汉傈交易之街子共计四个，均在兰坪县境，沿澜沧江岸，自北而南为：维登街、中盘街、石登街、营盘街。各街街期除营盘街逢六赶街，一月三次外，其余各街每月两次。街期由石登递推而上，每月初一、十五为石登街期，初三、十七为中盘街期，初五、十九为维登街期。② 至各

① 滇省各地称场集为街子，边地亦然。

② 各街街期之距离，多为两街间相隔之日程。又上列各街于旧历十月中旬以后，往往因怒山为雪所阻而中断。若干街期至翌年旧历三月间又再恢复。

街交易之物品，名目繁多。傈僳至街子上求售之物品则有牛羊皮[①]、各种兽皮、落花生、姜、黄连、贝母、金子、核桃油、漆子油、柴、炭、漆、蜂腊及竹器、麻布等，而汉人或么些人前往出售之物品，则有牛、羊、茶、酒、盐、棉布、瓷器、锄头、犁头、玻璃料珠、假银、假玉之饰物，祭祀禳鬼用之香纸、玻璃或铜制之烟咀、汉人之药品、打火用之火镰及燧石等。至附近村民，则在街子上摆设食摊、茶摊或出售肉类、蔬菜、水果，也有无业浪人乘机摆赌者。以上各种人均以所有易其所无，而维持各“街子”之繁荣。

十二、借贷制度及合会

傈僳社会中之借贷制度与合会，均有存在，兹分列如下：

（一）借贷制度：傈僳因住地贫瘠，且以近八年来物价高贵，负担增加。其原有之收入不敷支出时，则以赊借补救，惟赊借须付利息。故实际上赊借办法为边民“饮鸩止渴”，无可奈何之举动。傈僳赊借之对象为汉商及么些商人。虽也有向其所属之土司赊借者，但沧、怒两江流域之土司，也多系上述之两种人充任。又各地之西洋传教士为维持其自身生活及雇工之一部分费用起见，亦多照当地习惯贷予傈僳。至傈僳相互之间借贷，为数较少，盖有余力作债权人者不多也。

傈僳赊借之种类，分银钱、货物与粮食三种，而以粮食偿还之，兹分类加以叙述：

---

① 傈僳之牛羊贩自汉人，以作农耕及订婚时聘礼之用。但牛羊杀食后之皮革，傈僳少有用之者，故仍售与汉人或么些人。

1. 银钱：倮倮平素赊借银钱之事例较少，盖其日常需用之物或可自行生产，或者以物易物。唯遇彼等缴纳派款一时家中无物可卖，或有物无人买时，则向他人赊借银钱。在普通情形下，或倮倮彼此间借贷时，则借银币□□元[①]，归还粮食一斗，并可分春粮（麦子、豌豆）、秋粮（包谷、荞子）两次交还。但遇借方需款紧迫或贷方心地狠毒时，则可订为借款一元，还粮二斗。此项借款如系于春间借，则多于秋收后偿还；如系于秋冬时借，则多于明年春粮成熟时偿还。若以收获时之粮价计算，则以银钱借贷之利率约为50%—100%。

2. 粮食：倮倮赊借粮食多在旧历十二月及春季二、三月间：前者多借稻谷，盖倮倮少水田及可种旱稻之地，故向汉人借谷舂米，以作过年之需；后者盖因去年之收获已用完（食用、还账，并缴纳正赋及苛派。请参阅本章第七、八两节），故借粮以作食用所需，其利率普通为40%—50%，多以借粮后半年所获粮食偿还。又倮倮习俗以麦子、豌豆、黄豆为双粮，即借此三种以他种粮食归还者，则应照约定数加40%—50%计算。如借他种粮食而以此三种粮食归还者，则本利应照约定数减40%—50%计算。但借贷粮食计算利率之标准并不固定，可视借贷双方讲价能力并还粮时距离之远近与所还粮食之种类而稍有变动。维西县叶枝乡及共济乡，汉商贷与倮倮款物之利率有达100%以上者，但在此种情况下，赊借者多系无可奈何，忍痛应允而冀图尽量拖延偿还之时间。贷放者为贪图高利而甘冒若干风险，

① □□为原稿脱字号，下同。此处据上下文意，□处为“一”字——整理者。

故维西沿沧江一带之汉商有“借者图拖，贷者图多”之说。至于借者如不能按时偿还，或照复利计算（利率不定，但较初次赊借之利率为低），或由贷放者到期至赊借者家中任取若干物品作为利息，故而明年仍照原价偿还。故借贷两方时多争执，往往可延至一二十年仍未清楚彼此之间的债务关系。汉人及么些商人或当地土司既生活于斯，即靠剥削傈僳生存，每年收清欠债固佳；但如只能收回部分利息而不能收回本钱者，因可年年收账，实际对彼等也无大损。而傈僳贫民只得得过且过，能拖便拖，家中如无余粮而又不得不还无法再拖时，则只得本月还清旧账，下月又借新账，或今日了清甲家债务，明日乙家又成债权。在此贫困交迫、朝不保夕之情形下生活之边民，除苟延残喘外，其他一切均谈不上。

3. 货物：傈僳所需用之货物，除以粮食、山货现时交易外，间有以粮食赊借者。在此以前彼等需用之三角架、铁锅、棉布，均有向汉人、么些商人赊借者。近年来因物价高涨，傈僳生活程度日趋降低。故赊借以上物品者渐少。而贷放者也恐日后难以收回，故也不多贷放此类物品。至此类物品借贷之办法，系将该物折价，然后以粮食归还。其利率略同本章（一）中所述或可稍低。盖货物折价时可能已赚一部分矣。现今傈僳常向汉人、么些商人或土司赊借之货物为盐、茶、酒、肉①四种。肉分腊肉及鲜肉两种。傈僳多于谷物栽种或收割前赊借，以备农忙

① 傈僳虽养猪，但以饲料缺乏，故只长骨骼而少肥胖者，俗称“架子猪”。故多售与汉人或么些商人。彼辈买得后以粮食及酒糟饲之，可速肥胖，然后又以猪肉转贷傈僳。

时款待“委工”① 之用。酒也如是，过年节及婚丧时消耗尤大，但能自酿者例外。盐、茶则为日用所需，赊借不限时期。偿还标准为借茶一筒，于半年内还粮食八升至一斗（指普通之粮食，双粮酌减。参阅本目（二），下同）盐一斗还粮八升。鲜肉一斤还粮八升。腊肉还粮一斗。酒一碗约还粮食一升二合至一五合。

4. 其他：傈僳普遍借银钱、粮食或货物后，多以粮食偿还。但有时也可由借贷双方同意后，以核桃油、漆子油等偿还。其利率由双方按照贷还两物之价值，加 20%—40%。但如赊借者无他物可还，而对所借之物（款）需用迫切时，则利率可达 70% 以上，但为例较少，且有拖欠之虑。又在战前山货价昂而滇、缅北段未定界内产金旺盛，有所谓放药账及金账者。即傈僳向他人借用现款或货物一批，允于数月或半年后归还贝母（俗称小药）或金子若干者。届期如不能挖获，则多流落他处，未敢返回。又傈僳借贷粮食，到期无法偿还或事先自知无法偿还时，亦有向债权人商洽以工抵还者。大约帮工一日，抵还粮食一升五合至两升，而由主人予以一餐之供应。尚有一种借贷制度称“放烟账”者，通行于种植鸦片之地区内。即于每次种烟之前，由商人或地方官绅以三、四筒饼茶②换生烟一两之标准，借茶与种烟之人民，而于收烟时收回烟土。此为傈僳或其他种边民借贷制度中最奇特之一种，其利率达 100% 左右。

---

① 傈僳或其他边民于播种或收获时，如因人工不敷，可请邻人帮忙。除招待酒食外，可不付工资。他日此家遇他家农忙时又再帮还。俗称为人情相委，上文中之“委工”本此。

② 饼茶详见 86 页注①。

（二）合会。傈僳社会中之合会制度亦有存在，但每一合会参加之人数多寡并不一定，每次集会中间相隔时间之久暂也不定。但因傈僳家中并非随时备有现款（盖其现款收入有季节性之限制，因出售山货，卖工均有定时），且每年粮食之收获也有定时，故其每次集会多为半年或一年。合会开始成立时，会员均集中一处，议定每人每次应出款粮数目，并抽签决定第一次享用款粮之人选。届时由各会员将款物送至中签者家中，由彼招待餐粮并抽签决定下次享用款粮之人选。但此时第一次中签之人即无抽签之权，后亦同。也有每一合会第一次邀集会员招待餐食，由发起人负责，而该会员缴纳之款粮也有此人享用者，但会员之信用也由彼保证。

会员到期如未能缴纳款粮者，应事先去中签者家中声明本年粮食欠佳，或有意外支出而不按期缴纳，甘愿付息，延期缴还，由双方商定延期归还之时期及利率。

十三、家畜

位居于澜沧江流域之傈僳，每家均有少数黄牛、山羊、绵羊、猪、鸡之属，其每种数目由一二只至十余只不等。养马者极少。至畜有成群之绵羊者，一村多至四五户。傈僳住地附近之山坡多辟作耕地，故除供作制造肥料之一部分家畜外，殊少大规模之畜牧事业。至怒江沿岸住居之傈僳，因气候较热，农作物不多施肥，故家畜除牛、猪、鸡外，殊少他物。每年耕地中之农作物收获后，多将各物之茎叶以火焚之，以充肥料，家畜之饲料反不顾及。

十四、手工业

傈僳手工业有织麻、竹工、羊毛、织棉四种，以织麻、竹工最为普遍。怒江流域之傈僳最为擅长。生产品多销售于澜沧江一带。羊毛与织棉，多系澜沧江流域之傈僳为之。

傈僳主要之衣服原料为麻布，故彼族妇女中，无论老小，绩麻、纺麻、织麻之技术均擅长。竹工多由男子为之。其日常家用之箩筐、篓、篮筐、筛箕、笠之属，以及精巧之篾盒皆编织甚工。羊毛工男女各有为之者。女子纺成毛线，织成带子裹腰，以为美观。男子则弹羊毛成絮，做成毡帽、披毡、垫毡、裹腿之类。但因傈僳社区中羊毛缺乏之故，未能多事制造。是此项工业多见于澜沧江流域之傈僳社区中。至织棉一项，出品颇少，仅澜沧江沿岸之傈僳妇女，利用其种植棉花，纺织成少数棉织品而已。

十五、工资及雇佣关系

纯粹傈僳社区中之雇佣关系较少，盖彼等遇有非一人或一家人之力所能于短期内完成之工作，多以人情相委之法互相帮忙。但在傈僳与汉人或么些人混居之处，则有雇佣之事例出现。如为农作或建筑而雇之帮工，则多以粮食计算工资。普通供应一餐饭另给粮食两升至三升，约合滇币二角至三角，或以此标准照当时市价折付茶、盐。又傈僳为人背负货物或行李至他处者，则每人每日可得工资银币五角至七角，伙食系由彼等自备；但此数亦非固定者，要视当时之供求关系及天气等情形而定。

十六、一般家庭经济情况

倮倮因所居土地硗簿、物产不丰，益以边官、土司及各种商人之重剥削，故一般倮倮家庭之经济情况，原已难期充裕；抗战以来，因山货出产销路阻滞，人民负担较前骤增，故倮倮之家庭经济乃完全破产。既不能量出为入，更不能量入为出；唯有苟延残喘于苛赋杂款之下，呻吟辗转于有出无入之中，遂致其家庭经济日渐困迫，生活标准愈趋降低，甚至衣不蔽羞，食难赓续，房必漏雨，行须负重①，而使目睹其生活现状者，辄生人间如世之感，亦云惨矣。本节欲就一般倮倮家庭每年收支之大概情形，作一对照之叙述。

倮倮主要收入为粮食，但一年收获十余石粮食者，已算富有之家。普通均在十石以下，故仅勉敷全家食用。但因纳租、还账关系，也常有绝粮之虞，而以草根、野物果腹。至食物中不得油盐及肉类者，更属比比皆是。倮倮之另一财产为家畜。通常每户养有山羊十余只，黄牛两三头，猪五六口，鸡六七只。至成群之绵羊，则富有之家方畜有之。唯家畜繁殖有限，利益轻微。如遇瘟役流行，复可相继传染死亡。故其最大经济价值，亦不过以其粪便作为肥料而已。他如春季入山采寻香菌、黑木耳、黄木耳、羊肚菌；秋季榨取核桃油、漆子油；或趁农事余暇，入山打猎，获得若干兽皮（如蜚鼠皮、火狐皮、獭皮、熊皮、山驴皮、野牛皮、麂皮、獐皮、崖羊皮等）；或偶然取得

① 本处所谓之行须负重，指倮倮利用农隙为商人背运货物而言。边民行不得乘，已属不幸，今空身步行。仍不可得，实令人感慨无既矣！

一、二熊胆、麝香；虽可作为倮倮农耕家畜外之收入，但因彼等缺乏经商能力，每受汉商愚弄（如大秤、小秤等）；且以山货价格较前大跌，不及战前十分之一，故上述收入对倮倮家庭经济并无多大补益。且因赊借盐、茶、酒、肉之故，若干山货亦只敷还账之需。

吾人试再就倮倮一年中之支出而言，则各种正赋杂款及公务员役地方土司之苛派勒索①名目繁多，已至无法统计。现举维西县化普乡第八保可考之倮倮负担数目，以见一斑。此项材料系据新生活运动促进总会第一边胞服务站助理干事和源盛君所作之调查报告，兹录原文如下：

"维西县化普乡第八保，孤悬澜沧江之西岸，纯系倮倮居住。乡保行政人员及县府所派役员，皆视为可资榨取之殖民地，故大肆威力，乱发其财。各种额外搕索压榨之事例甚多，碍难一一计算。现只据可靠之卷宗，将民国三十二年（1943 年）十一月至三十三年（1944 年）九月止，各项派款名称与该保员负担款数，罗列于下：

派款名称	负担款数（以国币计）
建国储蓄②	7 836.6 元
同　上	250 元

① 倮倮家庭每年之收支甚不一定，尤以支出为然。如维西县某土司于民国三十三年（1944 年）秋间，因与邻属人民发生冲突，结果彼竟摊派所属倮倮人民（约八百户）银币八千余元，以当时兑换率折算，较之维西全县民国三十三年（1944 年）度田赋折征数尤多。而其他私行摊派之款为数尚多。故倮倮之实际负担实难计算。

② 本表所列各项，因系兼跨两年者，故遇有追加时，可能名目相同外，兼可因不同年度而重复之项目。本文重在分析倮倮家庭在一定时间内之负担，故不详加区分。

续表

派款名称	负担款数（以国币计）
折征军骡	32 750 元
房损 鞋袜贷金 禁烟督员旅费	1 000 元
县训新员生副食费	200 元
县财政费 财务清册费、伤兵之友费	2 000 元 （用房捐项）
食盐公卖店基金	5 994 元
县立中学基金	10 000 元
卫生院药品费	1 770 元
烟、酒、牲屠税	15 000 元
节约建国储蓄	3 550 元
化普乡中学校办公费	1 221 元
*山租（教育基金）①	35.3 市斗
县救国公债	2 600 元
*军米推销	3 公石
军米折价	24 240 元
保卫队用具	6 000 元
保卫队付会费	1 000 元
房捐	11 000 元
化普乡田赋征收分处量器费	750 元
*保卫队伙食	2.2 公石
军米折价（追加者）	3 080 元
化普乡中学校补助费	1 250 元

① 化普乡原日土司已失势，故山租划归教育基金，请参阅本章第七节注。

续表

派款名称	负担款数（以国币计）
房捐	6 327 元
运输团新兵二名验兵费	16 000 元
*德钦游击支队食米	15 市斗
*阿墩独立连食米	1 500 市斤
运输团新兵送兵费	20 000 元
*山租马料①	40.4 市斗
*修仓费	60.6 市斗
*乡丁费　每月	70 碗
*乡丁粮　每月	20.25 市斗
乡丁盐	66 市斤
烟、酒、牲屠税银币	181 斤（按调查时之兑换率折含法币 54 300 元）

以上有“*”号者之负担项目，未便估价。

兹统计民国三十二年（1943 年）十一月至民国三十三年（1944 年）年九月止之十一个月，可计算之数为二十四万四千二百一十八元六角。以该保一百零一户人口计算，每户已负担国币二千四百一十八元。若加上各项军米、杂粮、山租马料②、

① 山租注见前。马料原系与山租一并解交土司者。即马料本系傈傈佃户遇土司或土司家人到来收山租时所供彼等马匹食用者，其后则将之并入山租，作为必纳之一种正赋，且其数量也经确定。每一年佃户将之与山租一并送入土司家中。目前有笼统称山租。也有以山租马料并称者。

② 山租马料为土司管治时代之负担。民国十九年（1930 年）年后，凡清丈土地，均照纳政府规定之田赋。凡未经清丈之土地而土司权势已衰之处，原日土司之山租马料即乡地方教育基金。而人民虽不直接上纳与土司，但旧有之负担并未减除。又有若干地方，因土司势力仍未铲除，故其收取之山租马料或捐助当地学校一部分（如维西康普乡之土司是）或竟完全自用（如维西叶枝乡之土司是）。

积谷、田赋、县级公粮、乡丁、政警之旅费、草鞋费、公差人员之招待费、旅费，及乡、保长之无端压榨则吾人估计该保每户每月平均之负担数，当在国币壹千元以上，其他家庭中之消耗尚不与焉”。

又土司之山租，除粮食外，兼有他物。如维西县叶枝乡之土司认羊群所吃之草亦系彼之山岭上生长，故每二十只羊以上之畜户，每年需上纳一只羊与土司。又每年每户傈傈应背烧柴一捆至土司家，以农历六月二十五日及十二月二十五日为背柴期。各地傈傈可视交通及农作情形，酌定送柴日期，但实际各地已有规定。如维西康普乡住于澜沧江西岸之傈傈，因江水关系，多于冬季运送烧柴至土司家。

又土司区内山上猎获之野物，例须以其皮革或其他部分（如熊之胆、鹿之茸、麝之脐香、马鹿之蹄筋等是）呈送土司，似也可视作山租，但属临时性者。

又有以一斤半肉或一元饼茶强迫傈傈于秋收时还粮二斗者，此为土司另一种压榨边民之手段。

第九章　傈傈的日常生活

一、衣服

傈傈之衣服原料主要为麻布。而麻布之原料为大麻，系自行栽种。大麻刈割后将麻皮撕去，麻皮经揉梳，去其滓渣，即成纯净之韧皮。妇女利用余暇，或于走路时将其系成麻线，待秋冬之季，将系成之麻线，理制成束，经碱水煮漂晒干后，复纺成线，是时即可在简单织机上，织成麻布，其法将麻线分别绕于织机之两端，交互联接线头，而组成经线。经线互唧之交缝间，用一竹篦前后推移，纬线则从经线间以梭左右投递，两脚互相踩踏，使相邻之两经线交互上下，纬线与经线之错综关系也随之递换。如是即织成五寸余宽之麻布，为每一家庭中之衣服原料。

麻布纯系白色，有时采购青棉线，组成纬线，织成条花之麻布。刺绣图案少有擅长，因傈僳居地贫瘠，生活艰苦，故无暇针凿之生活（傈僳刺绣并不普遍，间有懂得刺绣者，也只懂得刺绣最简单之花纹，如⋯⋯、～～～、※※※、※※※等花纹。又于织布时间以他色棉线（此有色棉线均从汉人手中买得）加入组成图案，此处图案均为简单……（原稿下残若干字——整理者）。

二、食物

傈僳之食物，以包谷为大宗，荞麦、黍子、小米、高粱、鸡脚稗、天粟米、大小麦、青稞、燕麦、大豆等为次。蔬菜以芋头、洋芋为大宗，麦、白菜、南瓜、冬瓜、甜瓜、黄瓜、萝卜、莱菔、辣椒、山药等也有，但对园艺多不重视，盖其居处之地使然。食油以胡桃油、漆油为主，猪油少用。盐则难得常食。食物不善烹饪。以稀粥、面汤、面片为多，皆系以包谷、荞麦等面于汤锅中煮食，也会做面饼、米饭之类。妇女也有善做豆腐者。食肉则水沸即食，故多半生半熟。牛、羊、猪、鸡死后多时，仍然剖食。常见怒江之傈僳遇江中漂来之死牛泊于滩上，仍割裂分尸，归而煮食。汉人前往经商者遇牛死，则将肉卖于傈僳，皮则自取，傈僳犹乐于从。至傈僳食肉时，分割甚匀，心肺五脏，头蹄四肢，有若干人即分若干份。[1]

酒之消耗，为傈僳宗族中最大之损失。粮食不善储存，故常见傈僳地区中，人民泰半穷困，朝无晚炊之柴，粮无隔日之备，早晚磨碓之声不绝于耳，但皆随舂随食，不作积蓄。或又煮吃瓜豆；炒、烧包谷，佐以冷水；时而煮吃洋芋或芋头，就算一餐。傈僳知储蓄者，为数寥寥，而“粮食成熟，刈割，则多酿为酒。昼夜沉酣，数日尽之。粮食罄，遂执劲弩药矢以猎。登危峰壁石，疾走如狡兔，妇从之亦然。获禽兽或烹或炙，对坐共食。虽猿猴亦炙食。凡烹俟水一沸即食，不尽无归餍，复采草木皮食之”（余庆远《维西闻见录》），此种情形吾人常能获见。每观傈僳酒酣，东歪西倒，即少女之流，亦不知羞耻。昏昏迷迷，行行颠扑，牵幼扶老，为状可悯。

烟在傈僳宗族中，为唯一之兴奋剂。盖彼等常居于交通不便之山谷，见闻较少，心情寂寞，故常以草烟安慰精神。又傈僳与工作疲劳或暇时谈天之际，也常以草烟提神助兴，是无论男女老幼，均有烟斗烟袋随身。彼等所吸之烟草有二：一为兰花烟味辛而涩；一为大叶烟，味性较和平，均系自行栽培。

---

① 禁忌，沿沧江流域居住之傈僳，目前对死后腐臭之动物肉、脏，渐不食用。

三、居住

1. 傈僳住居情形：兹就沧、怒两江所见者，分别加以说明。

澜沧江流域之傈僳住地接近么些，易受外间文化之影响，其生活样法已略有改变。怒江流域地处偏僻，天险阻蔽，少与外人往来，傈僳原有之文化形态保持较多。

澜沧江流域之傈僳住在云岭、怒山及其支脉间之山坡上。村舍系零星分布。房屋构造纯用木料。其法将适当长度之圆木头尾两端：锯成 C═Ɔ 状，交叉叠成六尺余高之长方形木屋一间。普通傈僳住房分三间，一间在左，一间在右，中间开大门；左右两间相向各开一侧门以通中间。又中间之后墙用木板或篾席，将左右两间连贯一起。因木材长度不敷三间房屋之墙，两座叠木套上骑马柱，把中梁架住，椽子系住，以木板盖之。此为最普通之三间住房。至傈僳用一间式、三间式或整院式，则以穷富及需要而定，此类房屋名为“木楞房”。板屋内外均不涂泥灰，着地而居，地上亦不加铺饰。下图为澜沧江流域傈僳住房形式。

怒江流域因产竹较多，故住屋之建筑材料以竹子为大宗。傈僳建屋先就拟建房屋之大小，估计所需用材料之数量，请村邻戚友，分别负担找寻，此系人情往来，互相帮助。造屋之日主人准备水酒①，所有能出力之村邻戚友，分工合作。先将木

① 水酒系以鸡脚稗（怒江沿岸之一种农产品，形似小米。其穗分五支，如鸡脚，故名）掺高粱同煮，取出后加酒药发酵。发酵完成后装入瓶中。食前加水瓶内。食时以虹吸管引酒外出。水罄，复加，但加水次数多则酒味变淡。

澜沧江流域傈僳住房之形式

柱（或竹竿）依式竖立，然后在距地约四尺高之处，依屋内欲分之间数，组成若干交叉之木格，交叉处以篾皮箍系，上铺篾席，形成地板。竹屋四壁及屋内每间之际，亦藉木柱或竹竿之助，以篾席张被屋顶，覆茅草，俗名“茅草屋”。竹屋竹垣，此屋特点为居处不着地。

下图为怒江流域傈僳住屋之形式：

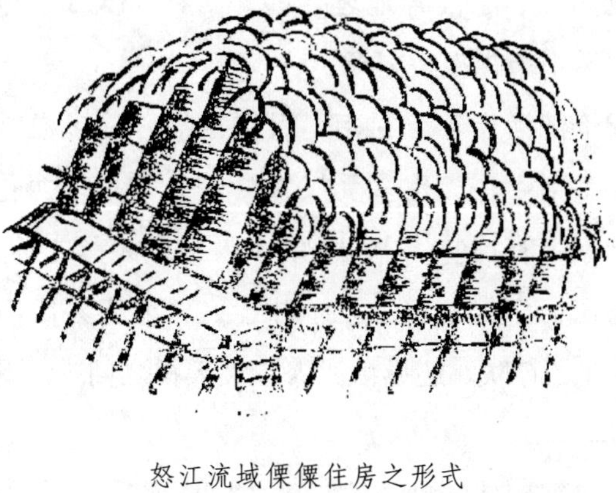

怒江流域傈僳住房之形式

傈僳住屋，人畜同居。住“木楞屋”者，牲畜多在住房左右。“茅草屋”者，则家畜豢养其下，粪尿交流，臊臭难闻。加以傈僳家中不洒扫，杂物乱陈，蚤虱遍地，故旅客初至其他，借宿多不习惯。然比较言之，茅屋较“木楞房”为佳。

傈僳房内每间有一火塘，一架铁三角（穷者以石代之）。火塘除供煮饭，烹茶外，兼资取暖。普通一家人同住一间。待儿女婚嫁后，则另建住房。男女不分尊卑，宿于火塘之左右。“木楞房”中，因无地板，躺于木板或草席上。“茅草房”中，则多直接睡于篾席上。但傈僳衣被单薄，故不分寒暑，多于晚间睡觉烧火取暖。冬日或雨季柴多潮湿，故烧时烟大难忍，又烧柴燃尽即灭，故冬夜傈僳须随时起身吹火加柴，又傈僳衣被过少致冬日睡觉有靠火烘烤胸背者，故睡时又须辗转替换被烘部位。

金沙江沿岸之傈僳，其家中设备除火塘外，已有另造炉灶者。常见丽江、宁蒗间金沙江岸之傈僳家中，灶之左上方，每供有一神龛，中贴一花纸，陈设铜花瓶、灯盏、香炉、净水碗之属。又见丽江、宁蒗各地之么些、西番、倮儸，也常以花纸贴神龛，据谓系祭祀祖宗之意。

维西澜沧江沿岸若干村落，汉傈杂居，故多数傈僳均能操汉语，而某生活习俗，也多受汉人影响。常见维西化普乡施格登村其傈僳家中有祠堂，中间祀：“天地国亲师之神位”，左侧祀：“东厨司命定福府君”，右侧祀：“本音蔡氏门中历代宗亲”[①] 贴鲜红之春联。还见岳武穆、文天祥之门神。此为国内各

① 此傈僳姓蔡之来由，详见本报告《社会组织》章。

宗族文化交流之一明显例证。

建筑禁忌，傈僳建筑房屋，多以家长生日之属相为选择动工日之标准。

傈僳所住“木楞房”之最普通形式，如细分之，可得下述三种：

其一，三间式——亦即最普通住房之形式。由平屋三间连成，如下图。A、B 两大间以较小之一间 C 连之。A、B 两间门相对。若兄弟分爨，则各人另建住房，一家如只需一间作住房则对门一间作厩舍，否则 A、B 均作住房，而牲畜置于 D 房间，乃成一字形之“三间式”房。此种屋建于山坡上，则家人出进之门设于高处，而可将牲畜关于地板下之于低地上，另以木楞作成墙壁，即成厩舍。

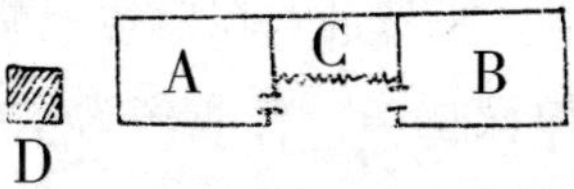

其二，串连式——以若干间屋相连，每房中间之距离甚短，如下图，且每间相通，有如火车车厢然（下稿残若干字——整理者）。一家所有，则人畜可分住；若为两家所有，则可于 C、D 中间任何一处如 F 所示，饲牲畜。此类房屋横看则又似一军队之营舍。

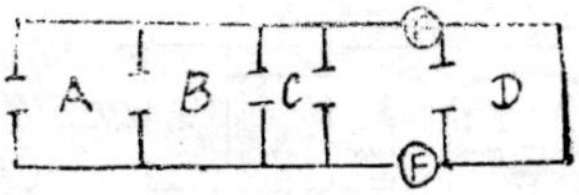

其三，院落式——此种房式较为进步。傈僳中较富有者居之。如下图所示：

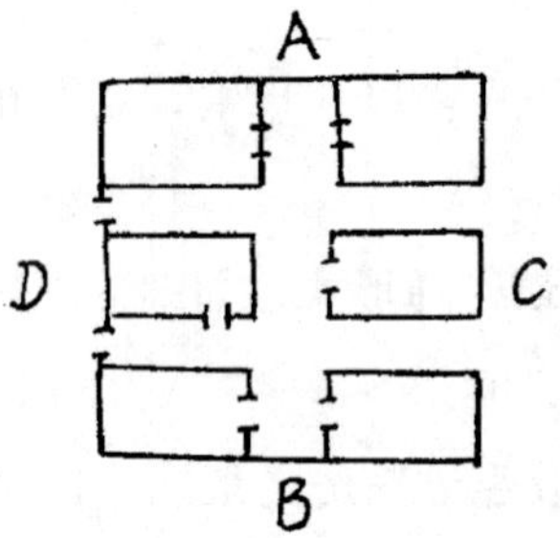

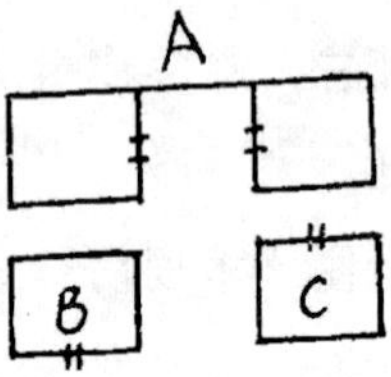

A、B、C、D 各占一方，组成一院落。然各房自立，各不相连。中央为天井，系各房所合成。此种房屋之使用与前式相同，家人居住多挤在一起（一间或两间，也即一方），余皆用养畜牲，绝不作灶房。客堂又有三方式者，虽似成院落，但不若上式之完全。如上图所示。A 方两间连成一方。B、C 则相对，较 A 方为小，多充厩舍，门向不定，亦不求其每间房屋之连贯；故虽称院落，实与吾人在内地习见者异其趣也。

2. 家具设备：倮倮住房，普通多为木楞平房，楼房绝少；即有也只贮藏牛马草料。至于全家人所用之寝室、灶房、客堂、饭堂，均集中于一室。此在彼等或以为敷用，故虽有多间房子，亦只用一间作全家活动之中心。今吾人试以上面所述之三间式为例，而述其全家聚居之房间内家具设备及分区用之情形如下：（见下图）

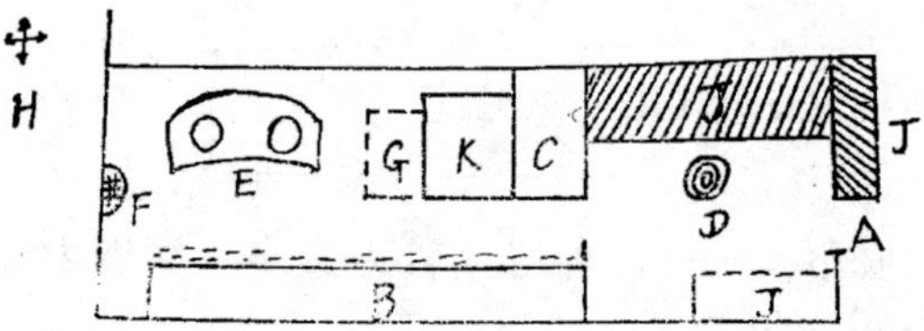

图中A为门，入门即见大、小柜各一只，即B、K；次则为铺板，即C所示，乃家中主要成员之睡处，若有老年人同居，则老年人应迁至门外。□□□□□通道之里半间。D示火塘，为睡处所必需，盖傈僳被盖过少也。E示锅灶，普通未有多出两口（锅）者，或于床旁火塘上架铁三脚架造饭，而不起灶。其他碎点所示之处，置木桶、竹箩、农具等类杂物，柜上也多置另物而不充作睡床。子女脱离父母自睡，则在虚线所围部分设法，如G所示。F示挂于壁上碗笼。此一屋即为全家活动中心。屋外H所示者为舂碓处，每家有之。手磨不定，如有多置过道中，间也置房内，如J所示。

四、行

1. 工具及其制造。傈僳行之工具，只溜索及溜梆（或称溜筒）并独木船。兹分别述其制法、用法如下：

夏季四山积雪融化，且雨水较多，故江河之水量增大，水流加速。此时若利用边地常见之独木船①过渡殊欠安全。且边民住居村落零散，若用渡船非徒受水流及江宽等限制，且须雇人专负划撑之责，诸多不便，是乃利用溜渡，以资往来。

溜渡所需之工具仅溜索及溜梆二物。溜索系以篾条绞制，缚于江两岸之木椿上。木柱竖于砖石叠成之溜椿台上。溜绳分平溜绳和陡溜绳两种。前者指两端之木椿等高，溜绳成图一状。后者指两端之木椿不等高，溜绳成图二状。用平溜者，只需一

① 独木船，系以粗大之树干挖成者。其形如图四。遇江水涨时，或水流过速即难应用。

根溜绳，用陡溜者需两根溜绳（在同一渡口设左高右低或右高左低的溜绳一对，以供往返——整理者）溜梆系用木块削制成图三状，其上部有小孔，可以穿入皮绳。溜渡之法系先由溜渡者立于溜椿台上，将溜梆套于溜绳上，然后以皮绳绕溜渡者上身，并缚臀部。准备完毕，即以双手握拊溜梆上端，双腿前伸或卷缩，任溜梆在溜绳上滑去，有时溜渡者在溜索椿台前用脚后登溜桩台之石块，以助身体前进。溜渡者在溜索上行进极速。如系陡溜，则可直接到达对岸，但需事先提防身体撞于对面之石台上；如系平溜，则溜渡者到达全程三分之二处或四分之三处，即行停止，须以双手攀援溜索使进。故陡溜平溜，各有短长。

图一

图二

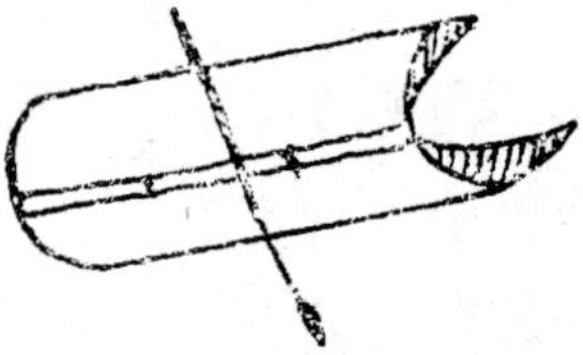

图三

图四

上述溜渡之法，滇、康、藏边地之边民通用之，故吾人于金沙江、澜沧江、怒江、俅江各处均可见之。

2. 使用之动物：傈僳使用之动物，仅牛、马两项。牛以之耕地并驮运柴草，兼作婚聘之礼品（详见本报告《婚姻》章），马则畜养者甚少，怒江沿岸尤称罕见，至少数畜养亦仅作驮运用。盖傈僳除步行、溜渡及用独木船外，未闻利用他种工具或动物旅行者。

3. 挑担负重之方法及器具。傈僳无挑担者，其负重之法，系以背负为主。所用器具最简单时，只需一麻绳。凡柴、炭及不必装入篓中之物，均以绳缚之背于背部，然后将绳子绕经两臂上端揽绳头于手中。至于零碎物件及粮食等，多置于篾篓及皮袋中，照上方背负。又有用木板制成图五形，以绳穿过缚于所背之重物上，而将此背板置于肩部，并以前突之绳勒于前额，分担背负之重量者。

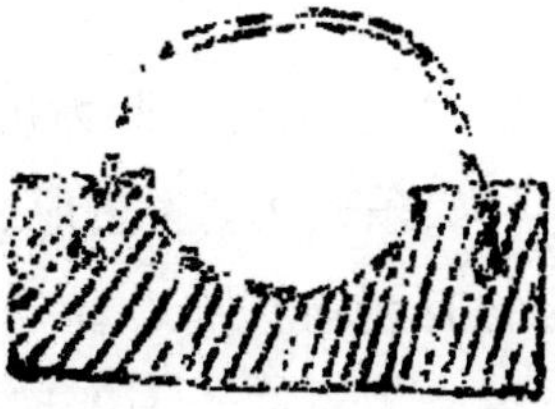

图五

第十章　娱乐及社交

一、家庭娱乐

傈僳生活艰苦，一年中之大部分时间，均耗于谋生之活动上，故平素极少家庭娱乐。每晚家人围火团聚时，妇女则多利用此时作绩麻缝纫工作，而男子多吸烟闲谈，或饮酒解闷。此时或由父兄为子弟讲述该族或该家以往之历史传说或其他故事，此外殊未见傈僳家庭中有何娱乐可言。

二、集体娱乐

傈僳唯一之集体娱乐为跳锅庄及跳弦子两种。兹分述如下：

（一）跳锅庄。此为川、康、藏、滇、青五省边地最普通之集体娱乐，在滇省边地之傈僳亦多嗜之。凡遇喜庆年节任何特定之时期均有跳之者。[①] 参加者男女均有，但人数则不一定，五六人至五六十人均可，再多时可分组举行。跳时排列成一圆弧形，参加者或男女相间，或前段为男子，后段为女子，前段之最后一人与后段之第一人仍可携手，循顺时针之方向或逆时针之方向，以一定之步伐且唱且跳。列中相邻者或相携手，或以左手搭于左邻者之右肩上，而任右手闲置，如循逆时针方向跳动时，则以右手搭肩，左手闲置。锅庄之词多为双句，有四、八、十二、十六之别。先由男子中之任一人起唱，其余男子随声唱和，次由女子中之任一人答唱，其余女子随声唱和，其后即依次唱答。唱时弓腰细步，环绕场周。又锅庄歌调中亦有由男女合唱者，即于男子中之起唱者唱完时，全体随声唱和。此时由排头领导，变更方向与步伐，作蛇状行进，每四步为一节，最后一步用力较大。群众唱完后，再行恢复原状行进。跳锅庄因步伐整齐，歌声抑扬，故无论通其词意与否，均富兴趣。场中每燃大火，盖跳锅庄多于晚间举行。场旁放酒罐，可由参加跳舞之男女于入

---

① 傈僳遇婚嫁、招赘、过年、收获或经汉官、土司、地主等之命令而备茶酒酬赏时，均可跳锅庄。

场前或出场时饮用，或于舞至歌乐告一段落时，由司酒者倒酒请舞者饮用。除酒外，亦有备茶者，盖跳时多属且唱且跳，是酒茶之功用在提神与润嗓。

跳锅庄多无乐器，重在跳唱，如只跳不唱，则可以乐器伴奏，如遇参加者兴高彩烈，可作通宵狂舞。

（二）跳弦子。傈僳之跳弦子，系配乐器之舞蹈，乐器系胡琴、笛子、口琴、琵琶等。参加跳舞者为数较少，且非如锅庄之沿固定方向，用类似步伐动作，故舞姿变化较多。参加者各个人之动作可不一致，亦可以两人或四人为一组而用同一步伐舞蹈者。

三、儿童娱乐

傈僳儿童之娱乐极为单调。普通常见者，男孩玩弩箭，觅松鼠，捉野鸡，以长带抛石，[①] 以土石垒房屋，爬树采果，或于放牧牲畜时至山野采取花草。女孩与男孩所有之娱乐种类相若，而弓箭之属则少玩弄。

四、青年男女之社交情形

傈僳社会中，男女地位平等，故男女社交亦极自由。青年男女于砍柴、牧畜、农作或公众集会、跳锅庄之际，均有晤面言谈之机会，故彼此间感情之表达毫无困难。男女相悦后，即可由父母邀媒人正式为之聘定。但因傈僳男女社交之自由，故

---

① 以棉麻或毛线织成之长带，卷一石块，以手执长带之一端，而将另一端向外抛之，则此石即可远飏。傈僳儿童有以此为戏者。

亦发生其他流弊，如本报告第六章第二节、十二节及十五节所述者。又传说倮倮青年男女相悦时，可取山中草木为和合药，[①] 暗投其衣可使对方奔而相从，跬步不离。

五、宴客方式

倮倮宴客方式，视其房地及汉化之程度而异。其与汉人或么些住地接近，而汉化较深者则其宴客多分桌举行。如无桌则客人分组蹲于地上，以碗盛菜肴。客人先饮酒吃菜，最后用饭，其方式与汉人相同，唯所用之碗盏器皿及酒菜较汉人者为粗糙耳。（如碗多用木制者）至其住地较偏僻，汉化程度较浅之处，则宴客方式更属简单。主人将肉菜煮于大锅中，任客人围火塘自行添菜盛饭，酒壶（以竹筒为之）亦置其旁，随客人尽量饮用。至客人较多时，可分组蹲于地上就食，有时每客由主人给予大碗竹筷各一，碗内盛饭菜，另以小碗装酒，由客人就主人分给之一份饮食自觅地蹲食，食罄如不敷，可请主人再行增添。故倮倮宴客之方式并不一致，如系年节或喜庆时，则宴会后，与会男女可乘兴跳锅庄、跳弦子、唱小调，以期尽欢。

六、乐器

倮倮所用之乐器分管乐、弦乐及簧乐三种。管乐中有笛、葫芦笙两种；弦乐中有胡琴、三弦、琵琶三种；簧乐中有拉口

---

① 和合药在倮倮社区之传说甚多，但笔者始终未能见到。至此药之采集与制法，详见本章第六节附录。

琴及弹口琴两种。[①]构造均较汉人所用者简单。

附录

和合药一名相思药，倮倮男女求爱时常用之，传此药为草本植物，产于山野间，花有三朵。倮倮男女吹口琴前往访觅，既访获，尚不进行采摘，先唱小调，唱时花色可分外鲜艳，三朵花中有两朵并能逐渐合拢。此时将合拢之两朵采下作药，当时并以手揉搓，另一朵亦采下，存置用作解药。交拢之两朵取

---

① 倮倮所用之乐器，其制法可简述如下：笛，不用笛膜，手按者六孔，口吹一孔，共七孔。葫芦笙，常用者为五管。胡琴，胡琴下端，间以木制，一端缚以猪羊之膀胱皮或猪油上之表膜。亦有以杉木板为之，先将弦线所经处凿空，然后将凿空处盖以薄板而不用其他薄膜者。弦线以马尾充之，不用丝线。胡琴弓亦以篾片缚

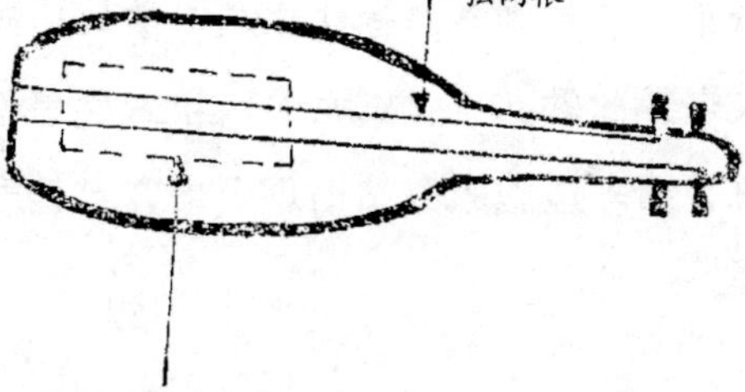

马尾充之，马尾上间以松香粉涂布。三弦、琵琶之制法与汉民所用者大同小异，唯倮倮只有小三弦。弦线用马尾，琵琶之弦线则以羊肠制成。倮倮妇女腰间多系有装口琴之竹管，管上雕饰花案。拉口琴是单独一片，两端系拉绳，弦即在此竹片中。弹口琴则有三片，《维西见闻录》言之最详：“口琴，竹片为之，长四寸，阔三分，刳虚之，而中存一线之篾为弦。首尾横处皆存，弦首联于横尾，视横齐处长一分，刳下其横处，而弦寄于其间。如是者三具，弦粗细等而下。以左手大指、食指排持三片之头，张口而置其正于口间，以右手食指、中指、无名指搏上、中、下片之弦之尾长处，错落而弹，嘘气大小，以定七均之高下。古宗、么些、那马、巴苴皆以铜佩之，弹以应曲，弹者身舞足踏而与歌合节。”倮倮之口琴为男女求爱必要之工具，又相传往山中采取制和合药（见附录）之花草，须以口琴弹往，始能寻获。

回后置于枕边，并不时捏于手中揉搓，兼以口气嘘之，并唱情歌，七日后花即成药。然后于饮食中或吸烟时，将此药暗中授予情人服之。服后彼此即非在一起不可，如已服和合药后又服解药，则彼此二人即成仇敌。传说身带和合药过渡船时，可使渡船倾覆。

七、歌谣

傈僳之歌谣并无一定之词句，善唱者贵能触景生情，随机应变。唯因难得有精通傈语者为之移译，故搜集傈僳歌谣颇感不易。本节所录之歌词共二则，前一则系民国三十二年（1943年）冬维西化普乡第七保拖登村某傈僳寡妇家招赘日跳锅庄时，一对男女所唱者。此二人未参加跳锅庄，盖当时跳者系随乐声进退而未唱歌也。后一则系跳锅庄毕后，请一擅傈僳歌词者口述而加以记录者，此歌亦系在结婚时由祝贺之男女唱答用。两则均由新运总会第一边胞服务站助理干事方宝善君记录，而由笔者订正注释。

（一）

男：隔山而居，各住一边。一边怀念，一边心酸。山隔心不隔，今则鹦鹉弃家来对山。

女：吃饭半碗，吸烟半截。（此处似谓男子之语尚未尽意）

男：划真拳还是划假拳？

女：真心实意道与你，哪能划出假拳来。

男：赶了一天路程为你美，赶了两天路程为芳名！

女：心麻肝燥！

男：就为不禁心麻肝燥方到此。

（唱至此，男的跑了，我逼请他再续下去，于是又唱）

男：不已再唱一调，不得再道一曲。（已、得均指被迫也）

女：说唱便唱，要来便来。

男：梦寐见你，坐卧不安。月落不归，三星斜挂亦不返！

女：月落何忧？天自晓。……

（唱至此，似乎还未结束，但被一个醉汉撞断了，未再继下去，旁听者谓男子才弱不敌）

（二）

男：忘不了的竹节，一节连一节。忘不了的桃儿，落去一谱结一谱。

（指结婚之功能为延续宗族及家族之生命）

女：一竿竹节不分枝，我们哪能活两世？

（指女人应有节操，故一身不能侍两夫）

男：死者不能装复活，老者焉能装少年。

（谓结婚之男女确系年貌才德相当者）

女：父抱母背养错了，父教母育长错了！

（女子自叹境遇不如男子，因父母养大后又须嫁人也）

男：父母不把我养育，不需寒心。

（此处可有两义：一为男子比拟女子之语气而使之以俏皮话，谓虽今后未能得父母之照料，但得丈夫之爱护；一为男子表示彼此岂非同样得父母养育，今结婚亦将与父母关系疏远，男女情略似，女子殊无单独伤感之理由）

女：心成腐肉肝成冰。

男：何必如此空忧伤？

女：男子心肝不焦燥，女子何从用操心？

（谓结婚后之男女利害关系应为一致者，故如一方有焦灼之事，他方亦为之操心）

男：找钱才需要焦心，求财方需要操肝。

女：江边淘金操着心，心头寻香破我衣。

（香：指麝香）

女：爷娘用我换了牛，父娘用我换了猪。只是在不住来没奈何，坐不住来没法子。

（谓其本人不愿嫁，但迫于父母之命而无法反抗）

男：抬不动的不使抬，背不动的不使背。

（男子安慰女子，谓结婚后可善待之）

女：任你如何宽待我，总无父娘一片心。

男：使你吃米不见糠，使你吃水不见井。

女：不见糠的只有大饭豆，饭豆还要用锅煮。

不见井的只有无盐水，亦还要在火上烧。

（无盐水指雪水）

男：与你绸子衣服穿，与你纱缎裙子着。

给你丽江粑粑吃，给你鹤庆干酒喝。

（俗以丽江面饼，鹤庆干酒较他处所制者为佳，故有此语）

女：咀上不要擦蜂蜜，舌头莫要擦沙糖。

莫用圈套来讨我，莫要与我划假拳。

男：白米亦似“沙沙”用，肥肉缸缸浸与你

（包谷磨面作饭，称“沙沙饭”）

女：纵无白米有“沙沙”，纵无肥肉有南瓜，父母生后三五日，即须受苦一辈子。

男：一串带子一串银，房子四周皆友朋。

（男子自行夸耀之词）

女：我的叔叔有九个，九个要着九条牛；

我的兄弟有七个，一共要你七两银；

宰牛要以大皮索，称银要用大秤子，

可怕你家出不起，可怕你家秤不起。

男：我的兄弟亦七个，我的姊妹有九人；

财礼自来人帮助，何需为我操心肝？

女：父要一头金子一头人，母要一头银子一头人。

（指金银之重量需与人的重量相等）

男：父母金银自然在，不叫金银比人轻。

女：只得粮杆拴一起，只好筷子配一双。

（粮杆系以一木杆用绳索连于一竹竿上，用于打谷。打谷时手执竹竿，则木杆可以被挥起而动作）

男：由此可以安心开山地，不用操肝来织麻。

（指男子结婚后，若干女子之工作，即可由其妻为之）

此后转入□生活□□□□□事一段□□□□发挥，然今青年，能唱者不多。

又补：

此报告初稿写毕，续得傈僳歌词数则。兹补志于后，并略加注解，以供参考：

其一：

长到缸大的时候要背缸，

长到桶大的时候要背桶，

一年十二个月，

没有一天不再受穷苦！

我们这一生，

没有一日不再受穷苦！

我们一直苦到死，

我们一直苦到绝种！

（注：此歌为傈僳感叹身世之作。）

其二：

爬呀爬呀向上爬，

爬到印度去！

那里朝上也能睡，

那里朝下也能睡。

（注：此歌表现傈僳对平原沃野的渴望。）

其三：

一切都是天定的，

倘若不是如此，

我们怎么能会见！

我们怎么能相遇！

我们死也死在一起吧！

灭绝也灭绝在一起！

其四：

爹娘的担子落到我身上啦！

爹娘的终身辛苦到我身上啦！

怎么能跟阿哥逃走呢？

我们怎么还能欢聚？

其五：

阿哥后面逃走来，

大哥后面逃走来，

到密支那我们休息！

到印度我们住下来！

（注：此三歌（后三首——整理者）为男女相恋时所唱。末一阕更可窥知边民心目中的乐园）

八、节令

现时傈僳之节令，受汉人影响处甚多。盖传说旧日傈僳不知过年节，而仅于秋粮收获过后，任择一日或两三日准备酒菜，宴饮一番，并跳舞，唱歌，以示庆祝。如数家或一村于同时举行者，则更热闹。唯近年以来，傈僳已渐习用汉人之农历，[1] 故

① 傈僳记年，多以十二支轮算，记日、月亦然，极为模糊。事物过后，即不详记其日、月，仅可大约说出事物发生年月之属相，或竟以某种动植物之盛衰隐现为标准。是吾人遇傈僳询其年龄时，彼等则难立时答复，会用地支推算者，尚可徐徐算出，否则仅告以生年之属相即止。

过年也照旧历计算。过年时，除宴饮跳舞外，[1] 并以花纸贴于门的门板上及房内墙壁上之神龛前，盖如汉人过年时，大门上所用之符咒。后者系祀神之意。至节令为倮倮所过者，可分端阳节、火把节及中秋节，但全系习自汉人，故无何特异之风俗。如少数过端阳节者，届时至汉商或地主家讨饮雄黄酒，索取若干药材等。过火把节时则除宴饮外，并跳锅庄。而维西县属康普、叶枝两处之倮倮，则过火把节时多集中于当地土司宅前跳锅庄，而由土司按名给予白饭两碗、肥肉两片作餐。过中秋节时，倮倮多至常往赊借之汉商或地主家索食月饼并饮酒。

第十一章　卫生

一、出生率

倮倮宗族出生率之确定，须靠在广大地区从事长时间登记或访问。但此事为之不易，盖前者倮倮社区尚未举行，后者因倮倮之猜疑恐惧与缺乏数字观念，亦未易进行。故此时仅能自若干片断之资料中加以推算。

（一）维西县叶枝乡之倮它洛村共有倮倮七十三户，计四百四十人。民国三十三年（1944 年）内出生婴孩十二人，故其出

① 过年习俗，各地略有少许差异，如传云南泸水设治区之倮倮过年时，家人、亲友多携酒至附近温泉沐浴，并饮酒、舞蹈以为乐，历三、四日方止。别处容或更有其他风俗。

生率为千分之二十七点二七。

（二）维西化普乡腊八村，共有傈僳三十四户，计一百九十七人。民国三十三年（1944 年）内出生婴孩六人。故其出生率为千分之三十点四五。以上两例虽可略见一般，但因取例过少，是仍未作定论。

二、死亡率

傈僳之死亡率因无多量之材料，故亦只能就以下二例加以推算：

（一）上节（一）中所举之倮它洛村于同期内死十一人，约占全村人数 25‰。

（二）维西县叶枝乡之白枝洛村，共有傈僳二十三户，计一百四十一人。于民国三十一年（1932 年）内死四人，约占全村人数千分之二十八点三七。

又：此报告写成后，续得维西县叶枝乡四个村落傈僳出生、死亡即高寿人数之材料，兹补于后：

叶枝乡村名	户数（户）	民国三十三年人口数（人）		一年来出生人数（人）			一年来死亡人数（人）			七十岁以上人数（人）		
		男	女	男	女	出生率	男	女	死亡率	男	女	高寿率
倮它洛	10	21	19	2	2	100‰	1	3	100‰	4	3	17.5%
巴狄洛	25	31	37	7	4	161‰	2	2	58‰	5	2	10%
倮桶洛	8	9	13	4	3	318‰	1	1	90.9‰	1		4.5%
多义洛	22	27	29	3	1	71‰	5	2	12.5‰	4	2	10.7%

又维西县康普乡坪子村民国三十三年（1944 年）一百零六

人中，出生两人，死亡两人。两者约占全人数39‰，七十岁以上者十一人，约占全人数10%。

三、高寿者人数

傈僳高寿者之人数就已得之材料推算约如下述：

1. 本章第一节（一）目中所举的傈它洛村，民国三十二年(1943年）有七十岁以上男女十一人，约占全村人数2.5%。

2. 本章第二节（二）目中所举之白枝洛村，于民国三十二年（1943年）内有七十岁以上男女四人，约占全村人数2.8%。

四、普通疾病及其治疗方法

傈僳之普通疾病，据新生活运动促进总会第一边胞般务(下缺若干字）工作之统计，则下列各病为多：

1. 胃病；2. 创伤；3. 皮肤病；4. 痢疾及腹泻；

5. 目疾；6. 疟疾；7. 风湿关节炎；8. 甲状腺肿大；

9. 头痛；10. 梅毒

上列各病多与傈僳之生活环境及其生活习惯有关，其各类疾病之原因及病状，兹不赘述。

傈僳对疾病之治疗法约有下列三种：

（一）祈神禳鬼：若干傈僳认（为）疾病系由于神之谴责或鬼之作祟，故或对神祈祷祭祀，对鬼则请巫师禳除。

（二）服用草药：傈僳社区中间亦有通医道者，故若干疾病，彼等请本族中的医师诊治之。此辈医师之药品多系以山野所获之草木花卉配制而成，且多系外科之伤药。除本族之医师外，傈僳社区中若遇过往之汉人懂医道者，亦有延请汉人诊治者。其所用药品，仍以山野所采之草木花卉为主。

（三）服用新药：傈僳经验中，凡为祈神禳鬼及草药不能治疗之疾病，或其患病后遇有机缘获得新药时，则亦服用新药。前者如甲状腺肿大、梅毒、风湿关节炎等病，后者如在西洋传教士及其他边疆服务团体工作区内之傈僳。

除上述之治疗方法外，尚有一种消极之抵抗法，即与病人隔离。此法以前在怒江流域尚甚通行，如天花及疫痢发生，即患者则被迫迁至山野居住；但如遇疫症已普遍传染，则健康者即须逃避。唯目前因民智渐开，且药品获得较易，是行此法者渐少。

五、环境卫生

傈僳之环境卫生，不多讲求，兹分述其水源、粪便、蝇蚊、垃圾等情况如后：

（一）水源：傈僳饮水有河水与山水两源。前者系就河中汲取。后者则因住处距河较远，故就山中有水潺出或有水流（原稿缺若干字）以竹桶、木桶等贮水器接收，是大致言之。傈僳之饮水尚洁净，唯傈僳洗涤衣物多在河中，故河水下流即不免有污秽，可能影响河水下流住民①。

（二）粪便：傈僳家中不备厕所，故粪便任意排解，或在树林中、或在房屋旁、或在道路旁、或在石坎下，解后任牲畜践

---

① 澜沧江流域各小河下流之居民为么些及汉人，故彼等之饮水颇受傈僳在水源洗涤衣物之影响。

踏或猪狗舔食，并不以之作为蔬菜及农作物之肥料，盖认粪便为污秽之物也。

（三）蝇蚊：倮倮对蝇蚊无法排除，亦少防范之道①。幸倮倮住地较高燥，是蝇蚊较低湿地为少。

（四）垃圾：倮倮对垃圾之处置有两法：其一，倒于厩园中或堆集房屋附近，备日后和以牲畜之粪便作为肥料；其二，丢弃于道路上或房屋旁，任过往人畜践踏。

第十二章　教　育

一、家庭教育

倮倮居住环境贫困，生活标准低下，其求生基本欲望尚难满足，故一般家庭对其子女有意识、有计划之教育工作均未实施。唯父兄之言行对子弟有示范作用，故倮倮子弟之家庭教育为对其父兄言行之模仿。近三十年来外人在我边地传教设学者渐多。凡信耶教者之家庭，父兄对子弟之家庭教育略为注意，然其内容主要者不外两点：一为衣冠之整洁；二为礼貌诚实之讲求。然其所以如此者，无非为换取传教士之喜悦，或为若干信仰上之关系（如：不如此不能进天国等）。故吾人未可视为倮倮正常人之家庭教育。

---

① 夏日晚间蚊蚋多时，倮倮燃烧松针、荞叶以排驱之，但此时烟雾甚大，人在屋中，同感不快。

二、技术传授

傈僳之技术传授，范围甚为狭窄，仅限于谋生之技术。故普通男孩多由其父兄授以砍柴、狩措、耕种之技术。女孩多由其母授以绩麻、织布之技术。其他如养蜂、酿酒、榨核桃油、榨漆子油、收漆等亦为傈僳家庭传授之重要技术。

三、识字人数

傈僳识汉字者千不得一。唯自英教士付能仁（J. O. Fraser）以拉丁字母制作傈僳文字后，凡信教者，因须查阅圣经及礼拜唱诗之故，是识者渐多。唯确实人数未经调查。笔者估计识此种文字者约占全人数3%—4%[①]。

四、对读书之态度

一般言之，傈僳对读书无甚兴趣。至其原因约有下述数端：

（一）认读书无用。傈僳生活甚为简单。其日常活动即多局限于谋生。其政治大权复多操于他人[②]，故彼等认为进学，读几年汉书，对其生活毫无补益。

（二）经济之限制。多数傈僳生活简单，家境贫困。今入学

---

① 维西全县人口共35 754人，其中傈僳约占十分之六，计得二万余人，信教而识字者，估计为七百人至八百人。贡山、福贡两设治区，人口总数约四万人，信教而识字者估计为1 500人。故就维西、贡山、福贡三县区计算，傈僳识拼音文字之人数约占全人数3%—4%。

② 傈僳大部分受制于土司。若干土司业经撤废之处，则受制于汉人，至若未定界内则受英人之节制矣。

读书既消耗一部分金钱①，复使入学子弟原日在家中之劳作停止，② 故在傈僳眼光中，入学读书不啻蒙受双重之损失。

（三）观念之错误。政府在边地设立学校，并定有若干优待办法，但边民多认为入学读书，则日后必被政府调去当兵或服役。傈僳生活简单，适应他种环境之能力有限，故安土重迁，对读书易生疑惧。

（四）土司之阻扰。土司为巩固其统治地位起见，故希望所治理之人民永远昏昧无知，以免发生革命，而致动摇其权益。故对傈僳读书多方阻扰，或禁止入学，或每年轮调，总期受教育者一无所成，施教者精力虚掷。

五、是否有文字

傈僳本无文字，三十年前龙陵英籍传教士付能仁（J. O. Fraser）在传教之余，以拉丁字母制作傈僳文字一种，并将《圣经》、《赞美诗》等以此种文字译出传授教徒。由是傈僳识者渐多，且更以之书写信扎、契约，俨然成为傈僳之通行文字。

维西县叶枝乡岩瓦洛村凹士波于十余年前创作傈僳文字一种。其要则系将音同之字以同一形体表示之。全部单字约计八百个。现县属之康普、叶枝两乡习之者渐多，唯波士凹因为一

---

① 民国二十五年（1936 年）云南省教育厅因得教育部之补助，先后在沿边各县区办理省立小学三十余所。当时入学之边民子女可受公费待遇，故家庭之负担较少。抗战物价波动，教款支绌，故学生家庭之负担日益加重。

② 傈僳学龄儿童在家时多担任一部分劳作，如放牲畜、助理农作。今如白日就学，则家中即失去一部分劳作者。

普通之农民，故未能以全力从事于此种文字之推广，是目前各处识者合计三百人左右。

六、宗教师中是否有文字

傈僳原日之宗教师称为“尼扒”，并无其他文字。唯美、英之传教士则利用前节所述之拼音文字，从事宣教工作。

第十三章　其他

一、农谚

傈僳目前尚保有部分之狩猎生活，故其农业之经验甚为短浅。且其居地贫瘠，耕地时有变更[1]，又以住居零散，村落甚小，除汉傈杂居之地或傈僳住地较接近汉人地区者外，傈僳各种农事活动多系参照各种动物飞禽出没与树木花草之盛衰。而少有以节令、旱潦或其他事物表示农业情况之农谚[2]。

二、嗜好

傈僳主要嗜好为烟、酒两项，兹分述如下：

---

① 傈僳耕地经数年利用，地力衰竭时，即另行觅地开垦。详见本报告《经济生活》章第一节。

② 笔者调查各地农谚，仅于维西县叶枝、康普两乡访得如下之农谚一则：“里哈得，阿米得；娃哈得，阿咱得”。译意为：“四月芒种忙忙种，五月芒种慢慢种”。盖谓一年中如节令较早，应早播种；如节令较晚，则播种不妨稍缓也。

（一）烟：烟在傈僳宗族中为唯一之精神兴奋剂。盖彼等常居于交通不便之山谷中，见闻较少心情寂寞，故常以草烟安慰精神。又傈僳于工作疲劳或暇时谈天之际，亦常以烟草提神助兴。是无论男女老小，均有烟斗烟袋随身。彼等所吸之烟草有二：一为兰花烟，味辛而涩辣；一为大叶烟，性较平和，均系自行栽培。

（二）酒：傈僳嗜酒，故每年所收获之粮食中，酿酒耗去许多。而汉商利用傈僳嗜酒之癖性，常以酒贷予傈僳，而于收获时收回粮食。故酒非只为傈僳之嗜好，且进而影响傈僳之经济生活。傈僳所食之酒分为烧酒、米酒与水酒三种。前者以包谷、高粱为之，煮后放药使之发酵，并放于瓶中，旬日左右，然后蒸之，蒸气凝结成为酒；米酒制法系以米、包谷煮之，并和以蒸熟之包谷面，放药酒使之发酵，然后以漆树子油[①]炒之，吃时掺水即成；水酒制法请参阅《日常生活》章第三节、第四节附注。

三、对于中央政府、地方政府及外来人之态度

（一）傈僳远处僻壤，与中央政府之关系不甚密切，故一般傈僳对中央政府之印象甚为模糊。故就少数对中央政府有认识之傈僳而言，则其态度多属良好。

（二）傈僳对地方政府之态度，则因边政失修，边官贪婪，故傈僳对地方政府之负担超过规定甚多，尤以地方政府机关之大小役员，每遇下乡必对傈僳多方揩索，无端取费。故傈僳对

① 傈僳食油仅核桃油及漆树子油两种，猪油绝少食用。

地方政府多存畏惧、疑忌之态度。

（三）傈僳因知识闭塞，故对抗战之意义与因果，全无了解。而因抗战之故，傈僳负担增加甚多。举凡壮丁征调，赋款摊派，傈僳负担均较汉人为重，盖因负责办理兵役赋款者，多为汉人，故常欺压傈僳从中渔利，是傈僳对抗战殊少热情。

（四）傈僳对外来人之态度一般言之为畏惧疑忌，盖傈僳因常受汉人之压榨剥削，故认汉人多数为凶狠刁狡。是以外来人进入傈僳之社区未为傈僳辨明其任务及心情以前，傈僳多存畏惧疑忌之心理。

四、离乡情形

抗战以前，傈僳除出外贸易短期他往外，甚少离乡者。抗战以后，云南边区之傈僳，除居住设区内者得以缓役外，其他居住县境内者，多有被调服兵役者。试就维西一县而论，自民国二十六年（1937 年）起，至民国三十四年（1945 年）八月止，征出壮丁约二千八百名。若以傈僳人口占全县人口十分之六计算，则傈僳之离乡服役者约在一千七百名以上。其次抗战以来，人民负担增加，边民因政治未上轨道，非法负担甚多，故乃纷纷由县境移往滇缅北段未定界及负担较轻之沿边设治区内居住。此种迁民数目虽无详确统计，但为数绝不在少①，故可

① 维西县民国二十一年（1932 年）之人口为 9 107 户、42 628 人。民国三十二年（1943 年）调查仅余 7 694 户，35 754 人，此十年内人口减少 1 413 户，6 874 人。此中除壮丁征调服役而减少者外，据调查多系于抗战后迁往德钦、贡山、福贡三设治区及滇缅北段未定界内住居。另有一小部分傈僳移往县境内古宗人聚居兵役赋款全无之奔澜乡居住，以图逃避兵役门户之负担。

谓近年来傈僳之离乡者日益加多。

五、汉化情形

傈僳位于金沙江澜沧江流域者，因与汉人及么些接触较多，故汉化正逐渐进行中①，如汉姓之采取②，夏历及汉人年节之遵行，汉话之学习③，汉人技术之学习④，均可见一斑。

六、近年来之社会变迁

傈僳近年来之社会变迁除以上所述之离乡与汉化两节外，其他最重要者为纯朴习性之消失。笔者于沧、怒两江沿岸旅行，时常闻各地汉人谓傈僳近来渐形狡猾。彼等此语或系就其与傈僳交易之经验而得之结论。盖傈僳因生计日蹙。近已不易被汉商剥削矣。但吾人仔细观察，傈僳因与汉人接触渐繁，对汉人之习俗渐多了解，故于应付之道亦有觉悟，又抗战以来，边民收入日减，支出日多⑤，故傈僳对各项非法负担亦不得不谋反抗逃避之道⑥，是其纯朴可欺之习性乃渐消失。

---

① 么些汉化程度较深，故傈僳与么些接触间接可收汉化之效。

② 傈僳姓氏汉化请参阅本报告《社会组织》章第二节第四目。

③ 傈僳汉话之学习，除平日交易之往来外，征调服役离乡或在地方团队服务之壮丁，对汉化之学习亦极见成效。而此辈壮丁除学习汉话外，其生活习惯及意识，亦有一部分汉化。如笔者于福贡设治区遇一傈僳乡长，此人因曾随军外出多年，故此时非徒汉话流利，抑且不愿他人称其为傈僳族。

④ 傈僳原本不识煮酒，故汉人多利用傈僳嗜酒之习性，煮酒放账。近来傈僳虽有自行煮酒者，但系习之汉人。

⑤ 请参阅本报告《经济生活》章第十六节。

⑥ 近年来维西傈僳对乡保长之渎职舞弊者控告检举渐多。又傈僳因不堪各种负担而迁往他处者为数亦多。见本章第四节。

近年以来，傈僳社会尚有一重要之变迁，即因欲避免兵役之负担而使家人分居析爨。傈僳家庭以前有父母兄弟长期同居者，但近年来兄弟能分别独立营生时必定分爨。父母对其甫能自立之子侄亦多令其另立门户，以免兵役之负担。此为抗战期傈僳社会重要变迁之一。

福贡设治区调查报告

一、本区包括地域

本区共分四乡，曰章化、曰龙马、曰定边、曰普利。

二、本区住民状况

（一）居民种类

1. 民族名称：本区居民分汉人、怒子、傈僳三种。

2. 分布地区及人数：

（1）汉人：各乡均有，大多数系经营商业、一小半为公务员及其眷属，全数约四百人，占本区人数的十分之零点三左右。

（2）怒子：原为本区之土著，后因傈僳自怒江下游及澜沧江流域各县区徙入，怒子多向高黎贡山以西未定界内及怒江上游迁移。现本区内之怒子分布以章化乡之木姑甲、木能阿尼岔、贡泉、连记甸、腊乌等较多。其他各乡虽有（如定边乡之阿左洛）但大多数怒子之语言习俗等已与傈僳同化，不易分别。据笔者估计，本区怒子之总数约1 500人左右，占全区人口总数十分之一。

（3）傈僳：为构成本区人口之主要分子，各乡均有。

普通人对住居怒江沿岸之人多称怒子，其实此辈被称为怒子者大多为傈僳，人数约在12 000左右，占本区人口总数十分之八点七。

兹为阅者明了本区各乡人口分布情形起见，将福贡设治局所作之全区户口统计列表如图：

乡名	章化乡	龙马乡	定边乡	普利乡	全属共四乡
户数（户）	1 200	1 044	769	867	3 881
男数（人）	2 603	2 103	1 283	1 844	7 829
女数（人）	2 578	2 305	1 362	1 380	7 033

3. 居住本境之沿革：福贡设治较贡山为晚，光绪卅一年（1905 年，德人布伦胡担）游历怒江流域、至上帕村南之腊乌被戕。我政府虽曾派兵剿办，但未正式设官。民国元年（1912 年），滇军第二师师长李根远驻防滇西，委任宗熙、景绍武、何泽远为筹办怒俅殖边事务正付委员长率领殖边队（约八十名）拓殖福贡，敉平叛乱。民国五年（1916 年）九月正式设治。汉人之居本区者当自民元始。其后或系从落籍者或由经商徙入，或由游宦寄迹。至怒子则为本区之土著，而傈僳之来源，据本地传说，系自怒江下游及沧江沿岸各县区徙入，其详可参阅《贡山调查报告》。

（二）各民族间之关系

1. 政治的关系：本区各民族中过去以傈僳最为强悍，其中之若干部落，曾轮流统治怒江流域，目前则政权多操于汉人之手。唯傈僳充任乡长者，仍占半数，充任保甲长者更多，此盖傈僳人数较多有以致之。

2. 婚姻的关系：木区各民族婚姻之关系以怒子与傈僳较为密切，彼此之间通婚者屡见不鲜。至汉人间有娶傈僳女为妻妾者但无以女妻傈僳。

3. 经济方面：本区之经济权多操于汉人之手中，而汉商之中以鹤庆籍者占绝大多数，丽江大理等地者亦有。若干日用必需品（如盐、糖、茶、布匹、针线等）系由汉商由外地输入，即本地之土产亦多由汉商操纵贩卖。边民平时虽可直接至澜沧江沿岸至南坪所属之维登、营盘两街买卖货物，但其交易之对象，仍系汉人，且前往赶街时尚须受若干之剥削刁难（详见本报告第十三章）。至冬季，本区对外交通道路被大雪封阻，本区汉商复可完全垄断。此时傈僳怒子若有需求必须至汉商处购买。若因需款而须出售土产或供货，亦须必至汉商处设法，于是此时商人可大显神通。此间所称之汉商，实际包括有其他职务而以经商为付业的在内。

4. 对设治局的关系：本区各边民与设治局之关系，尚称密切，盖本区所属地域均相接连，故统治上较为方便。福贡前后共经三次武力压制①，故边民对当局颇称畏惧，诸项政令推行尚称便利。

三、政治改革

（一）对现有行政制度之意见

1. 各县局区域之划分，是否适当，有无改变之必要。本区北以极乐梁子与贡山入口界，南与碧江接壤，东与碧罗雪山与维西、南坪分界，西越高黎贡山即属未定界，区域划分，尚称适当，现无改变之必要。

---

① 第一次为光绪三十一年，第二次为民国元年，第三次为民国二十四年，因行政委员史国英苛虐无道，傈僳乃聚戕之，后经政府派兵剿办。

2. 县局所在地是否适当，有无迁移之必要。福贡设治局驻地之上帕村，人户较多，地势平坦，与碧江、维西、南坪等交通亦称便利，现时尚无迁移之必要。

3. 境内设治局应否改建为县。本区人口据设治局发表者为3 881户，但据一般人估计，似尚超过此数。本区面积约八万余方里，且物产亦较贡山为丰饶，是笔者主张在适当时机将福贡改为县治①，县府仍设于上帕村。

4. 为求达到开发边疆之目的，本区内有增设行政专员或其他行政机构之必要（本节请参阅贡调查报告第三章（4）节和第十三章第（1）节)。

（二）行政官吏

行政官吏本区之情形与贡山相若，故本目参阅贡山调查报告。

（三）土司问题

本区过去虽曾由各民族中有力量的酋长统治，但并无世袭之土官存在②。

四、交通建设

（一）本境内现有交通情形

---

① 贡山暂不改县之理由已见贡山调查报告，至若主张将贡山福贡合并为一县，笔者亦不赞同。盖二区合并后，南北长达八百里，东西宽约三百余里（自碧罗山顶算至高黎贡山山顶，实际上住人者不及二百里）是行政上必感不便，如贡山改建县治应待国界划定后将高黎贡山以西之地域划一部归贡山以增加贡山之人力及财富。

② 本地内无世袭之土官存在。逊清中叶以后，本区由维西厅属之康普女千总禾悃之后（王姓）及临城土把总王家（住居本村现称永安村）分管，目前本区之普利乡定边乡之北段，大致由康普王姓管理；定边乡下段及龙马、章化两乡，由本村王家管理。

本区现时之交通情形与贡山相同，唯道路较贡山更为难行，兹将本区主要之驿运路线叙述其后：

1. 福碧路：由福贡至碧江，沿怒江南行全长约二百六十里，三日可达，道路尚可。

2. 福贡路：由福贡至贡山，沿怒江北行，全长约六百里，九日可达。道路欠佳，尤以福贡定边乡之利沙底至普利乡之极乐梁子一段最为难行，若干地段，除有所谓之"天桥"[①] 外并有"天梯"[②] 一处。人行其地，惊险万分。至由极乐梁子至贡山设治局所在地之打拉村各种情形，已见贡山调查报告，兹不赘述。

3. 福维路：由福贡至维西共有四路。第一由上帕北行至龙马乡之挖咱转东翻越碧落雪山（怒江之脉）至南坪属之富川渡澜沧江后再翻碧罗雪山（云岭之脉）至维西县城，由挖咱至富川一段（共行程三日）未曾修过，异常难行。西端之路曾修理较易通行。此路全长约三百八十里，经六日可达。第二路由上帕北行至定边乡之利沙底，转东翻越碧罗雪山至维西共济乡之吉岔，然后由吉岔渡澜沧江至白济汛，顺德钦维西驿运路至维西县城。此路全长约四百二十里，七日可达。第三路由上帕北行至普利乡之马吉，转东翻越碧罗雪山至维西属之康普乡老厂，然后循德钦维西驿运路至维西县城（此路中段最近修过）全长约四百八十里，八日可达。

---

① 天桥系以树枝、木板和竹杆沿石岩搭建而成，其两端缚于石岩之树上，其下临空，故称天桥。

② 天梯在普利乡马吉村以南约十余里，原因道路至此处无法通行，乃设置梯子一具，人由此梯爬至下路继续行进。其附近尚有天桥数处，尤增惊险之程度。

第四路由普利乡之戈当至维西康普乡之岩瓦，三日可达，但未经修过。

4. 福求路：指由福贡至求江下游者，共有三路，第一路由章化乡之姑且村（在怒江西岸上帕村之西南地图上作贡泉）至高黎贡山以西之拉布。第二路由定边乡之恩木至高黎贡山以西之哈拉底。第三路由普利乡之老袜打至高黎贡山以西之拉吉。以上各路均约有三百里，四日可达。

（二）必要修筑之公路和铁路

本区山脉起伏，平地极少修筑公路铁路，不易进行，本目从略。

（三）驿运之改进办法

参阅《贡山调查报告》第四章（4）目。至目前本区极待修筑之道路为由定边乡之利沙底至普利乡之极乐梁子一段。此路修毕后再修由福贡至高黎贡山以西之道路，以便我政府经营未定界之需。

五、卫生设备

（一）本境内流行之疾病及民间治疗之方法

略同贡山，请参阅《贡山调查报告》、《维西调查报告》。

（二）现有卫生设备

1. 卫生院：民国三十三年（1944 年）九月，省卫生处派董恩敬医师至福贡筹组卫生院，但因本地应负担筹备费，不能筹出而无结果，故本县卫生院尚未成立。

2. 医师：无。

3. 私人开业之医生：本区省立实验中心学校校长周键略懂中医，又商人潘奠卿懂医，兼有药材，至西医方面尚付阙如。

（三）应添设卫生院或诊疗所之地点

本区卫生院应建立于设治局所在地之上帕村，盖此地人口最多，交通便利。在定边乡之利沙底可设诊疗所一个，因此地人口亦较多且为由福贡前往贡山、维西、求江之要道。

（四）本区无单独建立中心医院之必要

笔者主张本区与贡山合办中心医院一所，设于本区定边乡之利沙底。该院设备应求完全，应首先对本区流行之疾病，设法防治。

（五）实施环境卫生之办法

本节可参阅《贡山调查报告》。

六、土地及屯垦

（一）本境内农业概况

1. 气候及土质：本区多为黑褐色沙土，土质疏松，里层多石砾，仅适刀耕火种，且须轮栽、间歇以恢复地力，故广种薄收，出产不多。至于气候方面，尚无精确记录。据省立福贡章化乡实验中心学校之材料，上帕村冬春两季午间之气候约在华氏表五十五度之间，夜间约在四十七度，夏秋两季午间气温约华氏九十度，夜间约七十度，全年平均约在六十度余。

雨量：春季（农历一、二、三月）雨水较多，常连绵月余不晴，每年豆麦不能收获，交春不能耕作，边民粮食缺乏，主因在此。

2. 适宜栽种之农产：本区适宜栽种之农产略同贡山。（请参阅《贡山调查报告》），本区平坝是稻谷出产量较贡山为大之区。至于平坝分布之地点。（请参考本报告附地图，盖怒江沿岸，道路两旁均可栽种也）又本区之普利乡马吉村，附近种有麦类植物名曰“巴戛”，枝叶与麦同，果色外皮为紫色，内皮为黄色，形状与麦粒相若，可供食用。

3. 耕种方法：本境人民现行之耕种方法，与贡山相仿（请参阅《贡山调查报告》）。

4. 农事改进之意见：本区气候较贡山为热，故沿江平坝中可于稻谷收割后再种小麦，以增加粮食产量。至于其他，请参阅《贡山调查报告》。

（二）荒地

本区情形与贡山相同。

（三）垦民

见《贡山调查报告》。

（四）肥料

同上。

七、畜牧

（一）牧场所在地及面积

本区情形与贡山相若。（请参阅《贡山调查报告》）

本区适于牧畜之生长，有羊牛猪鸡。

（二）现实民间畜牧情形

本区人民牧养之生物以猪鸡为多，大致每家均有。至于牛羊，则数目较少。详细数目现未统计。本区与贡山牧养牛羊尚有一特殊现象，即牛羊时常于山岩跌死，因本区之平地甚少，故牛羊乃有此厄运，本两区之牛羊皮多系跌死后而剥下售者。

八、森林和经济植物

（一）森林

1. 种类及数量：本区森林亦以松、杉、栗、竹为多，至于高山上则以羊齿草（俗称蕨菜）、野杜鹃为多，又桑树巴蕉树亦有少数，至于各种树木之数量则无统计。

2. 采伐计划：采伐本区森林之前，应先将本区森林种类及其分布地点，详细调查，然后按需要之种类与数量分区采伐。

3. 运输计划：本区道路失修，故木材运输，除驮运和人力背负外，应设法利用水运。

4. 应用计划：请参阅《贡山调查报告》。

5. 植树计划：本区原始树林尚多，故对普通树木暂无增植之必要。

（二）天然经济植物

1. 名称：本区天然之经济植物为橡树、漆树、核桃树、香菌、木耳、黄莲（分野生栽生两种，本处亦指野生者而言）、猪苓、虫草等。

2. 产量：橡树油，木漆产量甚少。一因此种树木为数不多，二因边民以漆树籽所榨之油作为食油。漆树如由漆树身取漆后，漆树籽即少丰实也。核桃油亦多充食用，产量无统计。黄莲、猪苓、茯苓、虫草均作药用，故其产量视中药之销路畅塞而异。

据福贡设治局建设股估计，现时茯苓年产约千余斤，虫草年产约二百余斤。

3. 用途：漆油木器用，漆油、核桃油、香菌、木耳，供作食用，其他各物均供药用。

4. 价值：参阅《贡山调查报告》。

5. 民间采药方法：参阅《维西、贡山两区调查报告》。

九、矿产

（一）境内矿产调查

本区矿产无精确之调查，就笔者沿途所见及当地人民传说者，计有云母、铬铁、石墨等矿藏。由贡山至福贡途中所见之云母片者颇多，在西之定边乡利沙底藏有墨矿，铁矿在普利乡之马吉及布施附近之害比洛均有。

（二）已否开采过

本区矿产曾开采过者为铬、铁二矿，铬厂于民国十九年（1930年）经地方人集资开采，后因办理人无意经营而停闭。铁厂曾办过两次，一次在民国十一、二年（1922—1923年），系贡山之茨开汉商杨启昌集资在害比洛采得二千斤左右。另一次系杨君于民国十三、四年（1924—1925年）在马吉开采，采得二千余斤。后因出产量少，且销路不畅即停采。至于云母、石墨则因其主要蕴藏地未发现，故迄今未开采。

（三）开采意见

本境各矿之品质及蕴藏量未经确实之调查，故应由有关方面延聘专门人员前往调查，以决定各矿之开采价值。至于决定开采后资金、经营方式、技术工人等问题的解决可参阅《贡山调查报告》第九章（三）目叙述云母厂之一段。

十、水利

（一）河流

1. 名称：经流地、长度、深度、河身宽度。本区流域中最大者为怒江，由本区与贡山交界之极乐梁子流入自茂马底注入碧江境，全长约四百里。深度不详，河身宽度亦随地形与季节而异，平均在五十至六十公尺左右。至于其他由碧罗雪山与高黎贡山流入怒江者为数甚多，就笔者记忆所及，由碧罗雪山流入怒江者约在二十条以上。由北而南，其名称为“不腊”、“姑打”、“巴司铎”、“娃吉都”“移都杜”、“利沙底”、“海皮底”、“麦呈”、“拉那格”、“阿觉洛”、“咱里”、“结撤”、“阿色都”、“龙马登”、“以思得”、“打普鲁”、“腊柱底”、“怒且”、“拓索思”、“结木节”、“阿叉底”、“巴拉娃”。由高黎贡山流入怒江者约在十五条以上，由北而南，其名为“撑底”、“思普渡”、“依俱”、“立次”、“勒买得多”、“里勃”、“阿摩”、“促布鲁”、“施格木”、“嗄布”、“祈左洛”、“古木”、“海课扒”、“拉土底”、“姑且”、“阿泥洽”。至于各江之长度不一，由怒江前往，各河之发源地需三日至五日程，深度随地段与季节而异，由半公尺至二公尺不等，宽度由二公尺至八公尺不等。

2. 水流急缓及礁石叠水情形：怒江水流较各小河为缓，礁石有一二处，系江旁山上所滚下之大石，叠水无，至各小河之礁石及叠水颇多。

3. 本区有否可通航地段：本区各河有无通航者，依水流速度及礁石叠水等情形观测，本区各小河无通航可能，且怒江有否通航可能应先由水利人员实地调查以后决定。

4. 灌溉利益：本区各小河在其流域内均可灌溉田亩，至于怒江则难加以利用。

5. 可利用之水力：本境各河之水力未见利用者（水磨未曾发现），依笔者观察，区内无可利用之水力。

（二）湖沼

本区湖沼，据笔者所见者共有四处。设治局所在之上帕村有两个长宽各约百余公尺，可灌田。又笔者至龙马乡——挖咱至南坪县属之富川，翻越碧罗雪山丫口阿琪里时见有水塘两个：一在丫口之西，长约四百公尺，宽约二百公尺；一在丫口之东北，长约一千二百公尺，宽约三百公尺，为南坪七浦河之水源。本两沼无灌溉利益，水产品亦无。

十一、文化教育

（一）文化现状

1. 人民文化知识程度：本区因设治较晚，教育尚未普及，故人民知识程度极为落后。据三十三年福贡设治局调查，全区普通户之识字者，共有 218 人，约占全区人口总数百分之一点五。公共户中识字者约 150 人。

2. 现有教育机关及施教情形：本区现有之教育机关仅小学数所，在上帕村设有省立福贡章化乡实验中心学校一所，民国二十五年（1936 年）八月筹备，民国三十年（1941 年）改今名。现时该校仅有教室一间，设备简陋，十一月初尚未见有学生上课。据说该校有分校二处，学生共有150名。另上帕村有中心学校一所，自民国三十三年（1944年）秋季十一月一日开学起，设治局拟对该校学生供给衣食被等，可长期在校就读，学生暂定30名左右。另全区有国民校十二校，六校为保立，六校为联保设立。全部学生总数约二百八十名。教育经费共为五十七万余元。

3. 边民是否另有语言文字及其应用情形如何：怒子、傈僳等均有其本族之语言，唯文字则无。其信奉耶稣教者多识傅能红所创之拼音字，全区识此种文字者约计二千人。

4. 宗教机关对于边民教育文化之关系：本区有神召会之传教士在各乡活动。加拿大教师马导民在福贡工作三十一年，因缅战关系才去印度暂住。现国籍传教士杨雨楼君在福贡从事传教活动。杨雨楼，昆明人，现年四十五岁，民国九年（1920年）即随马来福贡，神召会未办学校，唯对教友，则以拼音文字传授教义，故对本属文化教育之影响，关系甚少，至于传教士对本区文化教育之影响，可参阅《贡山调查报告》。

（二）改进办法

1. 如何使边民乐于就学：边民生活困难，就学读书影响其农时，毕业后复未增加其生活知识和技能。故如欲使边民乐于就学，必须对就学者予以优待，如供给其衣食等，并应对就学方式与教材内容酌予改变。其详请参阅《维西、贡山两县区调查报告》。

2. 本境内应设立之学校之种类，所在地，理由及办法：本区现无增设学校之必要，而应积极充实省立小学与已设之各国民学校，至于未设立学校之各保，应限期成立。其他可参阅《贡山调查报告》。

3. 本境内应设立之民教馆及其他文化机构：本境尚无设立民教馆之必要，应先设立巡回施教队。其详可参阅《贡山调查报告》。

4. 边民语言、文字之利用及废除问题：边民语言一时不予废除。但交通便利各方往来之人增多后，边民学汉语者必日趋普遍。至于文字方面，则边民实际尚无文字，观用之拼音文字如无其他文字代替，不妨暂时利用。

十二、民生

（一）现时民生状况

1. 边民依赖为生之事业：本区边民依赖为生之事业与贡山边民依赖为生之事业大致相同，可参阅《贡山调查报告》。唯福贡边民尚有一种付业可弥补其生活支出之一部分，即代客商或公务员背负商货、行李至各处。普通脚价每日约为滇铸银币五角，故如一年中背负十日约可上纳政府赋税之大半。

2. 社会一般民生状况之富有、小康、赤贫之大略统计：本区人民贫者居多。依笔者之大略统计，富有者只二十户，其中大半为汉人（在福贡经商或游宦者），小康约只百余家，其余三千七百户均为赤贫，其一年辛苦之所得只能糊口。

3. 不能生活之人民对地方所发生之危害情形：本节请参阅《贡山调查报告》。

4. 生活富裕之家多余财富之应用处理情形：本节请参阅《贡山调查报告》。

（二）民生改进

1. 现有生产事业可否使之改进而增加生产：本区之矿产经过详确调查后或有开采之价值（参阅本报告第九章）。至于其他可能改进之生产事业，因其情形与贡山相若，故请参阅《贡山调查报告》。

2. 民间可能举办而尚未举办之生产事业为何，应如何倡导：本区情形与贡山相若，故：（1）开辟规模较大之果园；（2）设立造纸厂。二项均可参阅《贡山调查报告》所叙述者酌量实施。尚有二事本区可进行者，即设立制糖厂与制药厂是也。前者盖因本县气候较贡山温暖，甘蔗可以栽种，今后如能由建厅派人指导区属人民大量栽种，则可在本区设立制糖厂一所，以供应本区及其附近地区之食糖需要。后者盖因本区及其附近地区出产黄连、贝母、知母、猪苓、茯苓、熊胆、麝香等颇多，今后如能在福贡设立制药厂一所，如对上列各种药材予以精制或提炼，其有效成分则非徒输出较便，即本区及其附近地区之人民亦可受惠不浅。

3. 如何解决不能生活者之生活：请参阅《贡山调查报告》所列举之办法。

4. 如何指导富裕者合法应用财富：可参阅《贡山调查报告》。

5. 本境内缺乏之生活物品如何补救：本区缺乏生活之物品为盐、茶、糖、布、针线、纸张、铁锅之脚架等。由鹤庆、南坪、维西等县输入或经由汉商自更远之地输入。又澜沧江沿岸南坪县属之维登街（每月初五、十九为街期）、营盘街（初十、二十四为街期，均以农历计算）、亦为边民常往买卖之地。

十三、其他开发方案

本区情形与贡山相若，其他开发方案，请参阅《贡山调查报告》。

贡山设治区调查报告

一、本区包括地域

本区共分四乡：曰达拉、曰茨开、曰菩拉、曰孟顶。

二、本区居民状况

（一）住民种类

1. 民族名称：

本区住民共分汉人、古宗、怒子、俅子、傈僳五种。

2. 分布地区及人数：

（1）汉人：各乡均有。大多数系经营商业，小半为公务员及其眷属。全数约三百人，占全区人民之0.3%。

（2）古宗：居住于本区北部毗连西康属地之达拉乡。全数约八百余人，占本区人口总数之0.8%。

（3）怒子：与古宗杂居于本区之达拉乡。大致由南而北怒子人数渐减；由此而南古宗人数逐减。本区茨开乡北部亦有一部分怒子。全区共约二千人，约占贡山人总数之20%。

（4）俅子：居住于高黎贡之西俅江流域，现为贡山设治局之孟顶乡。该乡人数调查难得确数，盖孟顶乡名义上虽属贡山设治局，然实际与设治局之关系甚为疏远，且边地遇户口调查时，每每以多报少，以图减少负担。据设治局调查，全属俅子共 1 404 人。据笔者参阅其他记载并照商人传说，估计本属傈子约在 2 000 人以上，占全区人口 20%。

（5）僳僳：居住于本属菩拉、茨开二乡者较多，孟顶、达拉二乡也有一部分。盖普通人对僳僳与怒子不加辨别，凡居住怒江者均通称怒子。全区僳僳人数共约 5 000 余人，均占贡山全人口 50%。

兹为阅者明瞭本区各乡人口分布情形起见，特将贡山设治局所作之全区户口统计列表于下。

贡山设治局户口统计表

乡　别	户数（户）	人数（人）	
		男	女
达拉乡	587	1 470	1 410
茨开乡	680	1 610	1 625
菩拉乡	648	1 494	1 382
孟定乡	212	807	597
合　计	2 128	5 387	5 014

（注：前述之汉人中实际有一部分属么些与民家人，但彼等自认为汉人，一般人亦以汉人称之，故本文未加分述）

3. 居住本境之沿革

（1）汉人：本属所有之汉人系经商而来，少数系为宦或从戎来此落籍者，又有一部分系因犯案或逃婚①而来此地定居者。汉人来贡山始自清末叶，距今只百年左右，盖怒江流域交通既

① 居住澜沧江之人民遇有婚姻上发生纠纷时，多携同其婚姻之对方迁至怒江居住，以避免有关方面之干预而完成其幸福之理想。此种事件在澜沧沿岸称为“拐带人口”。

极其困难夷民又极强悍[①]，是以汉人不易进内。

（2）古宗族似为贡山之土著：盖贡山毗连西康属地，[②] 实际为西藏势力所支配，区内之怒子曾一度归藏官统治，故古宗居住本区由来已久，堪称土著。

（3）怒子族亦可称为贡山之土著：盖目前虽有人称怒子，系由云南以北徙至贡山者。但其徙入之年代已不可考，是吾人只得暂时假定其为贡山土著。

（4）傈僳：本族系由外地徙入，其时期尚在怒子之后。唯傈僳由何处徙入贡山，则其说不一[③]。

（5）俅子：本族居住贡山之沿革尚欠明瞭。有谓俅子系由西藏徙入，亦有依语言关系将俅子列入缅支者然目前尚无定论。吾人姑假定俅子亦为贡山土著之一。

（二）各民族间之关系

---

① 光绪三十一年（1905 年），德人布伦胡带从者数人由泸水沿怒江而上，以狩猎游历为名，意在调查各地情形。走到福贡所属之腊乌村（距今福贡设治局五里，乃最强悍之怒民所属之地），被怒民数百人围杀之，将其携带的枪支、器具全数没收，后启外交纠纷。清政府虽曾发兵进剿，但仅以办了此件事为止，并未久驻怒江，进求拓殖。

② 民国十二年（1923 年）时，西康察瓦龙方面曾派人来贡山与地方交涉向怒子征收粮赋事。目前孟顶乡每年除须向贡山设治局缴少数赋税外，并须向察瓦龙头人纳赋税。此事容于本报告第十三章叙述之。

③ 傈僳之来源尚无定论。德人克勒税纳于民国十九年（1930 年）率中山大学地理学系学生作云南之地理考察，归而报告其经历，内有关于傈僳种族之考源曰：“黎苏人即傈僳”，乃藏缅族之一支。彼等现在继续向南迁移，其居地为高山，与住于山谷低地之掸人恰成一对照（报告之 19 页）。据其推测，则傈僳非云南土著系北方藏缅族支流陆续自北向南推徙者。国内语言学者罗莘田先生亦将傈僳列入藏缅语系。笔者此次到贡山调查，本拟对境内傈僳迁徙路线略加探求，但因本族无文字记载，对过去事迹各凭口头传述，而其口头传说又不一致。若据其人种来源之神话中推测，傈僳由怒江上游迁来；但据一般人之叙述，则又有谓其先辈来自怒江下游或由澜沧江流域徙入者。

1. 政治的关系

贡山未设治前归维西厅属之土司管治，土司管治以前则各部族间互争长短，起伏无常，因傈傈部族较为强悍，故傈傈治怒子、俅子之时间较久。又因贡山北部接近西康，故西康察瓦龙地方（实际上为西藏政教势力范围）之古宗亦曾一度统治贡山之怒子（见 164 页注②）。至目前则汉人在政治上之地位较高，唯达拉乡之乡保甲长多为古宗与怒子，而孟顶乡之头人又系俅子，是以各民族参与政治之机会尚属平均。

2. 婚姻关系

汉人有娶傈傈女子者。唯汉人女子未闻有嫁傈傈者。至怒子与傈傈通婚者较多，至古宗与怒子因地位接连，亦有通婚者。俅子虽远处高黎贡山之西，但以语言、风俗与怒子、傈傈相近，亦有相互通婚者。但各宗族仍以族内婚姻占大多数。

3. 经济关系

贡山属境内各民族间之经济关系颇欠合理，盖汉人与古宗人处于垄断者之立场，而怒子、俅子等均处于被压迫之地位。外地出产之茶、糖、盐、布、针、线、纸、香、铁器、杂货固多由汉商自维西、兰坪贩进，鹤庆、丽江等地输入，牛羊等牲畜亦多由维西、兰坪贩进（此等牲畜与铜锅、铁三角架多用作订婚时之聘礼）贡山出产兽皮、麝香、黄连、木耳、黄金（多出产于俅江流域，系自江中淘出，亦有自山中挖取者）。至俅子因须向贡山设治局及西康察瓦龙土官两方面上纳赋税[①]故其生活

① 孟顶乡上纳与贡山设治局之赋税均为实物，每年缴纳一次，昔称俅贡。目前改称团费，实际所收者均归地方官吏享用。而由地方官对来署之当地头人或俅民代表予以普通饮食之款待，并略赠回程伙食，以示彼此间之主属关系。

尤为痛苦。

4. 对县局所发生的关系

贡山设治局对所属达拉、茨开、菩拉各乡虽可统驭，但因地方行政官吏及中下级干部缺乏朝气与建设心，加以民智落后，交通不便，故实际上居住于各乡之人民与设治局之关系仍疏；有之，则只单方面之缴纳款赋而已。至孟顶乡，因地位及传统之关系，则对设治局之关系更若断若续，名有实无。

兹将贡山设治局于民国二十八年（1939 年）俅贡收解办法列后以供参考。贡山民国二十八年（1939 年）收解办法如下：

俅贡办法

一、孟顶乡上段由拉卡塔至拉披，下段由拉披至木刻嘎。

二、上段由正乡长孔慕金收，下段由副乡长孟昆收。

三、全乡人民约计 210 户，除乡、保甲长及鳏寡孤独以外及赤贫者免纳外，实收 185 户。

四、每户就下列各种任交一种：1. 毛莲两小筒；2. 贝母三四两；3. 飞鼠皮两张；4. 鹿子皮一张；5. 黄蜡两块。

至孟顶乡上段义肯一带，（人数约六七十户）每年西康察瓦龙方面派人收税，下段俅子则须受傈僳之欺凌。李生庄先生在其《云南第一边疆区域内人种调查》一文中对此事亦有叙述，特摘录若干以供参考：察瓦龙土官苛虐异常，每年必来征收门户钱粮两三次，此外则土官家丁坐守拉卡塔等处，按户压卖沙盐、毛、布等物，值一售十。彼辈到境凡所带货物行囊皆勒派百姓背负，饮食亦勒派百姓供给，稍不如意，则鞭挞随之。压卖货价及至期不偿者，则利上加利。俅民觅得麝香、黄连等物，则彼辈以十折一之价收买，终年盘剥，务令其斗筲尺布无所余，盖察瓦龙俨然视俅子为其殖民地，以俅子为其剥夺之对象。又俅民风俗，每遇会期必宰牛买酒而又不能畜牛，察瓦龙乘其机，因自北驱牛南下售与俅民，不索其值，以人易之，大抵黄牛三条易俅民一人，而毛牛则只需两条即可易人一个。察瓦龙既将俅民用牛换去，即养以为奴，专操劳役，并公然辗转售卖，如曩日美洲人对黑奴然。俅民畏罹察瓦龙之横霸，虽有不愿，亦莫敢如何也。此为上江俅子之惨状。至于江尾俅子因与傈僳杂处，又常受傈僳之压迫征收所谓骨尸钱粮。傈僳称“骨尸钱粮”为“俄普骨牙”，缘傈僳性格蛮悍，凡其族人被人杀死或因病客死于外，即记为仇怨而不问理由，向其族人所死在地之附近住民寻衅，纠集群众烧杀抢劫，连年累月，讫未休止（查野人亦有此种恶性，尝有野人客死者，其族则纠集数百人分食毛牛肉，结队下山寻衅，与傈僳同）。俅子懦弱而傈僳常以同样手段对付，迫急无奈，只得认负赔偿而以征收为讲和条件。此项征收即为“尸骨钱粮”，每年照纳一份，按寨按户征收，子孙世代不绝。今俅子中上纳此项钱粮，年凡五六起或至十余起不等。俅子困极贫，而复加以种种繁重之征收，吾真不知其所可也。夫俅子江为我菖蒲桶属边地，乃系事实；然其地又在滇缅北段未定界之范围中，早有英人之足迹。英人对边民之笼络，盖无所不用其极。今则所谓俅子者，北被蹂于察瓦龙，南被欺于傈僳。俅子固我之边民而察瓦龙与傈僳亦皆我之边民，倘不思救济之方，吾恐为渊驱鱼，为丛驱雀，后事大难矣。宣统末年，片马头目等向察支那府请愿，愿为缅甸属民。前车之鉴不可忽也

（见《云南边地问题》上卷173）。

三、政治改革

（一）对现有行政制度之意见

1. 各县、局区域划分是否适当，有无改变之必要

本县共分四乡：菩拉、茨开、达拉三乡依次连接，改令之传达、交通往来尚称便利。唯县属之孟顶乡远在高黎贡山之西，由设治局所在地之达拉前往需六日程，交通极属不便，政令又难贯彻。今后如能在高黎贡山以西另设行政单位时，孟顶乡应自贡山设治局划出，否则目前贡山及邻属之浪人多借孟顶乡为违犯政令、作科犯法之胜地，贡山设计局亦无监督之能力。

2. 县府所在地是否适当、有无迁移之必要

贡山设治局所在地之达拉村，略嫌偏北。若为兼顾孟顶乡及防范康藏匪徒窜扰起见，尚属适当。如孟顶乡划出，康省治安无虞，则设治局迁至达拉以南二日程之茨开村较为适中。

3. 境内设治局无改建为县的可能

（1）人口甚少。据贡山设治局统计，全属仅2 217户、10 405人。如日后孟顶乡划出，则人数尚不足万人，似不够设县之条件。

（2）物产不丰。全县矿产较著者为厦拉传之云母，但其品质尚不见佳，开采之困难亦多。又因境内多山，故少农耕之利。山货土产数亦有限。现时人民生活极为穷困，人亦无改县之能力。

（3）地位重要。本区北临西康，西毗滇缅北段未定界，形

势极为重要。目前吾人应设法维持现有之人口[①]并应进一步争取未定界之人口，故应彻底澄清吏治，减轻人民负担，增进边民福利，收近悦远来之效。以现时情形而论，县属之人民负担较设治区为重而政治上之享受未必较设治区优越。故除前述之理由外，吾人以贡山现时所处之地方而论暂时尚无改县之必要。

（二）为求达到开发边疆之目的，本区内有无增设行政专员或其他行政机构之必要

为达到开发边疆之目的，本区应与怒江沿岸之福贡、碧江、泸水等设治区，联合设置《云南省民政厅边疆行政设计委员会西北区边疆行政设计委员会办事处》负责设计前述各政治区及滇缅未定界内之边疆行政及边疆开发事宜，并应给予若干执行上之权利或规定该办事处所设计或建议之事项。各设治局应尽量采纳施行。

（三）行政官吏

1. 针对本区域之特殊性言，本区内之行政官吏应以何种人员担任较为适宜：贡山北连西康（实际为西藏之势力），西毗滇缅北界未定界，形势异常重要，故应以熟谙藏缅等地情形或通晓英藏语文、兼具胆略者充任较为适宜。

2. 本区行政官吏应具备之基本条件如何：贡山形势重要而目前各种建设极为落后，故本区行政官吏应具备之基本条件为：

（1）年富力强。贡山交通困阻，道路艰险，建设落后，百

① 民国二十八年（1939 年）至民国二十九年（1940 年）贡山干旱，各乡傈僳迁往俅江者近百户，其后未全迁回。其他人口迁移情形可参阅笔者所撰之《维西边民之生活现状及其改进办法》。

废待举。若当地行政官吏体力衰弱，年龄高迈；则彼非徒对各种建设事业无进行之勇气，即县境各乡亦无亲履之可能。自民国迄今，贡山行政长官已历十四人，曾赴县属孟顶乡者只一二。其余各员路且怕走，遑论其他。故今后本区行政官吏应择年富力强者充任之。

（2）富有朝气及建设心者。边疆地方诸事落后，故行政官吏应具有朝气以期树立楷模，转移颓风，并应以自力自动之精神，从事地方政治，社会生产，各种建设。盖上级政府对边情每多隔膜；故地方应兴应革各事势难指示周详；纵有指示，亦未必适合当地环境。故本区行政官吏应富有朝气及建设心，俾可担负开发边疆之重任（某次笔者与某设治局长谈该区之交通情形时，彼谓现正计划邀请某外籍传教士指导修筑某路后，笔者晤某传教士时谈及此事，某传教士慨然曰："吹烟人办事那天办到才算数。"可见纵有建设心，若无朝气，则地方人对其观感已欠佳，姑无论其他。

（3）熟谙藏缅情形或通晓英藏语文。本区在地理上之特殊情形已见前述。故本区之行政官吏应熟谙藏缅情形，或通晓英藏语文，以应付本区之特殊情形，盖本区行政官吏施政之得失，其影响均不限于一时一地也。

本区中下级干部人才是否可能就地罗致。本区教育落后，但如中下级干部由外地邀请，则困难殊多。故笔者之意以就地取才为宜，盖任何地方中均有比较廉明精干之士。若地方最高行政长官礼贤下士，不患辅佐无人。

（四）土司问题

本区在逊清之际归维西厅所属之土司管治。据地方传说与文件记载，目前贡山南段似归维西居仁村之王土司家管治（大致由腊咱起到茨开止）。茨开以北及俅江流域则为维西康普喃土司家及叶枝之王土司家管治。而以叶枝王土司家辖地较广，权势较大。民国二十四年（1935 年）以前，彼家曾谋恢复土权，但未成功。民国二十四年（1935 年）以后，彼家未再作此尝试。目前本属除孟顶乡由旧日当地头人管治，并分受中英两方监督外，该乡为贡山所属，英人派人前往，系越权行为。其余各乡均无土司，至孟顶乡乡长孔志清为当地旧头人之子，曾经静生生物调查所俞季川先生介绍至中央政治学校大理分校肄业后，以其父病殁，乃归家，继任乡长，孔学识思想尚可，唯以年事较幼，故尚未获所属全体人民之诚服。吾人欲进一步经营孟顶乡，自应扶植孔某；如我国家无力或无意与英人竞争，则自谈不上此事。

四、交通建设

（一）本境内现有交通情形

本区现时之交通仅有驮运、人力背负与滑竿。唯驮运不如外地之方便，盖路面甚窄，坡度又大，是驮运之物件只限于少数粮食及一二口铁锅与三脚架。人力背负为贡山运输物件之最普通办法。每人可背五六十斤。长伕一日平均行六十里；短伕则遇村即换，所行里程不一。至滑竿为旅客代步之普通办法，盖旅行贡山骑马者少，除乘滑竿外，即多为步行。目前区内之道路，主要者为贯穿南北之县道，南起贡山、福贡交界之极乐梁子，北迄滇康交界之贡卡、贡觉，长约三百八十里。江东、江西均可行走。唯茨开以南江东路较好走，茨开以北江东江西路面互有优劣。至于过渡怒江，则留绳四时可渡。船只则只冬季江水下落时方可撑划，渡口较好者为达索（茨开以南）、比比利（茨开、达拉之间）、义栏（达拉以南）等地，至贡山与邻属之交通则最近已修通。贡山德钦之驿运路线系由贡山之达拉经双郎越庸之山至德钦之庸芝村，然后渡澜沧江经羊咱至德钦，五日可达。全长约三百四十里。又自贡山经双郎至白汉洛，翻越锡拉山至德钦属之茨中之道路，也经白汉洛天主堂安得助司抑修筑。全程三日可达，长约一百八十里，唯途中需露宿。自贡山至俅江流域共有五路，常走者为南中北三路。南路是由怒江西岸之茨开村，越山而至毒龙江之茂顶村。中路由达拉之南，翻山至毒龙江之雪洼塘。光绪三十四年，夏瑚即取此路。北路由达拉向北济菖蒲桶、瓦龙、四季桶，翻山而直达所且村。另二路、一路系沿滇康交界处前往，一由茨开南之吉大地村，经狄立落，言且达等处至俅江之木共。以上各路均约六日方能到达，全长约三百里。由贡山至维西，系沿怒江南下至腊咱（接近福贡），然后翻越碧罗雪山至维西康普乡之岩瓦，再南行三日至县城，全程约五百五十里。

（二）必要修筑之公路

（三）必要修筑之铁路

本区山脉起伏，平地极少，修筑公路、铁路不易进行，本两目从略。

（四）驿运之改进办法

目前各路都难以通行骡马，故商旅及公务人员往来如不步行即须乘坐滑竿。而货物、行装只能雇人背负，且道路中途无食宿站之设备，是行旅至感不便。今后应拓宽路面，俾骡马得以通行，而尤应于适当地点建筑房屋、储备燃料、食水以备旅客午间休息及夜晚住宿之用。燃料、食水可由当地或附近之村民担负，而应由旅客或政府酌筹若干费用，给付当地或附近之村民。尚有一事应加注意者，即道路每年应于秋冬之季修筑一次。盖本属道路完全依山修筑或迳系在山上修筑，是每经雨水之后，路面之沙石必被冲去一部，而路上端之砂石又滚下一部，将路面压盖，是以将路面破坏成“U”状，此时路面既窄，又复倾斜。故应由地方政府负责督率民工，按时培修，所需费用除利用地方公款公产外，尚可由商人捐募一部分。

五、卫生设施

（一）本境内流行之疾病

1. 疾病之种类及症状

本境流行之疾病为虐疾、肠寄生虫、疥疮、眼疾（结膜炎、砂眼与边民之火塘设备有关）、瘿带、痢疾、天花、梅毒性脱发症（由不洁之性交引起，患者时感剧烈之头痛）、呼吸系统疾病、脊柱卷曲（原因不一，有属于先天者，有属于后天者）。

2. 民间治疗方法

本属医药缺乏，民智落后，故一般边民罹染疾病后，多靠祈神禳鬼。最近数年内，美籍传教士莫尔仕（G. Rusel Mopsl）到贡传教兼施医药，故若干信教之边民亦渐习用药品。至边民中之染患天花者，间有靠隔离避免传染者。

（二）现有之卫生设备

1. 卫生院：本属卫生院尚未设立。民国三十三年（1944 年）九月，云南省卫生处调派丽江卫生院长李文训前往筹组，李因故未曾到职。民国三十三年（1944 年）十二月，云南省卫生院复改派郑宝长医师前往筹组，唯气候关系，郑医师尚未前往。

2. 医院：本区之私立医院无。民国三十三年（1944 年）十一月中缅印战区美国空军陆地救护组、滇康缅边境访寻救护站有女医师一人到贡山。该医师名史德（Dorothey Stealiug），颇有意在贡山或维西之叶枝乡办理医院一所，但目前尚未成立。

3. 私人开业医生：本区无正式开业之医生。但现任设治局局长李绍源与茨开乡乡长尹佐汤均略通医理，并备有若干中药，平时亦施济人。

（三）应添设卫生院或诊疗所之地点

本区地势狭长，人口稀少，卫生院只设一所，即敷需用。唯设院地点应在茨开村，盖其地位较为适中也。至诊疗所，则可在高黎贡山以西之孟顶乡设立一所，以便俅胞之患病者。

（四）可建立中心医院之地点

本区无建立中心医院之必要。

（五）实施环境卫生之办法

本区因地形狭长，人口稀疏，故卫生院成立后应酌采巡回医疗之办法。并应适时派人前往各乡为边民施种牛痘，注射各类疫苗，并宣传保健常识，改变边民人畜同居之习惯（贡山民房多用竹料作成，上层住人，楼下畜养牛、马、猪、羊、鸡、犬)。又应设法改进边民之火塘设备，以保障彼等之眼目健康。其余各项可参阅《维西调查报告》。

六、土地及屯垦

（一）本境内农事概况

1. 气候及土质：土地气候之情形，应根据长时期之记载。笔者此次赴贡山，拟向菩拉乡普格刊村美籍传教士莫尔仕及达拉乡白汉洛天主堂司铎安得助（Goeegen Andne）一询贡山之气候记录，惜莫赴印未归，而安则年来未作记录也。现所得只腊咱及达拉、茂顶三处之海拔数字，兹列附于后，以供参考：达拉（贡山设治局所在地）海拔 1 800 公尺，腊咱（往维西越碧罗雪山所至之第一个贡山村落）海拔 1 600 公尺，茂顶（孟顶乡南部要地）海拔 1 380 公尺。至于本区土质方面，据笔者观察，以沙土较多，尤以沿怒江两岸更属明显。唯其中有多量之腐朽植物质，因其色黑，当地人俗称“黑油沙土”。

2. 适宜栽种之农产：本区适宜栽种之农产，拟分两部分叙述：达拉、茨开、菩拉三乡，据笔者所见，农作物中以杂粮为多（包谷、荞麦、饭豆、赤豆、绿豆、洋芋、黄豆、无粟米、鸡脚稗），至于米、麦则甚少，只腊咱、茨开庸拉戛宾、珠罗等较大的坝子中，方有少数出产。至于俅江农作物情形，据已故人类学家陶云逵先生，在所著之《俅江纪程》中所记者为：俅江介于两山之间，实一小涧。俅子居于两山之麓，以山势甚陡，平坦之地甚少，故不宜于种米稻。然俅子偿可以辟去丛树，作大规模之山耕也。但大树参天，开辟匪易，于是只就居处附近作园艺，种些豆类及杂粮及少数麦子以自给，数年而后其所居之地力竭，乃迁居他处再辟若干，另筑新屋。所种杂粮，强能自给。但傈子嗜酒，其所种少数麦子，择其良者，以之酿酒，每育集会，必大量痛饮。于是，至秋冬之交，豆类、荞麦，不敷食时，便向汉人、藏人贷谷。此时则为诸族营利之好机会。（见《西南边疆》第14期第35页）

3. 本境人民现行之耕种方法：本区现行之耕种方法，除栽种稻麦之坝子，照普通之犁田、播种、施肥、耘草、灌溉、收割等步骤进行外，其余之杂粮，多以“刀耕火种”法进行，即先选定可资利用之山地，用刀将树木砍去，然后放火将野草及树枝树叶焚去，以便耕作，兼代施肥。此种方法所开辟之山地，称为“火山地”，开成后再行犁松，即可播种。唯施肥、除草、灌溉，多一概省略，故地力易趋穷尽。是每二三年后，必须另觅他地，再行开垦，故“火山地”实际为一种“偶耕地”。

4. 农事改进之意见：本区耕地因地形限制，故农事改进至感不便，如“火山地”之灌溉即无法实施；盖引水、储水本已困难，又加土地经水冲刷一次后，表层之泥土即被带去，使土地更趋瘠薄。故笔者之意，本区农事改进，应自施肥上入手。盖如肥料施放得宜，可使农产增加。而“火山地”使用之年代亦可延长，俾可减少边民消耗于农耕上之时间；可得以其余力从事于其他副业，以增加边民收入，而获改进边民生活之效。

（二）荒地

本区平坦可耕之地，为数甚少。其他之土地如勉强开辟，即成为前述之“火山地”。但“火山地”二三年后，即须丢弃另行开辟。故实际何者为荒地，何者为熟地，甚难分辨。盖以全区土地均未测量，故其亩积尤难估计。其致荒原因，为人口较少，且开辟不易，尤为主因。是今后虽增加人口，亦甚困难。盖地形上之限制，非人力所易克服者。

（三）垦民

本区土地依笔者考察所得，地实欠肥沃，区内大部边民，耗费大量之劳力，而所收获者甚少。故境内若有较好之可耕地，应由现有之垦民开垦。是本区无另行招致垦民之必要。

（四）肥料

1. 本地现用肥料之种类及来源：本区现用之肥料，简单大致言之，仅有绿肥及畜肥两种。绿肥系以植物之枝叶作为肥料。如普通边民开辟“火山地”时，以树木之桠枝、枯叶、蔓草焚烧，作为肥料。又有若干边民，于稻谷收割之后，将稻秆留置田中，焚烧成草灰作为肥料。至于畜肥，应用者不多。因本区之牲畜数目有限也。其次，人类亦为肥料来源之一。盖本区边民住屋，均无厕所设备，故大小便均排泄于野外，尤以离屋附近之莱圃中为多。

2. 开垦荒地所需大量肥料有无问题：本区可能开垦之荒地，似不多见。如欲开垦“火山地”而不用绿肥时，则需之肥料极成问题。

七、畜牧

（一）牧场所在地及面积

本区牲畜数目甚少，普通多在住舍附近饲养，牧草收割后，虽有驱至较远之处放牧者，但实际上，并无一定之牧场，大致均放养在田坝、山地中。故对牧场所在地及面积，难以估计。

（二）本境内适于牧畜之生物

适宜牧畜之生物为牛、羊、猪、鸡，盖其生物均为民所须用。至于马匹，因道路未修，故可资利用之处较少。

（三）现时民间畜牧情形

本区现时畜养之生物，为数甚少。据在本区经商多年并曾任菩拉乡乡长之解其详君估计，本区现有牛约二千头，平均每户一头。猪有五千头，平均每户两头。羊数与猪数相若，马约五十匹左右。据笔者沿途所见，此数与实际情形大致符合。

（四）改革及扩充意见

本区畜养物中，有扩充及改革之必要。据笔者之意见，为提倡大量畜养牛、羊。盖边民习俗，订婚之聘礼，均以牛、羊为主，迂有宴集，亦常以牛、羊招待。但目前本区所产者不多，是常有至邻属购买情事。又牛、羊奶汁，可供饮用，如各家饲养乳牛、乳羊，亦可以此弥补其营养之不足。又羊毛如能利用机器纺织，亦可解决边民一部分之衣料问题。至于增加牛、羊数目，可由政府贷予借款，鼓励边民按其需要购买。若欲改良品种，应由设计科方面购备种牛、种羊，免费与民间畜养者配种。

（五）兽疫预防及治疗之必要设备

本节请参阅《维西调查报告》。

（六）生产计划

兽力、肉、乳、皮毛等之利用。本区之牛多用于农耕。至于牛、羊乳汁并羊毛之利用，已详本目（四）节，兹不赘述。

八、植物生产

（一）森林

1. 种类及数量：本区森林以松、栗、杉、竹为大宗，而高山之处则多野杜鹃、羊齿草等植物。桦皮树、青杠树、构皮树亦有，但各树数量尚无统计。

2. 采伐计划：本区因人口较少，交通不便，故多数森林均未遭破坏。今后如欲采伐，必先拟订应用计划，视需要之种类与数量，分区采伐，俾使恢复较易，供应无缺。

3. 运输计划：木材锯解后，可由怒江顺流漂至若干集中地段，如腊咱（可至维西）、营盘街（可至兰坪）、云龙、保山等处，然后分别驮运或车运方式，输送至需用地点。

4. 应用计划：竹可造纸，松树亦可制造若干副产品，如松香、松节油、松烟等。以上各物，或就地设厂制造或将原料转运至邻近县区制造（请参阅《维西调查报告》），又可在适中地点设立锯木厂，以提取木醇及其他副产品。

5. 植树计划：本县森林颇称丰富。今后如能保护得宜，则短期内尚无植树之必要。

（二）天然经济植物

1. 名称：本区之天然经济植物为桐树、核桃树、漆树（茨开附近有）及黄连（腊咱附近产）、知母、贝母（茨开及贡山北部产）、猪苓、茯苓等，黄木耳、黑木耳亦略有出产。

2. 产量：前述各物之产量，无确实统计，因本区无固定之集散市场，而各物输出亦无确实统计之运销机构，只靠商人之零星收购，是其产量无精确统计。据本区某商人之估计，本区年产猪苓、茯苓共一万斤，黄连约二千斤。现姑无论各物之产量如何，但有一点可加说明者，即目下各物之产量远较以前为低。

3. 用途：桐树株数甚少，桐油尚无利用者。核桃油多供食用。木漆供漆饰木器用。漆树籽榨得之油仍以供边民食用为大宗，因核桃油之产量不多，而尚须消耗一部分于点灯，所以边民仍以漆油为大宗。迩来古宗同胞调制酥油茶时，亦多以漆油代替酥油，盖边民之生活标准正趋降低也。至黄连、贝母、知母、猪苓、茯苓等均供药用。

4. 价值：本区所产各物，目前价格略为固定者为黄连。现时在维登街、营盘街（沿澜沧江、均兰坪属，前者每月初五、十九为街期，后者每月初十、二十四为街期，均照农历计算）两处，黄连每斤售滇铸银币半元，折合法币一百伍十元，至于猪苓、茯苓则每斤合法币三十元。

5. 民间采集方法及改革意见：核桃油及漆油之制作方法，已见《维西调查报告》。至于黄连、贝母、知母、猪苓、茯苓等，多系由山中挖取。

（三）本境内适于培植之经济植物

本区适宜培植之经济植物，据笔者所见，约有茶树、桐树、苧麻、果树（苹果树、黄果树、桃树、梨树、葡萄树等）、木棉、花生等数种。苧麻、黄果、梨树、桃树、花生等本区已有种植，今后应奖励边民推广种植面积，改良产品制造①，设法改良品种（如果树可用接枝等法改良品种），则可获利不浅。盖产品除自用外，尚可输出也。至于茶、桐、木棉等，可先行试种。种苗由政府发给，俟有成效再行推广。

九、矿产

（一）境内矿产调查

本区矿产之中，经地质人员调查者，只云母一种。该矿分布颇广，自菩拉底以上至达拉一带，沿途均有云母页岩之发现，但储量不丰，品质亦逊。目前一般人认为：矿质较佳，储量较丰之云母矿，系在茨开乡之戛拉博与牛郎当②中间之小山上。至于人民传说之矿产，尚有金、银、铁。金矿多产于未定界内，本区之孟顶乡亦有少数。银、铁两项，传闻茨开西北之普拉河箐中蕴藏颇丰。又茨开以南之打戛，传亦产铁，但未经详细调查，确情不知。

（二）已否开采过，开采情形及停闭原因

本区各矿开采情形如下述：

1. 云母：民国二十八年（1939 年），云南火磺统销处丽江办事处主持人江茂樾君，受昆明友人委托，在本省西北各县区访寻云母。江于是年七月至贡山，在前述矿区发现云母，是年

---

① 本区傈僳边民之衣料全为麻布。此项麻布自纺自织，唯以人工所限，多种亦不能利用。今如提倡边民以机器纺织，则生产剩余之麻布当可出售。

② 戛拉博牛郎当均怒江东岸，由腊咱村（由维西康普乡之岩瓦翻越怒山后所到贡山之第一村）前往，计二日程。

十月呈报建设厅备案。民国二十九年（1940年）春，江君在昆邀集股东，筹划开采事宜。民国二十九年（1940年）六月，江君二次进入贡山采挖三驮（约合360斤）。其后，丽江又有股东参加组织百特矿务公司，大量开采，自计民国二十九年（1940年）六月至民国三十二年（1943年）九月止，共采得150驮(一驮约120斤)。该厂工人因农事关系，未能全年工作；该厂主持人，又因营业运输等关系未能长期驻厂；且冬季山路被雪封阻后，进出贡山至感不便；又以该矿完全以人工开采；故产量乃不甚多。民国三十三年（1944年）十月，资委会云南出品矿产运销处，派工程师苗树屏前往该处，调查百特矿务公司，贡山云母厂厂长江茂樾偕往。苗江二君，已于12月返昆。今后一俟技术、销路、经营方式等问题解决后，即可继续开采。目前该厂只留职员一人住贡山。

2. 金矿：现未定界内，产金最多之处为岔角江沿岸之拉打阁，有砂金（江中陶洗）与瓜金（挖取旧日曾为江底之砂石然后以水陶滤）两种。

3. 银：据本地人传说：茨开村西北之普拉河箐产银，清末曾大规模开采一次，后即未再开采。唯该地详情如何，未经地质人员前往查勘，尚不知悉。

4. 铁矿：本矿除人民需用少数铁器时，邀伴前往采挖外，无大规模及长时间之开采活动。

（三）开采意见

本境矿产多未经有关方面派人作详确之调查鉴定各矿之品质，并估计各矿之蕴藏量，以判明其开采价值，而决定开采计划。至于本属之云母矿，既已由百特矿务公司开采，并经资委会云南出口矿产品运销处派员前往调查，则如此物销路不成问题，则不妨仍由百特公司继续开采，由政府统筹其外销事宜。但对其资本应予增加，技术应予改进（据闻云母之成品厚度至少需一英寸，面积至少需一平方英寸，方合需用）。以往因工人未经训练，且所有生产过程均由人工采作，故产品每多破损，或未能达前述之标准，工人招雇办法应加规定（因工人若由该公司自行招雇，工资每多纠纷，且因工人兼顾农事，故未能全年工作，对产量方面不无影响）。如政府拟收归公有，或改官商合办，则不妨由滇西企业局或滇北矿务公司接办，或与该公司合办。

十、水利

（一）河流

1. 名称、流经地、长度、深度、河身宽度：本区河流最大者为怒江，由滇康交界之贡卡贡觉流入本境，由本区与福贡分界之极乐梁子流入福贡，流经本区之达拉、茨开、菩拉三乡，全长约四百里，深度不详，河身宽度四季不同，各段亦不同，平均约在45至55公尺左右。其次为俅江及普拉、双郎、狄马洛三河。俅江为恩梅开江水源之一，发源自伯舒拉岭；江长约与本区之怒江相若，但江宽平均只二十公尺。在孟顶乡内者，约为全长之半。普拉河在茨开西北，发源于黑普雪山，全长约180里，在茨开村北约3里之处流入怒江。河深各处不一，约自半公尺至2公尺，河宽约3至7公尺。双郎河发源于庞汝拉山，全长约140里，在达拉以南之10里之双郎入怒江，深约半公尺至2公尺，宽约3至9公尺。狄马洛河发源于庸芝山，全长约150里，在澎打流入怒江①，深约半公尺至2公尺，宽约4公尺至9公尺。除前述各河外，本区其他小河尚多。盖怒江两岸山谷中，均有小河流入，而两岸有村落处，亦多有小河经流也。唯以此种小河无关宏旨，故暂不叙述。

2. 水流急缓及礁石叠石等情形：各河流未经确详测量，唯俅江及普拉、双郎、狄马洛各河水流较速，礁石亦多；盖河水于山谷中经过时，有大石滚入，既有礁石乃有小型之叠水产生。至于怒江，因江面较宽，故水流较缓，露于江面之礁石未见，但有数处江水较浅，其下或有暗礁。至于叠水则未发现。

3. 可通航地段有何方法使全部通航：本区各河，现时尚无通航者，盖各河多深浅不一，河身弯曲，礁石亦多。怒江江面较宽，但有数处水流较急或有暗礁。故应由水利人员测勘后，再定其航行价值。

4. 灌溉利益，已有之利益及可能开发之利益：本目1节所述之各河，均少灌溉利益，盖或因其水量过大（如怒江），或因其奔流于峡谷之中。至于略有灌溉利益者为各村附近山谷中潺出之小河（河水来自雨水或雪水）。此种河流，水小力微，可将之导入田中应用。尚有若干田地，系由此种小河冲积而成，有如长江下流之崇明岛然。

5. 可利用之水力：本区各河之水力，仅利用其推动水磨，

---

① 普拉河、双郎河，一在茨开乡，一在达拉乡，均在怒江西岸。狄马洛河大部位于达拉乡内，在怒江东岸。

未见作其他之利用。笔者于菩拉底北 30 里某处，发现路旁山岩上有水，下流有如瀑布，水沫喷溅甚远。闻当地人言，夏季水量甚大，且其附近尚有一股。如能装置发电设备，或可供应附近各村照明之用，唯此时言之似觉为时尚早。

6. 水产品：本目 1 节所述各江均产鱼，而以石扁头白鱼为多。闻当地人言，当珠河中尚产公鱼。

（二）湖沼

本区未闻有湖沼，故从略。

十一、文化教育

（一）文化现状

1. 人民文化知识程度：贡山僻处本省西北极边。由昆明前往，共计三十三站（依旧日驿运站数计算），且中隔沧、怒两江与碧罗雪山。路径崎岖，交通困难。且每年农历冬季，大雪封山，直至翌年春间方能通行。是与外间往返极感不便，政令教化均难传达。故本区大部分人民，仍保持其浑浑噩噩、胚胚榛榛之状态，文化知识程度极为落后。通晓汉字者，占百分之一二；通晓汉语者，约占十分之一。至于人民之普通常识，则极为缺乏。

2. 现有教育机关及施教情形：本区社教机关尚付阙如。目前仅有省立贡山茨开乡实验中心学校，与达拉、永岗、茨开、菩拉底各村之保国民学校，但各校多名存实亡，内容空虚。兹分别叙述如下：

（1）省立贡山小学。该校创办于民国二十五年（1936 年）。

初办时，因经费较为充裕，主持人亦较负责，故尚有成绩。民国三十年（1941 年）以后，因物价高涨，主持人未能专心致力于校务，致有每况愈下之慨。该校校长于民国三十二年（1943 年）八月离校，直至民国三十三年（1944 年）十一月始伴教厅所委之国教视导员进入贡山。民国三十三年（1944 年）十月下旬，笔者至茨开，该校只余教员一人（另一人住设治局设法筹措伙食），秋季尚未始业。闻民国三十三年（1944 年）上半年，该校每日实际上课之学生，多在一人至八人之间。笔者虽不敢相信此说之可靠，但地方一般人对省小办理成绩均少赞扬，则系实情。

（2）达拉、永岗、茨开、菩拉底各村之保国民学校，办理之成绩，高下不一。据笔者所见，以达拉村之保国民学校较好，现有学生 26 人。该校办理较好之原因有二：第一，与设治局同在一处，观瞻所系，设治局方面监督较严。第二，现任教员张信民对教育尚称热心，且得设治局供给伙食，教师生活问题已获解决，服务精神乃得保持。除达拉村保国民学校外，其余各校，学生人数甚少，教员亦多敷衍塞责。至于茨开村之保国民学校，且已并归省小办理矣。

3. 边民是否另有言语文字，其应用情形如何：本县各边民均有其语言，其中以傈僳语较为普通，大致本区各处均可通用。其他各宗族之语言，多通行于其本族之社区内。至于文字方面，仅古宗知识分子（多属喇嘛）应用藏文，其他各族皆无文字，记事达意，均靠木刻。至于信奉耶稣教之傈僳同胞，多能应用英籍教士傅能仁所创之拼音文字。

4. 宗教机关对于边民教育文化之关系：贡山天主堂未办学校，但信教者经神父灌输教义后，无形中即受先入为主之影响，而对普通国民应受之教育，反不愿接受。盖一般愚夫愚妇认为，听圣道后，对世间事即不必努力矣。至于贡山基督教会方面，则对边民教育之情形影响较大。莫尔仕牧师之次子，莫尔伯曾在私立华中大学教育系修业，对边地教育颇饶兴趣。而凡信教者，又多能识拼音文字。故莫牧师父子乃利用此种拼音文字，印刷若干讲义，分在各教区传授教义，并灌输普通常识。如此，教徒既得“做人的道理”，复可得国民的常识，是乃无进普通学校之必要。就上所述，无论信教消极的对入学不感兴趣，抑或积极的接受教会学校之教育，均对普通之文化教育发生若干影响。此种影响，是好是坏，目前当难一概而论。盖信教之人民，大体上均较守礼守法，且其衣服住屋亦较普通人为清洁。至于宗教机关影响普通学校教育之实施，则“人必自侮而后人侮之”。负责边教者本身，宁无缺憾乎？

（二）改进办法

1. 如何使边民乐于就学：目前边地学校招收边民入学，训练数年，往往一无所成。言做人，则为师者已不足为人师表，为徒者或竟可变本加厉。言学问，则目前边教师资合格者少，不通者多，盲者导盲者，结果同归于尽。而少数边民子弟，受学校教育数年后，复有“坐井观天”妄自尊大之弊病。且受教时期，既须减少协助家庭生计工作之时间，卒业之后，未必对家庭有何贡献。在此种情形下，边民自不愿就学。今后，欲使边民乐于就学，必须使学校之教学内容适合边民之需要；教学方式，能唤起边民兴趣；教学时间，不妨碍边民之农作季节，方可收效。

2. 本境应设立之学校：依本境目前之环境而论，暂无增设学校之必要，而应积极健全充实现有之省立小学，使之能尽到教育边地子弟，辅导地方教育之责，并应在省小内酌设师资训练班及职业训练班，以培植地方人才。同时，应限期成立各乡中心国民学校及各保国民学校。俾使本属人民均能享有最低限度之国民知识。

3. 边地语言文字之利用及废除问题：就理论上言，一国内之语言文字，均宜统一，但买际上甚难做到。今后如交通便利，教育普及，本属之语言可渐趋统一。在未统一之前，可利用傈傈语与其他民族交往。至于文字方面，除藏文较为进步，且使用人数甚多，可加利用外，傈傈人现时所使用之拼音文字，虽其组织构造不甚完善，但其学习容易，书写方便，且已有相当历史，故在施教初期，不妨亦加利用。

十二、民生

（一）现时民生状况

1. 边民依赖为生之事业：本区边民依赖农耕为生，唯粮食之收入尚不敷其全部之支出。故边民亦多兼营副业，如挖取黄连、贝母、知母、猪苓、茯苓，种植生姜、花生、西瓜（取其瓜子出售），贩卖牛皮、飞鼠皮、野猫皮、麂皮、麝香、黄蜡、草狐皮、火狐皮等，以弥补其支出。但因目前山货药材销路不畅，价格低落，故边民即兼营副业，生活仍无法解决。是故每年田赋开征时，以漆、油、铁锅、铁三角架（火塘上用）作抵者，占十分之三四（据设治局之统计），闻之实令人感慨！

2. 社会一般民生状况——富有、小康、赤贫之大略统计：本区人民贫苦者居多。依笔者之大略统计，富有者约只五十户（其中大多为汉商在贡山居住者），小康者约只百家，其余之二千户均为赤贫，其一年辛苦之所得，只能糊口。

3. 不能生活之人民，对地方所发生之影响：本区不能生活之人民，对地方所发生之影响最大者，为边民之外迁。此事笔者在以前寄往民厅边疆行政设计委员会之通讯专稿及调查报告中，已有叙述。本区因邻近滇缅北段未定界，故边民外迁，更较沧江沿岸之各属为易。而英人在未定界内，对人民采取利诱政策，减税免赋，并予以种种便利；而我方则于正额负担之外，更有数倍于正款之苛杂税（名义上无，地方官亦不承认，但实际上人民须负担），故对边民不啻一种威胁。由于此种里应外合之力量，乃造成边地之空前危机，而于国防上一大损失。至于因生活不能解决而为非作歹者，尚不多闻。盖边民习性纯朴，如无外人勾引，不致走入歧途。

4. 生活丰裕之家，对于多余财富之应用处理情形：“为富不仁，自古已然”。故本区生活丰裕之家，对多余财富之处理，仍以增值财富为主。盖贪婪之心，本无穷尽也。目前最易发财者为经商。经商之中尤以经营禁货获利最厚。故目前边地富有之家，多以其剩余之财富，从事于若干商业活动。至于投资于生产事业者绝无仅有，一则政府未作有力之提倡与鼓励；二则正当之生产事业，获利较微，且为时较缓也。至于富裕之家，以其多余之财富放账一事，亦不多闻。盖一般边民虽有借债之需要，而多无还账之能力也。

（二）民生改进

1. 现有生产事业可否使之改进而增加生产：本区现有之生产事业，可能改进，而增加生产者，据笔者所见，约有下列数种：

（1）矿产：本区矿产之中较有希望者为云母，盖其他各矿，或蕴藏不富，或品质欠佳，或尚无调查，唯云母已开采四载，且此物制造电工器材时需用较多，将来销路不成问题（闻美国方面颇需此物）。

（2）种植：本区内气候较暖，若干经济植物，似可大量栽种，如生姜、花生、黄果（橘科植物）、甘蔗，然后利用其原品或制品行销外地，增加地方收入。

（3）山货药材：此类物品，有靠人工栽种者（如黄连），有不需多量资本而只需加劳力即可获得者（如兽皮），政府应拟订收购办法，统筹外销事宜，采取贴补政策（以战前山货价与一般物价之比例为贴补之标准），充裕边民生计。

2. 民间可能举办而尚未举办之生产事业为何，应如何倡导，民间可能举办而尚未举办之生产事业，据笔者所见，约有两项：

（1）开辟规模较大之果园：贡山境内，因有怒江流域，故气候尚称温和，果树生长亦颇适宜。本区内之美籍传教士莫尔仕，在茨开以北之当打地方辟有果园一所，种有桃、梨、苹果等树木，并指导教友栽种。复代一般种户接枝，以资推广种植面积，改良本地品种。窃思本区边民生活贫苦，食物简单，今后如能大量栽种果树，既可补充营养之不足，复可以其多余者求售予外县。

（2）设立造纸厂，以减少地方支出，并促进教育之普及：本区造纸原料颇称丰富，如构皮、竹树、稻草均有出产。如能设立造纸厂，本区及未定界内所需纸浆，均可自给自足；且因纸张供应便利，境内教育亦必间接受其助益；故可以减少地方支出，有促进教育普及之功效。

3. 如何解决不能生活者之生活：本属人民不能生活者，多由于收入减少与支出增多两种原因。故欲解决此辈人之生活，亦必就前述两方面设法不可。就增加边民收入方面言，则应指导边民改良农耕技术，制造大量肥料，并改进现有之生产事业，倡导可能举办之生产事业。就减少人民支出方面言，则首宜澄清吏治，因目前边民最大之负担，在于正税外之苛杂税，其中包括地方行政官吏与乡镇自治人员之从中渔利，借端浮派。若外来委员之旅费、招待费与礼物贿赂，盖其此项负担，终必转嫁与一般人民也。其次，应设立各种合作社（其中以信用合作社与消费合作社需要最切），以减少商人之垄断与剥削而收改进民生之效。

4. 如何指导富裕者合法应用财富：目前边地富有之家，其财富之来源多不正当。故政府非徒应指导其合法应用财富，抑且应强迫其贡献财富与国家。除指导富裕者合法应用之财富之办法《维西调查报告》已有叙述外，目前政府倡导之大户献粮献金运动亦可实施。

5. 本境内缺乏之生活物品为何，如何补救：本区缺乏之生活物品与其补救办法，已见本报告第二章（一）目3节，兹不赘述。

十三、其他开发方案

除本报告以前各节所叙述者外，笔者对本区之开发尚有下列各项意见：

（一）从速划定滇缅北段国界，以免英人侵略，而便进行我国边疆之开发建设。

滇缅北段国界，自北纬25度35分第39号界桩起，均未划定。五十年来，英人逐步蚕食，充分表现其侵略野心，我则以内乱频繁，外患严重，对边陲各事不暇兼顾。今抗战即将结束，建设就待开始，是亟宜照会英国政府，各派干员会同将此段国界勘定。以杜纠纷，而便进行边疆之开发建设。本区毗连滇缅北段未定界，而区属之孟顶乡又远在高黎贡山之西，时时均在英人窥伺之中，故划定国界，对本区之需要更为迫切。

（二）设法调整滇藏关系，以免本属人民遭受察瓦龙方面土官蛮民（指其行为蛮而言）之欺凌。

贡山北部与俅江一带，过去曾由西康察瓦龙方面征收粮赋，故孟顶乡上段义肯一带，仍有察瓦龙方面来此收税放账，故边民负担甚重（请参阅本报告（二）目3节注），故今后应设法调整滇藏关系，以减轻本区人民之负担。

（三）改良边民婚姻习俗，以减少其经济负担，并消除其因婚姻而发生之各种纠纷。

本区边民之间存有买卖婚姻之遗迹，故结婚之前，必先有媒妁为男女两家议定聘礼数目。聘礼以牛为单位，有湿牛、干牛之别：湿牛指活牛活羊等；干牛则系以实物折算，如铁三角架、铁锅、铜瓢、布匹、兽皮、食肉等。但以上各物并非本地所产者，故多需向邻近县属购买（参阅本报告第二章（二）目3节）。故每结婚一次，男方所花费之金钱为数颇多，且有因无力筹借此笔用费，而耽延婚期者。又此项聘礼有分期付与之办法，是若延期甚久而不能偿付时，往往惹起纠纷。故边民之婚姻习俗，亟宜加以改良而减少纠纷。

（四）设置国防统筹机构。

本区与其南方之福贡、碧江、泸水各设治区，因接近英属缅甸与目前尚存在之滇缅北段未定界，故亟应设置一国防统筹机构。本报告第三章（一）目4项主张设置之边疆行政设计委员办事处，即系就国防上着眼。但处之工作以设计为主，无执行之权力，且无军队之配属，故不易达成国防之全部任务，今笔者主张，在本省西北边区应设置一国防统筹机构，配属若干正规军队①，并罗致若干教育、医药调查联络（对英属方面）人员，以达成巩固国防之任务。

---

① 本省西北各县区，除邻近战区者外，均无驻军，纵有少数住军，亦皆训练懈怠，纪律废驰。至于各县区之保卫中队，则多名额短缺、装备简陋、待遇微薄、训练草率，故多“保乡不足，扰民有余”。闻某设治区之保卫中队，一年内集中训练之时间不足二月；其中队长嗜好深沉，且有包庇某项工作之嫌疑；其本人擅自受理诉讼案件，专以搞揞钱敛财为目的，不知其所处地方之重要与所负使命之重大，而反利用交通不便、消息隔阂，上级政府监督不周之机会，胡作非为。故本报告中主张设置国防统筹机构，配备正规部队担负国防任务。（完）

此稿大约写于1945年。

第二编

贵州民族识别问题

关于开展贵州民族识别工作的建议

一

解放以前，由于反动统治阶级长期实行民族歧视和民族压迫政策，使我国少数民族聚居、杂居和散居的一些地方，保留着许多民族成分不明确的族称。这种情况在我国西南地区尤为突出。就我省而言，在解放前不久出版的《贵州通志·土民志》中，就列举了古今民族（包括支系）名称一百二十多种。

解放以后，在贯彻执行党的各项民族政策过程中，有关方面对我省一些民族单位的成分问题，曾进行过调查、研究。如一九五〇年中央民族访问团在贵州工作时，各地报来的民族名称共有八十多个；该团工作人员接触了其中的三十多个民族单位，对他们的基本情况，作过一些调查、了解。一九五三年到一九五五年，贵州省民族事务委员会和中央民族学院等单位，曾先后对毕节、六盘水、安顺三地区“穿青”人的民族成分进行调查、研究。安顺、遵义、毕节等地区的有关单位，对仡佬族的社会历史作过调查、研究。省内其他地、州、市、县，也都对境内的民族情况，做了大量的调查、研究工作。

由于各级领导机关的重视和广大民族工作者的努力，到一九五六年底，我省的民族识别工作已经取得几项重要的成就。如像苗族支系名称的统一、布依族名称的公布、仡佬族民族成分的确定、“穿青”人社会历史的调查，都具有重要的现实意义。在宣传民族政策，建立民族自治地方，培养民族干部，开展民族地区的政权、经济、文化等项建设的过程中，各有关部门也都参考了民族识别提供的情况和意见。但是，由于我省民族名称众多，民族识别的工作量比较大，因此在建国初期，还不可能全部完成这项工作。

一九五七年到一九六四年，由于种种原因，我省没有进行民族识别工作。

一九六五年贵州省民族事务委员会组织有关人员，对黔东南苗族侗族自治州的一些民族单位，开始进行民族成分的识别调查。当时主要的识别对象是“俾兜”人。在工作过程中，也曾对“东家”、“三锹”、“木老”等民族单位的语言、历史情况，进行了初步的了解，文化大革命开始后，由于林彪、“四人帮”的干扰、破坏，上述调查、研究工作被迫中断。

以华主席为首的党中央十分重视民族工作，指示我们应努力搞好少数民族地区的各项工作。五届人大通过的《政府工作报告》，还号召我们积极开展民族学等方面的研究。国务院确定的国家民族事务委员会职掌范围中，也列入了民族识别这项工作。根据上级指示精神联系贵州实际情况，我建议省民委会在报经领导机关批准后，继续进行省内的民族识别工作。

二

目前，我省除已由国家正式公布族称的苗、布依、侗、彝、水、回、仡佬、壮、瑶九种少数民族外，尚有各种族称约二十种左右。这些民族单位大致可以区分为下列几种情况：

（一）有的民族单位历来自认是少数民族，其他民族也承认其为少数民族；但由于种种原因，族称尚未正式确定、公布。例如我省毕节、六盘水等地区的“七姓民”就是如此。据威宁彝族、回族、苗族自治县的“七姓民”干部反映，贵州的“七姓民”和云南的白族在文化特征上比较接近；他们传说先辈从云南大理迁来威宁，现在使用的七个姓也与白族常用的姓氏相同。我们认为识别“七姓民”的民族成分，首先应考虑他们和白族的关系。

（二）我省有的民族单位名称和省外已正式确定的民族名称十分近似。如贵州黔东南、黔南两自治州居住的“木老”（或作“木佬”），和广西的“仫佬”（史书上也用过“木佬”这一族称）在民族名称上基本相同；前些年贵州省麻江县的“木老”与广西罗城县的仫佬有过书信联系，但因未经有关部门正式识别，目前还未确定两者之间的关系。

（我省自报“京族”的“南京”人，不能和广西东兴各族自治县的京族等同；我省自报“黎族”的“里民”，不能和广东海南行政区的黎族等同）

（三）我省有单独名称的一些民族单位，虽是少数民族，但他们的语言和文化特征与另一少数民族十分近似。如黔东南自治州和安顺地区的“僅兜”，和苗族的关系很密切，他们之间的历史渊源，应进行深入细致的调查研究。

（四）我省一些民族单位和古代（特别是明代）的汉族移民集团有关。如毕节、安顺等地区居住的“穿青”“南京”“里民”“湖广”等人，都属于这一情况。对于这些人的识别工作，应多从历史上的民族关系进行考察，涉及党的民族政策和群众传统习惯上的一些问题，应重视现实情况，进行妥善处理。

（五）还有一些少数民族单位使用旧的族称或支系名称，有待于统一；对同音异写的族名，应按国家公布的正式名称分别改正。

三

搞好民族识别，首先应对这个民族的语言、历史、经济、文化等方面情况进行深入地调查、研究，提出确定民族成分的科学依据。但是，在正式确定族别、宣布族称之前，还必须全面地了解本族和有关各族的看法和意愿，以及形成这种看法和意愿的各种原因。我们应当从有利于民族团结（包括一个民族内部不同支系之间的团结）和有利于民族发展两个方面多加考虑，按照民族平等的原则，提出识别意见和有关建议，报请领导机关审议、决定。

民族识别是一项重要的民族工作，是落实民族政策先决条件之一；也是民族研究直接为无产阶级政治服务的一项重要课题。粉碎“四人帮”以后，云南、四川等兄弟省份，已分别在前年和去年重新开始这项工作。希望我省也尽快地把民族识别工作提上议事日程。

由于我省待识别的民族单位为数较多，情况各异，各项准备工作需要一定的过程，因此目前就应当对待识别的民族单位，进行一般情况的了解。然后，按地区、分类型、逐个地进行识别。为了取得经验，可采取试点办法，先选一个民族特征比较明显、各项资料不难收集、民族意愿基本一致的民族单位进行识别。

民族识别是一项政策性很强的调查、研究工作，必须在各级党委和政府机关领导下进行。希望各有关业务部门积极配合，抽调得力人员参加工作，争取早日完成我省民族识别任务。

（原文载《贵州民族研究》1979 年第 1 期）

关于贵州族别研究中的几个问题

贵州是一个多民族的省份，在全省两千七百万人口中，少数民族的人口接近全省人口总数的四分之一。目前，除了汉族和已由国家正式公布名称的九种少数民族外，我省还有二十多个民族共同体（约五十五万人）的民族成分需待辨别。因此，族别研究是我省民族工作者的一项重要任务。

解放前，贵州有一百多个民族（包括支系）名称。1950 年中央派遣民族访问团到贵州工作时，省内各地报来的民族名称共有八十多个。1953 年，经过有关方面的协商并报经上级同意，正式确定了我省布依族的名称。1955 年中央民委、贵州省民委和中央民族学院等单位的同志，在我省安顺、毕节等地区进行过关于“穿青”人的民族成分调查。1956 年经过调查研究，国家又正式公布了仡佬族的名称。1957 年到 1964 年之间，我省没有进行民族识别工作。1965 年起，我省又先后在黔东南苗族侗族自治州和安顺地区进行了一年多的民族成分的调查研究工作。当时调查的主要对象是“ 僅兜”；其间，也曾对居住在黔东南一些县份的“东家”、“三锹”、“木佬”等民族共同体的有关情况进行过初步的了解。十年动乱期间，上项工作被迫中止。

粉碎“四人帮”后，党中央十分重视民族工作；国家民族事务委员会的职掌范围中，也有民族识别这一项。为了适应我省开展民族识别工作的需要，仅就有关贵州族别研究中的几个问题提出以下看法，供参考。

一、关于民族名称问题

我省为数众多的民族名称，大致可以区分为下列几种情况：

1. 使用音近的汉字表示同一个民族共同体。

这种情况在已经识别和未经识别的民族共同体中都有。如有的县部分仡佬人自报为“古”族，因为他们认为自己在贵州定居的历史悠久，故选用与“仡”字音近的“古”字作为族名。又如部分布依族群众沿用音近而词义又与少数民族有关的“夷”字作为本族名称。另外，“穿青”人有填报为“川”族的；“里民”现多报为“黎族”。

2. 同一个民族共同体，在不同时期，不同人群中使用了不同的名称。

如居住在我省西部晴隆、普安、水城、盘县、六枝等县（特区）部分区、社的“湖广”人，有用“喇叭”或与它音近的汉字作为族称的。有的民族共同体在地方文献中曾有过别的名称，但后来群众改了族称。如贵州的白族在地方志中有过“白子”、“僰人”等名称，现今威宁、水城等地的一部分白族，有报为“七姓民”的。

3. 两种族称读音相近或用字相同，但具体指的不是一个民族共同体。

如“仡”现作为“仡佬”的简称，而“偉”则是“偉兜”（地方志上多写作“仡兜”）的专称，两者容易混同。现住安顺地区关岭县的“偉兜”，就曾一度与本地区其他县份居住的仡佬合并统计人数。又如“侬家”与“龙家”都曾作过民族共同体的名称，在通常情况下，二者需加区别。再如“土族”、“土家”等族称，更需根据住地和本族的历史、语言等情况，加以区别。

4. 在我省人数较多的少数民族中，因方言、服饰、住地等方面的差别形成过若干支系，对于某些不同的民族共同体，原来有过不同的自称和他称。解放后，人们把某些民族的支系名称改报为民族名称，这就给识别工作增加了新的内容。这种情况，在苗族、布依族中都有。

5. 有的民族共同体根据史书记载选定族称。如“杨黄”据方志记载，系出播州杨氏，原属氐羌集团；“蔡家”则传说其远祖原居中原，属华夏集团。

6. 明代初期，从内地迁入贵州的汉族移民有好几批，总数约十多万人，这些汉族移民集团来自不同地方，在语言、生活习俗等方面各有其地方性的特点。他们进入贵州之后虽世代同少数民族比邻而居，但并未同化于当地的少数民族。至于他们是否已经从汉族中分化（或与其他民族融合）而形成为新的民族共同体，则需要逐个地进行研究。在民族名称上，他们有的使用其先民早年住地的名称（如“南京”、“湖广”等），有的根据其先民的社会地位或所属基层组织取名（如“里民”、“六甲”等），情况很不一致。

民族名称是进行族别研究首先碰到的问题，它的情况很复杂，这里概括并不全面。我们需要对全省现有的民族名称认真分析，弄清它们自身的情况和彼此间的关系，以利于民族识别工作的开展。

二、关于民族历史问题

贵州是一个多民族的省份，族别问题涉及汉族同少数民族的关系，还涉及汉族内部、少数民族内部的关系。因此，我们在进一步开展对少数民族历史研究的同时，还需要研究贵州汉族的历史和各民族间的关系史。

这里我举几个省内民族的事例，说明历史研究与民族识别的关系。

1. 我们首先谈谈苗族的情况。苗族是我国南方较大的少数民族之一，主要分布在贵州。由于人数多、分布广、居住分散等原因，各地区、各支系的苗族，在语言、名称和服饰等方面的情况比较复杂，再加上解放前记载贵州民族情况的史书、方志和报刊，曾把我省许多种少数民族统称为“苗”，因此我们需要对省内苗族和使用过这一族称的一些民族共同体进行深入的调查。为了继续 1966 年没有完成的民族识别工作，建议今后可先对居住在黔东南自治州和安顺地区的“俳（仡）兜”、“东家”等民族共同体的历史进行考察。在调查、研究上述民族共同体的历史时，应详细了解其迁徙过程以及各个时期他们同附近民族的各种关系。同时，我们还应将上述民族共同体同使用苗语三种方言的人们进行比较，了解他们彼此之间在语言和生活习惯等方面的异同，帮助说明民族历史研究中的某些论点。

2. 我省有几个待识别的民族共同体，人数不多，语言等方面的民族特征保留不多，确定他们的民族成分应当特别注意有关的历史资料。属于这种情况的有“木佬”、“七姓民”等民族共同体。前者居住在黔东南、黔南两自治州境内；后者居住在省境西部的威宁、水城等县（特区）。

解放初期，中央民委、广西民委整理的有关仫佬族的历史材料中，都曾提到他们同贵州的“木佬”人可能有关系。（“仫”、“木”二字同音，文献资料记述“仫佬”有时写作“木佬”。）至于“七姓民”与云南的白族有关，不仅在本族群众中有此传说，而且从云南宣威等县地方志的记载中，也可找到旁证。

另外，我省毕节县境内尚住有少数“羿”人（亦称“羿子”），他们的历史也值得研究。

3. 对于同汉族移民有关系，又与当地少数民族在经济、文化和社会生活各个方面也有密切联系的一些民族共同体（如我们在前面论述民族名称时提到的“南京”、“里民”、“湖广”等民族共同体）的历史，也需要进行研究，以便为民族识别提供客观依据，并从一个方面阐明历史上的民族关系。

我省待识别的民族共同体属于这一类型的为数较多，在今后进行民族识别时，需要对他们的历史情况做大量的调查研究工作。

三、关于民族特点问题

每个民族都有其自身的特点，民族之间的主要区别在于各自的民族特点。因此，在进行族别研究时，应当重视对民族特点的研究。根据民族特点辨别民族成分最有说服力，由此得出的结论，容易被各族群众接受。

民族特点是各民族在经济、文化等方面的特点，它是在长期的历史进程中形成的，并随着历史的发展而逐渐发展和变化。从民族识别的要求来衡量，根据我国各民族的现实情况、民族文化应当是民族特点的主要组成部分。这里提到的文化，不仅指这个民族的语言、文字、文学、艺术等方面，而且包括这个民族物质生活和社会生活的许多方面。所有这一切构成了这个民族的文化传统，使它不同于别个民族的文化传统。具有共同心理素质的民族共同体是一个内向性很强的集团，属于这个集团的成员，大家感觉到彼此都是自己人。这种感觉既是民族意识，又是民族感情。所以我们认为表现共同心理素质的民族文化是主要的民族特点，它在族别研究中居于十分重要的地位。

民族特点是一个民族在历史发展中形成的相对稳定的文化传统，但它并不是一成不变的事物。因此，我们在进行族别研究的过程中，既要比较不同民族的特点，考察它们之间的关系，又要了解一个民族的特点在不同历史时期的变化，看它形成的原因和发展的规律。

就族别研究来说，不论是为了辨别某个民族共同体是汉族的一部分还是少数民族，或是在确认其少数民族成分的前提下，辨明它是单一的民族还是某个少数民族中的一部分，都需要考察其民族特点。例如对于我省待识别的“�兜”、“东家”、“三锹”、“绕家”、“杨黄”、“蔡家”、“羿子”等民族共同体，既要就各自的民族特点进行全面、深入的调查研究，又要分别同附近居住的苗族、布依族、彝族、仡佬族等已定民族，从语言、

风俗习惯、心理素质的各个方面进行认真、细致的对比。对于我省为数众多而在民族名称和民族文化方面都同汉族有历史关系的一些民族共同体，应当调查他们同省内、省外（特别是其先民原来居住的地区）的汉族以及邻近的彝族、布依族、仡佬族的关系，对比他们在语言、饮食、服饰、居住、婚丧、节庆、礼仪、禁忌等方面的异同，还要注意他们在伦理道德、宗教观念、文学、艺术等方面的情况和相互间的影响。

对于民族特点的研究，不仅应当着眼于当前情况，还应当回顾历史情况。因为某些民族共同体目前没有明显的民族特点，但通过历史考查可以找到原因。有时，一个民族共同体自己认为是民族特点的某个项目，通过在较大范围内的调查研究，可能发现它不是这个民族共同体特有的东西。（如黔西北与明代汉族移民有关的人们共同体中，过去有供“五显”的习俗）

民族在其形成、发展的过程中，不断地出现分化、融合现象；而有的民族共同体正处于“分而未化”或“融而未合”的过渡阶段，它们的民族特点不很显著。这种情况给民族识别工作带来了一定的困难。

在民族识别工作的实践中，我们遇到一个关于民族成分的理论问题难以掌握，这就是：原属于一个民族中的不同部分，它们在什么情况下、达到什么程度时才算分化为不同的民族？与此相反，原来是两个民族（或两个民族中的一部分），在什么情况下、达到什么程度时才能认为它们已经融合成一个新的民族？这个问题在民族识别工作中无法回避，因此在族别研究中应当考虑。

我对这个问题的初步看法是：民族的分化和融合，都需要一个较长的时期，因此需要多从历史上进行考察。联系贵州的实际来看，元代以前进入贵州的汉族移民，定居在少数民族聚居区和民族杂居地区的，大多数已同化于（或融合为）少数民族；明代以后进入贵州的大批汉族移民，由于当时的政治、军事形势和汉民族自身的经济、文化条件等原因，现在有没有同化于（或融合为）少数民族，需待研究。对于我省各个少数民族内部的分化和融合，同样需要进行历史的考察。

民族的分化和融合，可以根据民族特点的消失或形成来判断。这里说的民族特点主要指我们在前面论述的包括物质生活和社会生活等内容的文化传统。待识别的民族共同体多是早已形成的具有民族特点的稳定的人们共同体。因此在族别问题上，我们应当多去考察民族特点的异同，不必多花精力去探索民族形成的条件。

四、关于民族意愿问题

根据民族平等的原则，族别问题的解决必须尊重本族人民的意愿。我个人的理解是：民族意愿可以包含民族意识和民族愿望两个部分。具体地说，民族意愿指的是一个民族共同体的成员，感觉并互认属于这个共同体的。就是同一个民族的人；他们在对待自己民族共同体成分的问题上，持有基本相同的看法和愿望。民族意愿在一个方面体现着民族感情，它是维系民族这个稳定的人们共同体的一个重要精神支柱。

在民族识别工作中，民族意愿集中反映为一个民族共同体的成员在对待自己的民族成分问题上的主观愿望。具体到我省待识别的民族共同体来说，研究民族意愿就是要看他们自己认为并希望别人承认是汉族的一部分或是少数民族；如果已是公认的少数民族，则需要进一步明确这个人们共同体是单一的民族，还是某个民族中的一部分。

进行民族识别必须尊重本民族的意愿，但对民族意愿的研究不是一件简单的工作。因为我们研究民族意愿不只是调查一下有关人员对其民族成分问题的看法和态度，还需要考察形成这一意愿的原因和过程，看它同确定民族成分主要依据的民族特征——文化传统的关系；也就是说，我们应当把关于民族成分问题的主观愿望和客观依据结合起来进行研究。

由于历史上反动统治阶级实行民族压迫和民族歧视政策，造成了各民族（包括一个民族内部的不同部分）在一定程度上的孤立和隔阂。这种历史上形成的不正常的状态及其影响，还没有完全从现实生活和人们的头脑中消除；再加上广大群众和一些民族工作者（包括专业研究人员），也没有完全掌握有关民族理论（诸如民族概念、民族定义、民族形成、民族同化、民族融合的理论）、民族历史、民族文化的科学知识。因此，正确地表达和理解民族意愿，需要从各方面做大量的工作，并要经历一定的过程。

就我省待识别的民族共同体来说，关于民族意愿的研究有许多工作要做。我认为可以考虑先从以下几个方面了解民族意愿：

1. 待识别的民族共同体广大群众反映的民族意愿有哪些客观依据？

2. 在不同时期（包括解放前和解放后的不同阶段）中，同一个民族共同体的民族意愿是否前后一致？

3. 一个民族共同体内部，不同年龄、不同文化水平、不同社会职业的人们，在民族意愿上的倾向和表现程度是否一致？为什么？有无对如何确定其民族成分不太关心的情况？为什么？

4. 有的民族共同体过去虽未正式明确其民族成分，但在某些方面曾由政府给予照顾，已按少数民族待遇。享受这种待遇的人们，在民族意愿上有何反映和要求？

5. 其他民族对这个待识别的民族共同体的民族成分问题，有什么看法和要求？

全面了解上述情况，有助于正确处理待识别的各个民族共同体的民族成分问题。

结束语

根据近年来我对贵州一些待识别民族共同体的初步了解，个人认为我省民族识别的对象可以划分为四种类型：

1. 有的民族共同体历来被公认为少数民族，在民族成分问题上，本民族的意愿和有关民族的看法比较一致，识别工作主要是解决名称问题。属于这种类型的有“七姓民”、“木佬”等民族共同体。

2. 有的民族共同体虽被公认是少数民族，但长期以来有人把他们看作是某个较大的少数民族中的组成部分。在今后的识别过程中，应进行全面、深入的调查研究，并多从民族形成的理论和有关的民族政策上进行探讨。属于这种类型的有“俥

（仡）兜"、"东家"、"绕家"等民族共同体。

3. 明初（公元十四世纪后期）以来大批进入贵州的汉族移民，他们的后裔并未与汉族断绝联系，也未同化于邻近的少数民族。这些移民集团有其传统的名称，并有一定范围的聚居地方。明确他们的民族成分时，除应当根据历史事实和现实情况外，还应当考虑到群众的传统习惯和解放以来采取的政策措施。"南京"、"湖广"等民族共同体都属于这种类型。

4. 早期进入贵州并已与少数民族融合的部分汉人，有的一直沿用原有的名称，如黔西北的"蔡家"就是一例。另外，有的少数民族其大部分成员已经同化于其他民族，但仍有少数人保留原用的族称，例如贵州毕节的"羿子"。

对于上述各类民族共同体的识别，除根据客观事实和民族意愿进行研究外，还需要考虑该民族的发展和有关民族之间的团结。

解放后我省在民族识别工作上取得了一些成就。但是，由于待识别的民族共同体情况复杂，种类较多，加之识别工作停顿了十四年之久，因此目前我省在这方面的工作任务十分繁重。

为了全面落实党和国家的民族政策，进一步调动各族人民建设社会主义的积极性，做好少数民族地区的各项工作，我们希望领导机关将贵州的民族识别作为一项重要工作来抓；并希望有关单位积极配合，通力合作，共同完成我省民族识别的任务。

（原文载《贵州民族学院学报》（社科版）1981 年第 1 期）

重视民族学研究
促进民族地区两个文明建设①

贵州是一个多民族的省份，根据1982年人口普查资料，全省少数民族人口占全省总人口的26%。近三年来，随着党的民族政策的进一步落实和各项民族工作的进展，少数民族人口在全省总人口的比重不断增加。目前，我省已建有三个自治州、七个自治县，加上少数民族较多的其他一些地方，合计面积约占全省总面积的百分之六十。根据上述情况，广泛地开展民族研究是贵州民族研究工作者的一项长期的、重要的任务。

民族研究涉及的项目很多，诸如民族理论与民族政策、少数民族历史、民族关系、民族经济问题、少数民族人口以及少数民族的文化、教育等方面的问题都是我们应当着重研究的课题。民族研究工作者可以根据主客观条件有所侧重地从事某一项或某几项课题的研究，但各项研究都应当有一个共同的目的：加强民族团结，实现共同繁荣。也就是说，民族研究要为促进民族地区的两个文明建设服务。

这里，我们想着重地谈一谈民族学方面的研究。民族学是研究各民族的现状及其历史发展规律的一门科学，在研究方法上，它重视实地调查。民族学是民族研究中的一个重要组成部

① 本文由张正东教授与石开忠教授合著。

分，它同民族地区的两个文明建设有着密切的关系。

民族学主要是根据马克思主义关于民族问题的基本论点，探讨民族与社会的联系及其相互作用以及现实的民族问题。马克思主义的民族理论和党的民族政策是我们研究社会主义制度下的民族问题的指导方针。国家要在财力、物力和技术力量等方面给少数民族地区以必要的支援，帮助少数民族发展生产，繁荣经济，提高文化，改善生活。在社会主义制度下，还存在着民族差别，存在着各民族在经济、文化等方面发展不平衡的问题。民族学在研究这些问题的时候，必须坚持加强民族团结，促进共同繁荣的原则，进行实事求是的调查研究，并提出解决问题的建议，同时从理论上加以阐述。

下面，我们结合我国和我省的实际情况，提出一些民族学需要研究的项目：

一、社会形态问题

各民族的政治、经济、文化发展不平衡。解放前不仅各民族之间社会发展阶段不同，而且在一部分民族内部的不同地区之间的社会经济结构也有很大差异。概括起来，在民主改革前，有的民族还处在封建农奴制社会，有的民族还处在奴隶社会，甚至有的民族还不同程度地保留着原始公社所有制。解放后，通过一系列的社会改革，使原来处在不同社会发展阶段的民族都进入社会主义社会，但由于起点不同，因而要发展少数民族地区的经济、文化，要落实各项民族政策，应继续研究各民族的社会形态问题，以便针对不同情况，采取不同措施。这是民族社会学研究的一个重要方面。

二、民族成分问题

解放后我省进行过三次民族识别工作，根据1982年第三次人口普查资料，全国未识别民族人口共有879 201人，贵州未识别民族人口有817 810人（均系人工汇总数字，下同）。就我省的实际情况来看，关于解决民族成分问题有三项工作需要进行：1. 解决一些民族共同体是汉族还是少数民族，是单一的少数民族还是某个民族中的一个支系的问题；2. 解决一些城乡居民的“返本归原”，恢复原有的民族成分的问题；3. 解决夫妻一方是少数民族，另一方是汉族所生子女的民族成分问题。

民族成分的确定、恢复或选择，是关系到每一个公民的问题，民族学工作者应当重视对这个问题的研究。

三、少数民族人口问题

1982年第三次人口普查时，全国共有56个民族，1 031 882 511人。其中大陆29个省、市、自治区人口和现役军人共有1 008 175 288人。上述人口中，汉族人口956 703 824人占93.3%；各少数民族人口有67 233 254人，占6.7%。同1964年人口普查数字比较，汉族人口增加285 407 456人，增长43.8%：各民族增加27 309 518人，增长68.4%；少数民族人口增长的速度较快，幅度较大，占总人口的比例已由1964年的5.8%上升到6.7%。

我国少数民族的人口和分布状况不全相同，居住地区的自然条件以及各民族的历史演变和社会现状也不一致。这些因素都对各个民族人口的自然构成、社会构成以及人们的生育观产生不同的影响，而这种影响不容易在短期内消失。因此，在少数民族地区（或对少数民族成员）如何实行计划生育，值得我们认真地进行研究。

四、民族传统文化问题

各少数民族都有自己的悠久历史和传统文化。我们应该按社会主义精神文明的要求来衡量各民族的传统文化。大体说来，民族的传统文化有积极的、中间的和消极的三种。对于优秀的民族文化我们应该发扬光大；对于不违背社会主义精神文明原则的一些文化活动应予保留，对于妨碍本民族发展的一些陈规陋俗，我们应该帮助群众提高认识，在自觉自愿的基础上逐步进行改革。

五、民族教育问题

根据1982年第三次人口普查资料，贵州少数民族人口中的文盲和半文盲（12岁及12岁以上不识字或识字很少的人）占少数民族人口总数的38.6%，比贵州全省文盲、半文盲在人口总数中占的比例高出6.5%；少数民族每千人中拥有大学文化程度的约为1人，比全省平均数少2人。根据有关调查材料来看，贵州少数民族地区的师资、设备等教学条件都比较差，入学率、巩固率、合格率都低于全国平均数。《中共中央关于教育体制学改革的决定》明确指出：国家要帮助少数民族地区加速发展教育事业。在建设社会主义物质文明和精神文明过程中，人才是一个十分重要的问题。这个问题亟待解决，刻不容缓。此外，发展少数民族地区教育事业有财力、物力问题，有当地的习俗问题以及教育结构、学制、教材、“双语教学”等问题，都应当引起各方面的重视。

六、婚姻、家庭问题

在民主改革以前，我国各民族的社会发展曾经处于不同的阶段，因而在婚姻习俗和家庭形式上不尽一致。这种情况对今天少数民族地区的两个文明建设有一定的影响。如有的地方还存在着早婚和近亲结婚问题，这种情况对本民族将会产生不利的影响。青年早婚不仅影响身体健康，而且对他们接受正规的学校教育也有妨碍。近亲结婚的危害也很大，各种先天性缺陷的婴儿数增多，直接影响着本民族的人口素质。近年来，由于各种原因，不同民族的男女通婚的人数逐渐增多。这种“民族婚姻”所组成的家庭不仅有利于后代的身心健康，而且有助于加强不同民族之间的相互了解和友好关系。对于上述这些问题，民族学工作者可以通过一些典型调查进行系统的研究。

七、少数民族地区的经济发展问题

少数民族地区如何适应经济体制改革的要求，在对内搞活、对外开放的新形势下，研究如何利用本地区的自然资源，根据省内外和国外市场的需要发展商品生产，增加群众收入，提高城乡居民的生活水平。为了逐步实现上述目的，不仅应当研究在少数民族地区引进人才、资金和技术以及提高国民经济各部门管理水平的问题，而且还要研究当地民族由于生产力水平低下，社会发展迟缓，对外联系较少所形成的落后的不利于经济改革和社会发展的风俗习惯与心理素质。例如有些地方的一部分少数民族在社会生活中缺乏商品交换，因此人们头脑中也缺乏商品价值观念，他们甚至把商品交换看成是“不道德”的行为；即使进行商品交换也仅仅是简单的以物易物。在少数民族地区开展商品生产，要依靠国家、集体、个人共同努力，并应当兼顾三方面的利益。发展民族经济必然会对各民族的心理素质和道德观念产生明显的影响。对此，我们应当有充分的估计。

我们提出的有关民族学的研究对象、任务和方法还考虑得很不成熟：结合实际列举的研究项目也并不全面。随着民族地区社会改革的深入，现实生活还会给民族研究工作者提出更多的问题。我们应该适应改革的需要，调查、研究这些问题，并提出解决问题的建议，供领导机关研究参考以促进少数民族地区的两个文明建设。

本文仅抛砖引玉，希望从事民族学、社会学研究的同志提出宝贵的意见。

（原文载《贵州民族研究》1986 年 02 期）

第三编
民族人口问题

试论贵州少数民族人口问题

我国是一个十亿人口的大国，也是一个多民族的国家。研究并解决人口问题，是关系到四化建设的速度和前途，关系到子孙后代的健康和幸福，关系到全国人民长远利益和当前利益的大事。

贵州是一个多民族的省份，在1980年全省27 766 718人中，少数民族（包括待识别民族）有6 694 947人，约占全省总人口的24%。贵州少数民族人口的基本情况如何？在我省少数民族中要不要控制人口增长？怎样不断提高我省少数民族的人口质量？这些问题都是我省各族人民十分关心的问题。现就本人所了解的贵州少数民族的情况，提出有关人口数量和人口质量等方面的几个问题和同志们商讨。

一、贵州少数民族的人口数量需要适当控制

社会主义人口规律，是要求有计划地调节人口数量，提高人口质量，使人口发展和国民经济发展相适应。过去，在相当长的一段时期内，有些人认为人口增长快才能体现社会主义制度的优越性。实践证明，这是在人口理论问题上的一种片面观点；只有既重视物质生产计划又重视人类自身生产计划，才符合马克思主义关于人口问题的原理。人口数量多少，人口增长快慢，本身不能作为衡量社会进步的标准。贵州全省面积为

17.4 万平方公里，按 1980 年年末全省人口总数 27 766 718 人计算，人口密度每平方公里近 160 人，超过全国人口的平均密度（每平方公里为 100.5 人）。就我省人口变动的情况来看，1949 年全省总人口为 1416.4 万人，按 1980 年年底全省人口计算，三十一年来，贵州总人口增长了 96%；1949 年全省少数民族总人口（包括待识别的民族和省外来贵州的少数民族职工、家属在内，下同）为 3 470 767 人，到 1980 年年末，少数民族人口总数为 6 694 947 人，三十一年来，贵州少数民族人口增长近 93%。其中，全省 9 个少数民族三十一年来人口的变动情况是：

1980 年与 1949 年相比，苗族人口增长了 135.53%；布依族 65.04%；侗族 100.45%；彝族 85.66%；水族 86.13%；回族 119.61%；仡佬族 177.12%；壮族 115.66%；只有瑶族人口减少了 8.87%。就我省少数民族人口占全省总人口的比例来看，长期以来都约为四分之一，如 1949 年为 24.5%，1953 年为 25.89%，1964 年为 23.46%，1980 年为 24.11%。从以上数字来看，除瑶族因自然灾害及医药卫生条件较差出现人口下降外，其他少数民族的人口数量都有不同程度的增加；其增长幅度接近全省总人口的增长幅度。（解放以来，由于汉族聚居地区人口的自然增长率也比较高，再加上省外汉族人民的迁入，因此全省包括汉族在内的人口的增长幅度大于少数民族人口的增长幅度）就全国看，1980 年与 1949 年相比，人口增长了 78%（台湾省未统计在内）。因此，无论是从我省总人口的增长比例来看，或是从我省少数民族人口增长的比例来看，都高过同一时期全国平均的人口增长幅度。

我国是个多山的国家，山地占国土面积的三分之二，山、水、田的比例是“七山一水二分田”。贵州地处云贵高原，山地占的比例更高。有人说贵州是“八山一水一分田”的地方，省内少数民族住地则是“九山半水半分田”。山区动植物资源虽可开发、利用，但耕地面积仍应是考虑当地人口数量的重要条件。从我省人均耕地面积来看，1949 年每人平均占有耕地约为 2.2 亩，到 1980 年人均耕地面积已下降为 1.1 亩。从少数民族人口占 65.7% 的黔东南苗族侗族自治州来看，人口密度每平方公里约为 101 人，和全国人口密度相当。从少数民族人口占 49% 的黔南布依族苗族自治州来看，人口密度每平方公里接近 110 人，超过全国人口密度。1949 年到 1979 年黔东南自治州人口增长了 81.5%，可耕土地仅增长 6.5%，全州所辖 16 个县的农业人口人均占有耕地面积普遍减少。如少数民族人口占全县总人口 76.5% 的丹寨县，三十年来人口增长 1.28 倍，人均耕地减少了一半多，在耕地面积难以增加、单位面积产量提高不快的情况下，农业人口增长快，人均粮食占有量就要降低。如黔东南苗族侗族自治州 1979 年农业人口人均粮食为 590 斤，但全州 16 个县中，有 7 个县的农业人口人均粮食低于 1949 年的水平。1977 年全国人均粮食大体相当于 1957 年的水平，而同年黔东南苗族侗族自治州人均粮食则低于 1957 年的 160 斤。据 1979 年统计，我省人口的 81% 居住在农村，少数民族居住在农村的人口所占比例更高。有的少数民族聚居区、社，每人平均只占有半亩多地；许多少数民族居住地区人均耕地不到一亩。由于粮食占有量低（有的地方社员每年口粮不足 360 斤），农民的现金收入不多（有的地方人均现金年收入不足50元），就造成了一些少数民族居住地区在房屋、衣服、被褥和日常生活用品等方面的很大困难，群众生活水平十分低下。同时，由于人、物增长比例失调，森林遭到严重破坏，也影响了生态平衡。一些地方的气温、湿度，降雨量都有了变化，灾情增多，粮食减产，人们开始受到自然规律的惩罚。

那么，在我省少数民族中要不要实行计划生育呢？关于这个问题，中共中央在1980年9月25日的《公开信》中曾经指出："对于少数民族，按照政策规定，也可以放宽一些。"1981年10月26日，国家计划生育委员会负责同志在答记者问时明白表示："中国是一个统一的多民族的国家，除汉族外，还有五十多个少数民族。总的来说，少数民族也要实行计划生育，对不同的少数民族采取不同的做法。对人口稀少的少数民族要帮助他们增加人口，使他们健康成长；对人口数量多又居住在人口稠密地区的少数民族，也要控制人口增长，但政策上比汉族要放宽一些。"根据我们了解到的贵州少数民族人口问题的现状，结合各少数民族中一些代表人物的意愿来看，绝大多数同志都认为贵州少数民族的人口数量和人口增长速度，应适当地加以控制。

我省在对待少数民族计划生育问题上，曾经有过三条原则：一是我省少族民族，凡属人口稠密、人多耕地少的，要搞计划生育；二是人口很少的仡佬族（33 664人，1980年统计数）、瑶族（19 000人，1980年统计数）不搞计划生育；三是民族自治州、自治县根据省的有关规定，行使民族自治权利，自行作出规定。但在执行中出现过一些问题，需要进一步研究解决。

二、贵州少数民族的人口质量，需要逐步提高

社会主义人口规律要求有计划地调节人口数量，提高人口质量，使人口与国民经济发展相适应，使劳动人口充分就业，人民的物质、文化生活水平得到逐步提高，人口问题分别表现在数量和质量两个方面，因此在制定人口政策、采取有关措施时，也应统筹兼顾。人口质量指的是人的身体素质和道德品质、文化技术三方面的情况。在我国制定人口政策，解决人口问题，不仅需要考虑适当控制人口数量，也需要考虑逐步提高人口质量。这两项要求不仅对汉族适用，对少数民族也同样适用。就贵州少数民族的情况来看，有几个与人口质量有关的问题值得特别重视。

（一）早婚和近亲结婚问题

我国现行《婚姻法》规定：“结婚年龄，男不得早于二十二周岁，女不得早于二十周岁。”《婚姻法》规定的最低结婚年龄，适应我国男女青年长身体、求知识、作贡献的要求，也符合现代国家推迟青年男女结婚年龄的普遍趋势。《婚姻法》同时规定：“晚婚晚育应予以鼓励。”这些规定对国家、家庭和个人都有好处。从我省少数民族地区的婚姻情况来看，有的男女青年十七八岁就结婚；边沿地区的早婚现象还比较普遍。由于这种婚习已经形成传统势力，因此要改革它需要一个过程。今后需要全面、持久地宣传《婚姻法》，并大力发展少数民族地区的经济和文化，促使群众自觉地适当推迟结婚年龄。

我省有的少数民族地区，由于经济落后，交通不便，传统习惯等原因，三代以内旁系血亲的姑表、姨表相互结婚的并不少见。当地社会对这种“亲上加亲”视为正常现象。《婚姻法》规定禁止三代以内的旁系血亲互相婚配，是从整个民族的繁荣发展来考虑的。近亲结婚生育的孩子常有某些先天性缺陷，影响人口质量。例如，黔南布依族苗族自治州都匀县的少数民族人口，占全县总人口的70.1%。据都匀县防疫站统计，全县聋哑、痴呆人员共计1 714人，约占全县总人口271 562人中的0.63%；另外，镇宁布依族苗族自治县的六马区，遗传病患者也比较多。其他地方也有类似情况。

（二）地方病问题

地方性甲状腺肿和地方性克汀病，都是因人体缺碘而发生的疾病。这两种地方病，不仅损害患者的健康，而且直接影响后代的健康成长。在我省黔南、黔东南、黔西南、铜仁、安顺等地、州一些县份少数民族居住的地区，地方性甲状腺肿和地方性克汀病（又名呆小病）比较多见。根据1978年我省四十八个县的调查统计，共有地甲肿患者七十三万多人，占被调查人口的14%。这说明，地甲肿在我省是十分严重的。

地方性克汀病是地方性甲状腺肿的“姊妹”病。它也是一种由于人体缺碘产生的疾病。患甲状腺肿的妇女怀孕，或健康孕妇在妊娠期三至五月时饮食中缺碘，生下来的婴儿就会得克汀病。这种疾病流行区的群众说：“一代甲（甲状腺肿），二代傻，三代四代断根芽。”地方性克汀病的主要特征是：呆、小、聋、哑、瘫。其中又以“呆”和“小”最为突出。

1978年以来，由于党和政府关怀人民健康，积极组织有关方面对上述两种地方病开展综合防治工作。三年多以来，已经收到了很好的效果。例如，黔南布依族苗族自治州的都匀县石龙公社，自1978年起，采用加碘食盐防治地甲病，加碘三年后，患病率比加碘前减少了30.3%。又如，黔东南苗族侗族自治州的麻江县河坝公社，也是地甲病、克汀病患病率较高的地区。经过两年的防治、观察，这个公社的地方甲状腺肿患病率，由防治前的31.5%下降到5.3%。1978年7月1日到1980年7月1日出生的41个婴儿，除二人营养不良，有所怀疑外，39个婴儿全属正常。全社已达到国家基本控制和基本消灭地方性甲状腺肿和克汀病规定的指标。今后只要大力普及卫生知识、坚持食用加碘食盐、改善群众生活，并对病人采取必要的药物治疗，我们相信这两种危害群众健康、影响人口质量的地方病，一定能被消灭。

（三）文化教育问题

我省少数民族大都居住在山区，经济、文化基础都很差。解放后党和政府大力发展少数民族教育事业，培养了许多少数民族干部和专业人才。不幸的是，1958年以后，特别是“十年内乱”期间，我省民族教育遭到了很大破坏。粉碎“四人帮”以后，民族教育开始恢复和发展。但是直到现在，我省民族教育事业仍然十分落后，许多少数民族聚居的县份，存在着“五低”、“两不足”的现象，即适龄儿童入学率低，小学普及率低，教学质量低，教师水平低，教师待遇低；校舍设备不足，师资数量不足。据1980—1981学年的统计，少数民族占总人口

88.4%的从江县和少数民族占总人口86.6%的雷山县，小学普及率不到10%；有的地方，青少年中文盲半文盲高达百分之八、九十。我省少数民族地区女童的入学率特低，如榕江、雷山两县有的区、社，1980年没有一个女学生。就贵州少数民族地区小学教育的情况来看，一般估计只有60%的学龄儿童入学，实际读完五年的不过30%，达到小学毕业程度的约为10%。据1979年统计，全国每一万人中有7.9个大学生、519个中学生；贵州少数民族每一万人中只有2.2个大学生、320个中学生。

教育是传授文化技术的主要措施。为了逐步提高少数民族人口质量，必须大力培养少数民族学生。1981年6月，贵州省召开了民族教育工作会议，省民委和省教育厅拟定了发展少数民族教育的具体规划，并已报经省人民政府批准，争取在1985年以前，把全省民族学校的体系恢复、建立起来。当然，提高各族人民的思想觉悟和道德品质，不能单靠学校教育，还要通过整个社会的力量来建设高度的精神文明。

三、如何开展对贵州少数民族人口问题的研究

根据我省的实际情况，我们认为，要开展少数民族人口问题的调查研究，应当从以下几个方面进行工作：

（一）配合有关方面，进行族别研究

我省除已确定民族成分的九种少数民族外，还有人数约百万的20多个民族共同体需待识别。省委、省人民政府对我省民族识别工作十分重视，要求各地、州、市对境内待识别的民族加强调查研究，争取在一两年内，基本完成这项工作。研究少

数民族的人口问题，应当有其明确的对象；族别问题没有确定，开展少数民族人口研究，就有一定的局限性。因此，我们应当主动地配合有关方面进行省内族别问题的研究。在国家没有正式确定、公布我省这些待识别民族族别以前，我们也可以对他们的人口数量、增长速度，婚姻制度和人口素质等方面的情况，作些调查研究。

（二）收集有关我省少数民族人口的历史资料

我省自古以来就是多民族杂居的地区。因此，我们需要收集、整理各个历史时期有关少数民族人口的各种资料。通过这些史料，了解当时的人口数量及其分布，了解不同时期少数民族的生活情况，了解少数民族人口变动的原因和发展的趋势，了解历史上的民族关系，等等。进行这项工作，可以通过查阅史书、地方志、私人著述以及诸如《明实录》、《清实录》等古籍和解放前出版的书刊、报纸，还应当注意利用有关档案。

（三）调查我省少数民族人口问题的现状

我省从 1974 年开展计划生育工作以来，已经取得很大的成绩。但是 1980 年冬天以来，农村计划生育工作处于停顿状态，致使我省在 1981 年出现了人口回升的严重趋势。

计划生育是一项十分复杂、艰巨的工作，必须领导重视、各方配合，并把思想教育、组织措施、经济手段和技术保证结合起来，努力做到人人重视，身体力行。我省少数民族绝大部分是农村人口，各民族的人口现状及其发展趋势并不完全一致。因此，在开展计划生育工作过程中，要分民族、分地区、分类型地进行调查研究，以便取得符合实际的资料，作为党政领导机关制定人口政策、采取具体措施的参考；并作为研究少数民族人口问题的重要依据。这项工作很重要。比如，怎样实行“对人口稀少的少数民族要帮助他们增加人口，使他们健康成长；对人口数量多又居住在人口稠密地区的少数民族，也要控制人口增长，但政策上比汉族要放宽一些”这项原则，需要业务主管部门制定一些具体办法，也需要从事少数民族人口问题研究的同志进行大量的调查研究。又如，对调节少数民族人口采取何种措施，取决于他们现有的人数；但是，应该在多大的地域范围内计算一个民族的人口，应就全国范围来看还是只就一省（自治区）、一县的范围来看？我国许多民族分布在几个省、区，一个省、区的辖区内民族杂居和散居的情况也比较普遍，划分人口数量和人口密度的等级要有个大体一致的标准。(这个问题的解决，对做好贵州少数民族的计划生育工作有直接关系）考虑人口数量和人口密度时，还要调查研究当地的自然条件和经济发展水平，这样就更切合实际。再如，对于居住在自治地方的少数民族和不住在自治地方的同一种民族，在计划生育问题上是否按同一规定办事，这也是应当进行调查研究的问题。要做到在计划生育问题上对不同的少数民族采取不同的做法，就必须通过调查，了解各个民族的特点。

在调查少数民族人口现状时，还应当了解农村各种生产责任制落实后，群众在生育问题上的种种想法。由于我国汉族人口所占比例高，因此我们在研究如何搞好少数民族计划生育工作时，首先要考虑做好汉族的计划生育工作，并针对历史上形成的我国民族情况对各族人民作些解说。

（四）成立贵州省人口研究室

为了开展上述调查研究工作，我认为应该成立贵州省人口研究室。为了加强人口问题研究，我认为省内有关研究单位和文科、医科院校也应设置人口问题研究机构，配备专人开展研究；在有关系、科、专业开设“民族学”、“人口学”、“优生学”等课程，并讲授有关少数民族人口问题的专题，以加强计划生育的宣传教育，培养人口问题的研究人员。

人口问题是历史上形成的一个十分复杂的问题。我们需要研究少数民族人口发展的数量，确定一个地区、一个民族的适度人口；也需要开展优生学研究，发展少数民族地区文教、卫生事业，逐步提高人口质量。人口问题人人关心，解决好人口问题人人有责。由于笔者占有的资料不多，理论和政策水平也很低，因此文中遗漏和错误的地方在所难免，请同志们批评、指正。

（原文载《贵州民族学院学报》（社科版）1982 年第 1 期）

积极开展人口研究　努力促进民族繁荣

赵紫阳同志在党的十三大所作的报告中指出："我国在人口控制方面已经取得了显著成绩，广大计划生育工作者为此作出了重要贡献。但是，必须看到，我国人口基数大，现在又正值生育高峰期，计划生育工作丝毫不能放松，否则势必影响既定奋斗目标的实现。必须强调优生优育，提高人口质量。同时，还要注意人口迅速老龄化的趋向，及时采取正确对策。"

现在，我结合对十三大文件的学习，就开展对人口研究工作谈几点意见：

一、调查人口的数量，研究人口增长的原因和发展的趋势

我国是一个多民族的国家，近年来，各省、市、自治区的少数民族人口，由于种种原因，有了较大幅度的增长。从全国范围来看，根据国家统计局 1987 年 1% 人口抽样调查的手工汇总材料来看，我国大陆总人口是 107 233 万。其中少数民族人口占 8%，比 1982 年 7 月 1 日第三次人口普查时的 6.7% 上升了 1.3 个百分点。（根据手工汇总材料，当年的大陆人口是 100 818 万人，各少数民族人口是 6 723 万人）

根据省统计局 1987 年 11 月 30 日发布的贵州省 1% 人口抽样调查主要数字的公报，在 1987 年 7 月 1 日零时，全省总人口为30 597 204 人，同 1982 年人口普查时相比，五年间增加 2 044 262人，增长 7.16%。（1982 年 7 月 1 日零时全省人口总

数为28 552 942人）贵州省各少数民族人口占总人口的比重，也由1982年的26%上升为1987年的31.67%。黔东南苗族侗族自治州是一个少数民族人口比重较大的自治地方，因此，我们对于各民族人口的发展趋势，应当根据人口的现状、近年来人口增长的速度、民族成分的改变和人口政策的调整等因素进行预测，并提出解决的方法。

二、调查人口素质的现状，分析人口素质偏低的原因，探讨提高人口素质的方法

人口素质包括思想道德品质、文化科学水平及劳动技能和身体素质三个方面。提高思想道德品质需要由家庭、学校、社会对其成员进行长期的思想、道德、纪律等方面的教育；需要各民族相互学习，取长补短；也需要按建设社会主义精神文明的要求不断提高。

关于体现文化科学水平和劳动技能方面的人口因素，我国各民族之间存在的差异比较明显，也是人口研究工作者普遍关心的问题。在这方面，需要分时期、分地区、分民族、分类型行全面、系统的调查，尽可能地掌握有关资料。从历史、经济、社会、教育等方面寻找原因。在论述这些方面的原因时要具体、要有例证、要有说服力，要符合实际，以便有关领导机关和职能部门采纳和实行。

对于人口的身体素质，也需要从调查现状入手，分别从遗传疾病、营养状况、身体发育情况、生产劳动和生活习俗对身体健康的影响等方面进行调查，如找出影响身体素质的婚姻习俗（如早婚、早育、近亲结婚等）和遗传因素（如患医学上认为不应当结婚的疾病的父母给子女带来的“后遗症”）、生产劳动因素（如劳动强度过大、劳动方式不当和导致某些职业病的劳动）、生活因素（如酗酒、大量吸烟、其他不讲卫生的以及迷信和反科学的生活习惯等）、环境因素、营养因素，并提出切实可行的提高身体素质的建议和措施。

对于提高人口素质的调查研究工作，不仅应当受到人口学工作者、计划生育工作者的重视，而且应当受到党政领导机关和有关职能部门以及教育工作者、社会学工作者、民族学工作者各方面的普遍重视。加强领导，统筹规划，人人关心，群策群力，才能完成这项艰巨的任务。

三、进一步做好计划生育的宣传教育工作

1. 全面调查各个少数民族的生育观，探讨形成这些生育观的历史、社会、经济等方面的原因，然后有针对性地提出有理、有据、可以使群众信服的宣传内容。在宣传时应多采用个别谈心的方式，对群众进行深入细致的思想教育。

2. 调查群众中存在的某些认识不清的问题。如有人认为少数民族人口数量大量增加才是民族繁荣的体现；有人从自己或家庭的当前利益片面地来评价计划生育，而没有从长远的、全面的、全民族的利益来理解计划生育的必要性和紧迫性。对于这方面的认识问题，要利用算账对比，联系计划生育先进地区以及国外一些发达国家人口情况，向群众进行宣传、解释。

3. 对于计划生育政策的宣传也很重要。国家规定对少数民族的计划生育可适当放宽，我们对政策应有全面的理解。应根

据不同地区、不同民族以及同一民族内有着不同情况的各个部分，采取合理、有利于本民族发展的，有利于加强各民族团结和实现共同繁荣的具体措施。对于制定这些措施的理由和它们的必要性，也要对群众详细讲解，做到家喻户晓，深入人心。

从事人口研究大体上可以分为三个阶段：一、调查人口数量、人口质量的现状，回答“是什么”的问题；二、分析形成上述状况的原因，回答“为什么”的问题；三、提出解决问题的办法，回答“怎么办”的问题。就上述三个阶段来说，了解事物的现状是很重要的。对于任何社会问题首先要全面地了解它的真相；之后，应对形成这种状况的原因进行综合的分析，并找出解决问题的办法，提出相应的建议。研究问题要从实践到理论，又从理论到实践，反复进行，才能不断地提高研究水平，推动学科的发展。

我提出的问题和建议，难免有不恰当的地方，请同志们批评指正。

建议研究少数民族人口增长的社会原因

贵州是一个多民族的省份，必须做好各项民族工作，才能兴黔富民，实现各民族的共同繁荣。

人口问题是我省在社会主义现代化建设中需要高度重视、认真研究并正确处理的社会问题。1982 年人口普查时，我省各少数民族的人口占全省总人口的 26%；到 1986 年底，少数民族人口约占全省总人口的 30%。同一时期，黔东南苗族侗族自治州的各少数民族人口占全州总人口的比重由 66.85% 上升到 71.24%。在贯彻中共中央、国务院今年四月批转的《关于民族工作几个重要问题的报告》的通知中指出："为了做好今后的民族工作，拟在今后两三年内对我国少数民族的现状和今后的发展，进行一次比较系统深入的调查研究"。我们应当遵照中央的指示，对少数民族的人口问题也进行一次系统深入的调查研究。

现在我适当地联系全省的和黔东南苗族侗族自治州的情况，提出我的"研究少数民族人口增长的社会原因"这项建议。

解放前，由于反动政府的统治和压迫，我省少数民族的人口数量没有得到发展，还有不少城乡居民隐瞒了自己的民族成分。解放后，党的民族政策促进了各民族的发展和繁荣。1982 年以前，我省没有在少数民族地区全面开展计划生育工作，还曾明文规定过两个少数民族暂不实行计划生育，全省少数民族人口有了较大的增长。

1981年11月28日以后，根据国家民族事务委员会、国务院人口普查领导小组和公安部《关于恢复或改正民族成分的处理原则的通知》的规定，130多万居民恢复和改正了他们的民族成分；其中绝大多数是由原来报为汉族的改为少数民族。此外，民族复合家庭的父母一方原为汉族的，如其子女原报为汉族，近年来也纷纷改报为少数民族。1980年至1984年我省许多市、县（自治县、特区、市辖区）开展过民族识别工作，认定了约30万人口的少数民族。因此，对我省少数民族人口的数量增长应当分别从自然变动、社会变动和迁移变动三个方面进行调查研究，全面了解造成这些变动的客观原因和主观原因，找出这些变动对今后少数民族人口增长的影响，并研讨应当采取的合理措施。

人口的自然变动是由出生和死亡所引起的人口数量的增减和人口年龄、性别构成变化的过程。人口作为一个生物群体，它的自然变动要受生理因素所制约，但人口又是生活在特定社会环境中的社会群体，因此它的自然变动也要受社会因素制约。

人口的迁移变动，是指人口在空间上的一切移动，包括改变定居地点的永久性移动和暂时的移动。它虽受地理环境和自然资源等自然因素的影响，但社会因素往往是引起人口迁移的决定性因素。

人口的社会变动，是指人口从一个社会集团转入另一个社会集团的变动。社会集团是根据一定的社会、经济标志来划分的。民族成分是划分社会集团的一个重要标志。因此，我们在研究人口变动（人口数量的增减是人口变动的一个重要组成部分）时，必须重视引起变动的社会因素。

从1975年起我省重点安排了计划生育工作，全省人口的自然增长在一定程度上得到了控制。1982年以后，我省人口中民族成分的变动较大。基于上述情况，我建议人口学工作者、民族学工作者和社会学工作者可将由我省人口中民族成分变化引起的人口数量变化作为一个课题来研究，以便对我省少数民族人口变化过程和发展趋势有一个比较全面的理解。

我们进行这项研究，除了应当重视前面提到的民族识别所引起的某些民族的人口数量变动外，还可以对以下几方面的社会现象进行考查：

比如，民族复合家庭的子女选择了少数民族的民族成分后，他们到达婚育年龄时就可以适用有关少数民族计划生育的政策，这样一代一代地下去，就会导致少数民族人口增长幅度逐渐加大。由于各民族交往的频繁，民族复合家庭的增多是多民族国家、多民族省份居民中的婚姻家庭关系的必然趋势，也是一桩好事。对由于上述原因造成的少数民族人口增长，应当定期地进行调查研究，并在数量上予以反映。

又如，我省有的民族自治地方在执行《中华人民共和国〈婚姻法〉》时，曾作出一些变通的规定，在这些规定中有的列入了降低青年男女初婚年龄的条款。这样规定虽与当地民族的传统的婚俗有关，但它必然会对当地人口数量产生影响。

再如，许多地方各民族人口中的已婚男女有“多子多福”的生育观。他们的这种意愿是否出于“养儿防老”的考虑，或是认为男丁增多就会“人财两旺”，有没有“传宗接代”的重男轻女思想，诸如此类的问题都值得研究。

总之，围绕人口数量问题，我们不仅要了解一个地区不同民族之间的人口现状及其变化规律，而且要找出形成这种状况的原因，探讨应当采取的控制某地区、某民族人口增长过快的措施，使人口增长同本地区、本民族的经济、社会发展相适应，和环境保护、资源利用相协调，以促进各民族的共同繁荣。

（原文载《民族人口探索》1988 年第 1 期）

人口普查与民族研究[①]

人口普查是一个国家或地区在某一特定的时间上，对其境内的人口以及人口相关的社会、经济、文化等状况，进行逐人逐户的登记调查，并将所得资料迅速汇总、评价、分析与发表的全过程。人口普查是一项极为重要的国情、国力调查，进行人口普查，准确地掌握我国人口的分布及构成情况，对于我们从实际情况出发，更好地进行社会主义现代化建设，安排人民的物质和文化生活，制定人口政策和规划，具有重大意义。

人口普查不仅是一项国情、国力的调查，它同时也给民族研究提供了宝贵的资料。建国以来，我国先后在 1953 年、1964 年和 1982 年进行过三次人口普查。这三次普查的许多项目都同民族研究有关系。

1982 年我国进行第三次人口普查时，共需登记十九个项目，其中按人登记的有十三个项目，它们是：姓名与户主的关系、性别、年龄、民族、常住人口的户口登记状况、文化程度、行业、职业、不在业人口状况、婚姻状况、生育子女总数和存活子女总数、1981 年育龄妇女生育状况；按户登记的有六个项目，它们是：户别、本户住址编号、本户人数、本户 1981 年出生人数、本户 1981 年死亡人数、有常住户口、已外出一年以上的

① 本文由张正东教授与石开忠教授合著。

人数。

从第三次人口普查来看，每一个登记项目都与民族研究有关。我们认为，目前可以利用人口普查进行民族研究的课题，主要有以下五项。

一、人口普查与族称问题研究

人口的民族构成反映国内民族种类以及各民族人口所占的比重。我国是一个多民族国家，各民族的人口数量多少不一，分布面广，情况复杂，但总的说来，汉族的分布，从黄河流域逐渐遍布全国，主要聚居在黄河、长江、珠江三大流域和松辽平原；少数民族主要分布在内蒙古、新疆、西藏、广西、宁夏、黑龙江、吉林、辽宁、甘肃、青海、四川、云南、贵州、广东、湖南、河北、湖北、福建、台湾等省区。1982 年第三次人口普查时，全国共有 56 个民族，其中汉族人口占总人口的 93.3%，少数民族人口占总人口的 6.7%。在 55 个少数民族中，人口超过百万的少数民族有 15 个，即壮族、回族、维吾尔族、彝族、苗族、满族、藏族、蒙古族、土家族、布依族、朝鲜族、侗族、瑶族、白族和哈尼族；人口超过十万的少数民族有 13 个，即哈萨克族、傣族、黎族、傈僳族、畲族、拉祜族、佤族、水族、东乡族、纳西族、土族、柯尔克孜族和羌族；人口超过五万的少数民族有 7 个，即达斡尔族、景颇族、仫佬族、锡伯族、撒拉族、布朗族和仡佬族；人口在五万以下的少数民族有 20 个，即毛难族、塔吉克族、普米族、怒族、阿昌族、鄂温克族、基诺族、乌孜别克族、京族、崩龙族、裕固族、保安族、门巴族、独龙族、鄂伦春族、塔塔尔族、俄罗斯族、珞巴族、高山族和赫哲族①。

1982年人口普查数字同1964年人口普查数字比较，汉族人口增长43.8%；各少数民族人口增长68.4%。少数民族人口占总人口的比例，已由1964年普查时的5.8%上升为6.7%。在不同少数民族中，有些人口的增长速度较慢，如主要分布在吉林、辽宁、黑龙江等省的朝鲜族由1964年普查时的1 339 569人，增加为1 763 870人，增长31.67%；有些人口的增长速度较快，如居住在四川省的羌族，由1964年普查时的49 105人，增加为102 768人，增长109.3%；又如，居住在黑龙江省的赫哲族，由1964年普查时的718人，增加为1 476人，增长105.6%。②

贵州是一个多民族的省份，除汉族外，有苗族、布依族、侗族、彝族、水族、回族、仡佬族、壮族、瑶族、满族、白族、土家族十二个世居的少数民族；此外，还有陆续从省外迁居本省的三十四种少数民族（有的族称是我省部分群众习惯的称谓，在对第三次人口普查资料进行机器汇总时未作调整）和一些未识别民族。第三次人口普查时，贵州全省总人口为28 552 942人。其中，汉族21 129 487人，占全省总人口的74%，各少数民族（包括未识别民族的人口）共7 423 455人，占全省总人口的26%。世居贵州的十二种少数民族人口为6 586 706人，占少数民族人口总数的88.7%；三十四种少数民族人口为88 669人，

---

① 《中国第三次人口普查的主要数字》，国务院人口普查办公室、国家统计局人口统计司编，中国统计出版社1982年版。

② 同上。

占少数民族人口的1.19%；未识别民族人口为748 080人，占少数民族人口的10%。[1]

世居在贵州的十二种少数民族中，人口超过百万的有苗族（2 582 587人）、布依族（2 098 852人）；人口超过十万、不足百万的有侗族（851 119人）、彝族（564 556人）、水族（275 680人）；人口在十万以下的有回族（98 452人）、仡佬族（51 521人）、壮族（27 691人）、瑶族（19 398人）、满族（10 367人）、白族（4 858人）和土家族（1 625人）。[2]

1982年普查时，贵州少数民族人口总数为7 423 455人，比1964年普查时的4 011 901人增加3 411 554人，增长85.04%；比汉族人口增长60.88%的速度高出24.16%。十八年间，少数民族人口平均每年增长3.48%，比汉族人口平均每年增长2.68%的速度高出0.8%。[3] 少数民族人口占全省人口的比重由1964年的23.4%上升到1982年的26%。其中，世居在贵州的十二种少数民族人口的增长速度大多数高于汉族人口的增长速度。

人口普查提供了全国、全省人口的民族构成、各民族人口发展变化的资料，给我们提出了重要的研究课题，即人口普查资料中的民族成分问题。在人口普查时，民族成分这一项是根据申报人的自报，由普查员填写，然后汇总上报，由统计部门正式公布。但申报人是否都能做到准确地申报自己的民族成分，

① 见《贵州省第三次人口普查资料汇编》（机器汇总），贵州省人口普查办公室编。
② 同上。
③ 同上。

则是民族研究工作者需要进行研究的问题，因为它是检验、提高人口普查资料质量的一个不可忽视的内容。

这里，我们以贵州省第三次人口普查资料中民族称谓的问题为例。1982 年人口普查登记时，我省有些县（特区）登记出成批的高山族、白族、黎族、京族等，这实际上是群众习惯的自称，不完全符合实际。据我们所知，第三次人口普查时，申报为高山族的有一部分群众，由于对这一民族名称的含义理解得不准确，自以为曾居住在高寒山区，因此报为“高山族”；另有一部分群众根据服饰的颜色，误报为“白族”。上述情况有一部分出现在苗族居住的村寨中。在 1982 年人口普查时，贵州省登记出七万人的黎族和一千多人的京族，这主要是我省未识别民族共同体的“里民”和“南京”部分群众错报的结果。此外，我们还发现另一种错报的情况，如我省布依族在过去曾称为“夷家”或“水户”，因而在人口普查时，有一部分群众将其民族成分申报为彝族或水族；历史上湘、黔两省的一些少数民族曾被泛称为“苗”，因此在人口普查时也出现有的地方将一部分并非苗族的少数民族申报为苗族。总的来说，在民族成分问题上，人口普查资料中曾出现过三种情况：未识别的民族与已确认民族挂钩；用习惯的他称或自称代替国家正式公布的民族名称；用对一些民族的泛称代替某个民族的专称。出现错报民族成分的原因是多方面的，既有历史的原因，也有现实的原因，还由于人们缺乏民族形成理论和有关民族识别方面的知识。人口普查资料中出现的民族称谓问题，促使民族研究工作者必须重视对民族理论、民族历史与现状、民族政策和民族意愿的研究。

二、人口普查与民族理论问题研究

我国是一个多民族国家，贵州是一个多民族的省份。根据第三次人口普查资料，1982 年全国未识别民族人口有 879 201 人[①]，贵州未识别民族人口有 817 801 人[②]，贵州未识别民族人口占全国未识别民族人口总数的 93%。

民族识别是民族工作的前提。民族识别工作进展情况如何，直接影响民族政策的贯彻执行，也关系到加强民族团结、进一步调动包括未识别民族在内的各民族建设社会主义的积极性，因此它是民族工作中的一件大事。族别研究是目前民族研究中的一个重要项目。

五十年代初期到六十年代中期，有关部门曾组织过上千人的队伍对少数民族的社会历史进行了调查研究；在工作过程中识别、确定了一些少数民族；我省民族识别工作也取得了一定成绩，先后确定、公布了布依族、仡佬族的民族名称，并对“穿青”“南京”“蔡家”“卢人”“龙家”“ 僰家”等民族共同体进行过初步调查，积累了一些资料。此后，由于各种原因，民族识别工作被迫中断。1980 年民族识别工作又逐渐开展。

由于我国民族的种类多，历史关系复杂，再加上对民族理

---

① 《中国第三次人口普查的主要数字》，国务院人口普查办公室、国家统计局人口统计司编，中国统计出版社 1982 年版。

② 见《贵州省第三次人口普查资料汇编》（机器汇总），贵州省人口普查办公室编。

论以及民族特征的看法不尽一致，对于这方面的一些问题难以解决，因此，现在对尚未识别的民族共同体进行识别的难度较大。从人口普查的资料来看，这些民族共同体的人口仍占有一定比例。为了发展社会主义的民族关系，搞好民族团结，促进各民族共同繁荣，有必要对民族形成与发展的理论进行研讨，进一步搞好各项民族工作。

斯大林在1929年写的《民族问题和列宁主义》一文曾对“民族”的概念作了如下论述：“民族是人们在历史上形成的有共同语言、共同地域、共同经济生活以及表现于共同的民族文化特点上的共同心理素质这四个基本特征的稳定的共同体。”①概括地说，民族这个人们共同体要具备共同语言、共同地域、共同经济生活、共同心理素质这四个特征，也就是我们通常所说的民族形成的四个要素。共同语言，是指同一个民族的人们在生产、生活中，交流思想感情，彼此进行联系所共同使用的语言。共同地域，是指组成一个民族的人们具有一定的共同居住、生活的地区。共同经济生活，也就是经济上的联系性，指的是一个民族的各个地区、各个部门、各种行业之间在经济上的社会分工和相互依赖，以及在共同市场内的产品交换等，都是共同经济生活的表现。共同经济生活和经济上的联系是形成人们共同体的纽带，也是共同心理素质形成的前提条件。共同心理素质是指表现在共同的民族文化特点上的心理上的东西。由于各个民族居住地区的自然环境、经济生活条件和历史遭遇

① 见《斯大林全集》第11卷286—305页。

的不同，因而形成了各个民族独特的文化艺术和风俗习惯，也形成了独特的民族感情。这种独特的心理和感情，通过共同的民族文化（包括文学、艺术、哲学、美学、宗教、风俗习惯、道德等方面）的特点而表现出来。心理素质不是一成不变的，它是随着生产、生活条件的变化而变化的。

斯大林提出的民族定义是对西欧资本主义上升时期形成的资产阶级民族进行比较研究之后得出的总结。由于各种类型的民族都具有四个民族特征，只是在某个特征发展的程度上存在着差别，因此上述定义具有普遍意义。就我国的实际情况来看，直到解放前夕，各民族都还处在前资本主义的发展阶段。因此，我们认为斯大林的民族定义对于我国民族识别工作虽有指导意义，但也不能生搬硬套。由于我国社会历史条件和自然条件的特点，各民族的政治、经济、文化发展很不平衡。不仅在不同民族之间社会发展阶段有所不同，而且在一部分民族内部的不同地区之间的社会经济结构也有很大的差异。概括起来说，在民主改革之前，我国各少数民族地区的社会经济结构有以下四种类型。

属于第一种类型的有蒙古族、回族、维吾尔族、苗族、壮族、满族、布依族等三十多个少数民族地区（当时约有三千万人口）。这些地区封建地主经济比较发达；有的地区资本主义虽有不同程度的发展，但封建地主经济占有绝对优势。

属于第二种类型的有藏族、傣族和部分维吾尔族地区（当时共约四百多万人口）。这些地区存在着领主经济占统治地位的封建农奴制度。

属于第三种类型的有位于云南、四川两省交界处的大小凉山的彝族地区（当时约有一百万人）。这里还存在着较为完整的奴隶制度。

属于第四种类型的有云南边疆地区独龙族、怒族、佤族、傈僳族、布朗族、崩龙族、景颇族、基诺族和内蒙古自治区、黑龙江省的鄂伦春族、鄂温克族以及广东海南岛的部分黎族地区（当时共约六十多万人口）。这些地区虽然已经出现了土地私有，也有了剥削和阶级分化，基本上已经进入阶级社会，但是还保留着浓厚的原始公社制度的残余。

从民族的四个要素来看，应当结合我国的实际来理解，并在民族识别工作中正确地阐明它。比如，就共同语言来说，我国的汉族和几个少数民族都把汉语作为他们的共同语言；又以共同地域而论，我国不少民族，由于迁移等原因，分散在全国许多地方，他们虽没有共同地域，但都是单一的民族；再从共同经济生活来看，我国的彝族分布在云南、四川、贵州等省。大体来说，生活在云南省的彝族处于封建领主制经济发展阶段，生活在四川凉山的彝族处于奴隶制经济发展阶段，生活在贵州的彝族处于封建农奴制发展阶段。虽然彝族没有共同的经济生活，但并不因此就不是一个单一民族。

民族识别是一项复杂的科研工作，需要分别从历史和现状来全面考察这个人们共同体的民族特征，不能强调一个要素而忽视另一个要素。比如说，搞语言调查的同志如果只强调民族语言的重要性，搞民族文化调查的同志如果只强调风俗习惯的重要性，都会影响对这个未识别人们共同体的全面了解。

在识别一个民族共同体时除要考虑斯大林提出的民族特征外，要不要考虑血缘联系和民族意愿在民族形成和发展过程中的作用，这是民族研究中的一个重要课题。我们认为，无论从民族的形成和发展来看，或是从一个民族保持和加强内部的团结来看，其成员间的婚姻关系和由此产生的亲属关系，都有一定的作用。人们有了共同语言、共同地域、共同经济生活以及表现于共同的民族文化上的共同心理素质，如果没有相互间的婚姻关系，很难设想他们能够形成一个民族。在我国，很多民族都很强调本民族内部的血缘联系。作为共同心理素质组成部分的民族感情，它的产生也和本民族成员的血缘联系有关。

在我国，按照传统习惯和现行规定，不同民族成员建立的家庭，其子女的民族成分取决于其上辈的民族成分，未成年子女的民族成分，可由父母确定；子女成年后则可自行择定。在现实生活中，人们要求认定其民族成分或改变其原报的民族成分时，也都要提出其上辈的族别作为申请的依据。

民族意愿在民族识别中应当受到重视。对于民族意愿，我们并不把它看成纯粹是人们的主观愿望。我们认为任何民族的意愿，都有其客观的根据和自身的形成过程。进行民族识别应当认真地了解和分析待识别民族的意愿，有理、有据地说明它同客观实际的联系。民族意愿体现着民族感情，因此正确对待民族意愿有利于调动未识别民族成员的积极性，有利于维护和加强各民族之间的团结。

我国未识别的民族大体上有两种情况：（1）需要判断是汉族还是少数民族；（2）需要判断是单一民族还是某一民族的一

个支系。这两种情况极为复杂，如果由于我们的调查研究工作不深入或其他原因，误将一个民族的支系确认为单一民族，或将一个本来是单一民族误认为是某一民族的支系，都不利于调动这个民族成员的积极性，不利于民族团结。

民族平等和民族团结，是马克思主义处理民族问题的根本原则，也是党和国家制定各项民族政策的主要依据。族别研究是新中国民族学研究中的一个重要项目；民族识别是解放后我国进行的一项重要的民族工作。从人口普查资料和一些省区的实际情况来看，民族识别还有许多工作要做，这就需要民族研究工作者加强对民族理论的研究，加快民族识别的步伐。

三、人口普查与民族教育问题研究

由于历代统治者推行民族压迫、民族歧视政策，过去少数民族人民入学读书的人数极少，文盲、半文盲占总人口的比重大。

我省少数民族人口的平均文化程度比汉族低。1982 年第三次人口普查时，少数民族小学以上的各种文化程度人口共 2526592 人，占少数民族人口总数的 34.04%，比汉族的 46.93% 低 12.89%，比全省人口的 43.58% 低 9.54%。少数民族人口中的文盲、半文盲（12 岁及 12 岁以上不识字或识字很少的人）共 2867715 人，占少数民族总人口的 38.63%，比汉族的 30.12% 高 8.51%；少数民族人口中的文盲率为 58.27%，比全省总人口的文盲率 47.88% 高 10.39%。在少数民族人口中，女性文盲高于男性文盲，女性文盲率为 80.09%，男性文盲率为

37.23%，女性文盲率比男性文盲率高出42.86%，也就是说，贵州少数民族12周岁以上女性有80%是文盲、半文盲。[①]

少数民族人口的平均文化水平较低，人口中文盲、半文盲的比例较高，这是因为少数民族地区文化教育事业比较落后；同时，由于一些少数民族地区经济落后，社会分工不发达，过去人们在生产劳动中，感受不到掌握文化知识和科学技术的迫切需要，有的人甚至认为文化知识可有可无。除此之外，少数民族人口文化水平较低的原因还有下面一些。

1. 学校校舍、设备差。教育行政部门在校舍、设备方面提出的最低要求是：校校无危房，班班有教室，人人有桌椅。而我省一些少数民族地区学校的校舍却不抗风，不避雨，也不能挡太阳；有的学校三个学生用不上一套桌椅；教学中连最起码的仪器设备也没有。

2. 教师的社会地位和生活待遇低。许多少数民族地区对于教师工作、学习、生活、家庭等方面的问题长期没有得到妥善地解决，所以有的人不愿意到那里当教师，当地现有的教师有的也不安心在那里工作。许多学校教师队伍质量不高，合格的教师少。如贵州省天柱县1983年参加小学语文教材过关考试的197名教师中，合格的只有22人，占11%；参加初中语文教材过关考试的85名教师中，合格的只有18人，占21.9%；其他各科合格人数的比例也都类似[②]。天柱县是侗族、苗族聚居的县份，是全国民族教育先进县份之一，其教师业务水平尚且如此，

---

① 见《贵州省第三次人口普查资料汇编》（机器汇总），贵州省人口普查办公室编。
② 见《贵州少数民族教育研究》（一）75页，贵州省教育科学研究所编。

可以想见一些边远、落后的少数民族地区教师队伍质量的程度。从外地调入工作的一部分教师，也由于遇到一些具体困难，不能长期坚持在当地工作。从少数民族地区教师情况来看，教师中大部分未受过正规的师范教育。如天柱县有中学专任教师547人，其中具有大学本科学历的47人，占8.5%；大学专科学历的146人，占26.6%；中专、高中毕业的283人，占43.5%；中专、高中肄业以下的71人，占13%。[①] 这就必然要影响教学质量。

3. 多数民族地区的经济体制、传统习惯、现行学制、课程设置、教材内容和教学方法等方面存在的问题，也对民族教育的发展有着一定的影响。由于少数民族地区经济发展缓慢，社会分工不发达，人们在生产劳动中没有普遍认识到文化知识和科学技术的重要性，因此入学率比较低。由于某些传统习惯和社会势力的影响，青年男女到一定年龄后，他（她）们就忙于社交活动并开始为自己准备结婚物品，而这段时间也正是青少年应当入学读书的时间。因此，有的地方学龄儿童入学读书的人数较少，女童的入学率更为突出。此外，同汉族地区学校基本相同的教学内容、教学方法和课程设置，也对民族地区学龄儿童的入学率有一定影响。

《中共中央关于教育体制改革的决定》明确指出“国家还要帮助少数民族地区加速发展教育事业”。在贵州省教育工作会议上，省委负责同志讲话时特别强调要加速发展民族地区的教育。根据贵州民族地区的现状和中央、省委的指示精神，我们对开

---

① 见《贵州少数民族教育研究》（一）75页，贵州省教育科学研究所编。

展民族的研究提出以下几点建议：

根据历次人口普查表明少数民族中文盲、半文盲的人数多、比例高和女性入学人数少的情况，希望教育行政部门、民族院校和有关研究单位组织人力到省内民族地区进行全面、深入、系统的调查研究，提出切实可行的建议，加速发展我省民族地区的教育事业；师资问题是发展民族教育的核心问题，希望有关单位调查研究民族地区师资的现状，分别就培养、引进和稳定各级各类学校的师资提出调查报告和具体建议；认真研究如何贯彻落实中央和省委的有关决定和指示，切实做到民族教育经费的逐步增长，还必须做到专款专用，注意提高民族教育经费的经济效益。

四、人口普查与民族经济问题研究

人口普查反映经济发展状况的项目，主要是人口中的行业、职业构成。根据 1982 年人口普查规定的行业类别为十五大类，它们是：农、牧、林、渔业；矿业及木材采运业；电力、煤气、自来水生产和供应业；制造业；地质勘探和普查业；建筑业；交通运输、邮电通信业；商业、饮食业、物资供销及仓储业；住宅管理、公用事业管理和居民服务业；卫生、体育和社会福利事业；教育、文化艺术事业；科学研究和综合技术服务事业；金融、保险业；国家机关、政党和群众团体；其他行业。在第三次人口普查规定的职业类别为八类，它们是：各类专业、技术人员；国家机关、党群组织、企事业单位负责人；办事人员和有关人员；商业工作人员；服务性工作人员；农、林、牧、渔劳动者；生产工人、运输工人和有关人员；不便分类的其他劳动者。

按国际上通用的标准，人口的行业一般划分为三个产业：第一产业包括农业、畜牧业、游牧业、狩猎业、渔业、林业等；第二产业包括制造业、采掘业、建筑业、运输业、通信业、电力和煤气业等；第三产业包括商业、金融、饮食等公共服务，以及科学、卫生、文化、教育、政府等公共行政事业。

人口的行业构成是研究人口在国民经济和社会发展事业各个部门的分布状况的指标。人口在国民经济和社会事业发展各个部门的分布状况及其结构的比例变化，是反映一个国家的社会生产力和科学技术水平的重要标志。人口的职业构成是研究人口的社会分工状况的一个重要指标。一个国家人口的职业构成与分布比例状况，直接反映着这个国家经济的发展程度。1982 年人口普查时，贵州少数民族在业人口为 3 662 448 人，在业人口中从事第一产业的人数为 3 468 473 人，占在业人数的 94.70%；从事第二产业的 71 450 人，占在业人数的 1.95%；从事第三产业的 121 918 人，占在业人数的 3.33%。[①] 从普查资料来看，贵州少数民族从事第一产业的人数最多，这反映了贵州少数民族地区经济落后。这种局面是由以下几个原因造成的：解放前，贵州少数民族地区工农业生产水平低下，经济基础薄弱；建国后，人们长期忽视本省的民族特点、自然条件和经济条件，没有因地制宜发展生产；人口的文化水平低，缺乏各种

① 见《贵州省第三次人口普查资料汇编》（机器汇总），贵州省人口普查办公室编。

专业技术人才，严重影响民族地区的经济发展，等等。

为了加快少数民族地区的经济建设，应当重视有关经济问题的研究，探讨如何改变少数民族地区产业结构的现状，以促进民族经济的全面发展。根据第三次人口普查统计的数字来看，少数民族人口从事第一产业的人数较多，而从事第二、第三产业的人数较少。这种第二、第三产业人数占在业人数的比重极不相称的状况，严重影响了民族地区的经济发展。从少数民族地区的自然地理和物产资源来看，大力发展第二、第三产业的潜力很大，比如民族地区发展旅游事业，开采矿产，土特产品的收购与加工，等等。因此，我们必须结合民族地区的实际，开展民族经济问题的研究，以促进各民族的发展繁荣。

五、人口普查与民族婚姻、家庭问题研究

1982 年人口普查时，婚姻和家庭状况是登记的重要内容。婚姻状况中包括未婚、有配偶、丧偶、离婚四项；家庭状况中包括家庭户的规模和家庭户的类别两项。

从 1982 年第三次人口普查资料来看，贵州少数民族人口中的婚姻关系比较稳定，离婚人数较少，到达结婚年龄的一般都已结婚；但由于某些风俗习惯的影响，早婚的人数仍占有一定比例。如台江县苗族妇女在 19 岁以前结婚的人数占 15—49 岁妇女人数的 13. 45%，同上情况的剑河县侗族妇女占 8. 3%，三都水族自治县的水族妇女占 12. 17%，布依族妇女占 8. 36%。[1]

---

① 根据第三次人口普查原始资料整理。

从人口普查的原始资料中我们了解到，在一些边远、落后的少数民族村寨的近血缘婚配较为普遍，这就会对本民族的人口素质产生不良影响。

从人口普查的资料中看出，各少数民族人口中，随着年龄的升高，丧偶人数占已婚人数的比例有上升的趋势。如台江县30—34岁的苗族妇女丧偶人数占15—49岁妇女人数的0.51%，在35—39岁这一阶段为0.65%，在40—44岁这一阶段也为0.65%，在45—49岁这一阶段则高达3.33%；剑河县31—34岁的侗族妇女丧偶人数占15—49岁妇女人数的0.48%，在35—39岁这一阶段为0.36%，在40—44岁这一阶段上升为1.07%，在45—49岁这一阶段则高达2.9%。[①] 其他县份的苗族、侗族以及其他民族都有类似现象。

1982年人口普查对家庭户规模的统计分为一人户、二人户、三人户、四人户、五人户、六人户、七人户和八人及以上户。贵州各民族家庭户的规模，从普查资料来看，以五人或六人为一户的居多。如台江县苗族的六人户家庭占苗族家庭总户数的比例最高，为18.63%；三都县水族的五人户家庭占水族家庭总户数的比例最高，为16.97%。[②]

1982年人口普查对家庭户的类别的统计分为一对夫妇户、二代户、三代以上户、一代户和其他亲属及非亲属、二代以上户和其他亲属及非亲属、单身户和其他户。从普查资料来看，贵州各民族的家庭户均以二代户为主。如台江县苗族二代户占

① 根据第三次人口普查原始资料整理。

② 同上。

的比例最高，为该县苗族总户数的67.51%；三都县水族二代户占的比例最高，为该县水族总户数的64.65%。①

根据人口普查资料提供的数据，我们应当重视对人口质量有关的问题进行研究。例如：

1. 婚龄问题。《婚姻法》规定“结婚年龄，男不得早于二十二周岁，女不得早于二十周岁”。上述规定适合我国男女青年长身体、求知识、多作贡献的要求，也符合当代推迟青年男女结婚年龄的普遍趋势。从人口普查资料来看，贵州少数民族人口中的早婚现象比较普遍。由于这种婚俗已经成为影响人们行为的传统势力，今后如何全面、持久地宣传、贯彻《婚姻法》和自治地方制定的有关法规，搞好计划生育工作，促进精神文明建没，都是值得我们研究的问题。

2. 近血缘结婚问题。我省有些少数民族地区，由于交通不便、民族感情、传统习惯等原因，有三代以内旁系血亲关系的男女结婚的比较多；当地居民对这种“亲上加亲”视为正常现象。《婚姻法》规定禁止直系血亲和三代以内的旁系血亲互相婚配，是从各民族人民的健康和共同繁荣来考虑的。由于近亲结婚生育的孩子常有某些先天性缺陷，影响人口素质。因此，如何在少数民族地区逐步改变近血缘结婚的习俗，也是我们应当注意研究的问题。

3. 托幼、养老问题。从普查资料中看出，贵州少数民族家庭平均人数较多，一般家庭有5—6人，而且大多是一夫一妻及

① 同上。

其未成年子女组成的家庭。这种家庭既有幼儿入托问题，也有赡养老人的问题。如何使幼儿健康成长，又要使老人安度晚年，这都是关系到人口素质的问题，也是关系到民族发展繁荣的问题，不容忽视。

我们仅就以上人口普查中的几个与民族研究关系最为密切的项目进行论述。民族工作者应当充分利用人口普查的资料研究现实问题，为民族繁荣、社会进步服务。

人口普查的历史比较久远，它是世界各国广泛采用的收集国情资料的一种方法，现在许多国家的人口普查已形成制度。建国以来，我国已进行了三次人口普查。今后我国的人口普查还将定期举行。因此，无论是从横的方面来看，还是从纵的方面来看，人口普查都为民族研究提供了大量的、全面的、准确的、可比的资料。因此，我们建议各地的民族工作者和人口工作者充分利用人口普查资料，开展各项研究工作。

（原文载于《贵州民族学院学报》（社科版）1985年第2期）

民族研究与人口研究的关系

根据马克思主义的人口理论，明确地指出人的生产和物的生产之间的辩证统一关系，强调两种生产必须保持一定的比例关系，认为民族研究工作者在进行民族经济研究的同时，需要进行民族人口的研究。

回顾我国进行人口普查的历史，并分别从普查项目和数据质量两个方面评价了1982年我国进行的第三次人口普查，认为这是一次高质量的人口普查。并引用了我省人口普查的一些具体数据，说明它们同研究族别问题、经济问题、教育问题和婚姻、家庭等问题的密切关系。

最后，建议民族研究工作者注意利用人口普查的资料，开展民族人口学的研究。希望上述研究的成果能及时地应用于各项民族工作，使民族研究能更好地为我省少数民族地区的物质文明和精神文明建设服务。

（原文载《贵州省民族研究学会第三届年会会刊》，
贵州省民族研究学会、贵州省民族研究所编，1986年）

第四编
民族历史

论古夜郎居民的族属问题①

探讨古夜郎境内居民的族属问题，对于研究贵州民族史和地方史有着密切的关系。研究任何问题都脱离不了相应的时间和空间，否则就会出现混乱，就不能揭示出历史的真相，研究古夜郎境内居民的族属问题，当然也不能例外。本文提到的夜郎国，其上限起楚庄蹻降夜郎、王滇的战国年间，下限迄西汉成帝和平年间夜郎王兴被诛灭后建置郡县为止。夜郎的领域，则以“竹王兴于遁水”的黔西南地区为中心，兼及其统治势力达到的黔西北、滇东北、滇东、滇东南和桂西北一带。

一、夜郎境内居民分属哪些族系

早期记述夜郎居民情况的《史记·西南夷列传》说：“西南夷君长以什数，夜郎最大。其西，靡、莫之属以什数，滇最大。自滇以北，君长以什数，邛都最大。此皆魋结、耕田，有邑聚”。这段文字仅提到“此皆魋结、耕田，有邑聚”，对夜郎境内的居民究竟是哪些，并未具体指出。现将古夜郎境内居民族属问题的有关文献资料略述如下：

（一）濮人

先秦时期，濮人是遍布于我国长江中游以及黄河中下游部

① 本文由张正东教授与翁家烈合著。

分地区的一个大的族群。其中一部分居住在西南地区。《逸周书·王会》载："成周之会……卜人以丹砂"。这里的"卜人"就是"濮人"，孔晁注说："卜即濮也"，"卜人，西南之蛮也"。《史记·楚世家》载："三弟争立，仲雪死，叔堪亡，避难于濮"。叔堪避难之"濮"在哪里？张守节《史记·正义》说："濮在楚西南"。此外，有关濮在西南的记载，还有孔颖达疏《左传》文公十六年的"濮为西南夷也"。《华阳国志·南中志》的"南域处……不毛闽濮之乡"等。除了汉文文献资料记载西南地区有濮人之外，彝文文献中对西南地区的濮人也有许多记述。据有关资料所载和一些同志的研究，在夜郎国存在的时间内，彝族的先民已进入我国的西南地区，他们在这里遇着濮人，发生过许多战斗，如《西南彝志》卷六说："恒要征服濮人为恒所用，即向濮人大兴杀戮"。战争虽有胜负，但濮人最后被打败，所以同书卷七说德施家的仲实蒙"在濮的地方上掌权"。关于濮在西南地区的具体分布地点，史书也有所记录，如《华阳国志·南中志》说："渡泸得堂狼县，有濮人邑，今有濮人冢"；"建宁郡南有濮夷，无君长总统，各以邑落自聚，故名百濮"；"句町县，故钩町王国名也，其置自濮王姓毋"；"汉武帝拜唐蒙为都尉，开牂牁……因斩竹王，置牂牁郡，以吴霸为太守。……后夷濮阻城，咸怨，诉竹王非血气所生，求立后嗣"。

（二）越人

夜郎与越人的关系密切。《史记·西南夷列传》载："南越以财物役属夜郎……夜郎侯始倚南越。"这反映了在汉武帝以前，夜郎在经济、政治上对南越的依附关系。夜郎地区西汉时属西南夷，古称牂牁，后改牂牁郡，三国魏晋时期是“南中”的一部分。它与南越的关系密切，本身就属于越地，居住着越人。《三国志·诸葛亮传》有“西和诸戎，南抚夷越”的叙述。《华阳国志·南中志》说：“南中，在昔盖夷越之地，滇濮，钩町、夜郎、叶榆、桐师、巂唐侯王国以十数”；“南域处邛、笮五夷之表，不毛闽越之乡”。《说文解字》云：“闽，东南越，蛇种。”《后汉书·南蛮西南夷列传》说：“西南夷者在蜀郡徼外。有夜郎国，东接交趾，西有滇国，北有邛都国，各立君长。”《太平寰宇记》说：“邕州宣化县，汉岭方县也。欢水在县西北，本牂牁河，俗呼郁林江，即骆越水也。”这些资料都表明夜郎属于越地。《异物志》中还有“有一山，在海内，小而高，似系船筏。俗人谓之越王牂牁”的记载，表明夜郎地区有越人。

（三）僰人

僰人是西南地区的古老居民之一，史书中关于“僰”的记载不少。《史记·西南夷列传》载“发巴蜀卒治道，自僰道指牂牁江”。《史记·正义》载“今益州南戎州，北临大江，古僰国”。《说文·人部》载“僰，犍为蛮夷”。《史记·平准书》记载汉武帝时开凿僰道的情况是：“唐蒙、司马相如开路西南夷，凿山通道千余里，以广巴蜀。……当是时，汉通西南夷道，作者数万人，千里负担馈粮，率十余钟致一石，散布帛于邛僰以集之。”《水经·江水注》也说“汉武帝感相如之言，使县令南通僰道。……后蒙南入……乃凿石开阁，以通南中，迄于建宁。”僰人是封建统治阶级掠卖作僮仆的对象，所以《华阳国志·蜀志》说僰道县“本有僰人，故《秦纪》言僰僮之富”。

关于朱提郡的僰人，《太平御览》引《永昌郡传》说：“朱提郡在犍（为）南千八百里，治朱提县。川中纵横五六十里，有大泉池水口，僰名千顷池。……与僰道接。”

（四）僚人

在夜郎地区有关僚人的记载很多。《华阳国志·南中志》记建宁郡有“濮僚”，谈稾县也有“濮僚”。《蜀鉴》卷四记“晋康帝建元元年李寿从牂牁引僚入蜀”。《博物志·异俗篇》记“荆州极西南界至蜀，诸民曰僚子”。《太平寰宇记》记“僚音老，在牂牁、兴古、郁林、苍梧，交趾”；戎州“其蛮僚之类，椎髻、跣足、凿齿、穿耳……男女无别，山冈是居”。《三国志·张嶷传》注引《益部耆旧传》说“牂牁、兴古僚种复反，忠令嶷领诸营往讨”。《晋书·武帝本记》说“太康四年六月，牂牁僚二千余落内属”。《太平御览》引《广志》说“僚在牂牁、兴古、郁林、苍梧、交趾，皆以朱漆皮为兜鍪”。《水经·漾水注》说“李寿之时，僚自牂牁北入，所在诸郡，布满山谷”。《通典·僚传》说“蜀本无僚，李势时诸僚始出巴西、渠川、广汉、阳安、资中、犍为、梓檀，布满山谷十余万落”。《元和郡县志·剑南道》说“玉津县，本汉安南县地。李雄时，夷僚自牂牁入居焉”。这些都说明僚人原在夜郎故地，魏晋时向北扩散到四川境。《华阳国志·南中志》的“夷发夜郎庄王墓，（王）逊因此遂讨灭之，及讨恶僚、刚夷数千落，威震南方”，《后汉书·南蛮西南夷列传》的“夷僚咸以竹王非血气所生，甚重之，求为立后”，以及《太平御览》引《十道志》的“珍州夜郎郡，古山僚夜郎国之地”等记载，都可以看出僚人与夜郎地区的关系。

（五）华夏人

属于华夏族群的人早在战国时期就已进入夜郎地区。《史记·西南夷列传》载："始，楚威王时，使将军庄蹻将兵循江上，略巴、蜀、黔中以西……欲归报。会秦夺楚巴黔中郡，道塞不通。因还，以其众变服从其俗，以长之。"荀悦《汉纪》卷十一也说："使将军庄蹻，循江略黔中以西。蹻至靡莫……会秦夺楚巴、黔中郡，道塞不通。蹻因以其众主靡莫，变服从其俗。"夜郎在黔中郡的西边，略"黔中以西"当指夜郎之地。庄蹻的进军路线是"循江上"，但有的史书说是溯沅水。如：《华阳国志·南中志》说："遣将军庄蹻泝沅水，出且兰，以伐夜郎，植牂牁系船舡。于是且兰既克，夜郎又降……遂留王滇池……以牂牁系船，因名且兰为牂牁国。分侯支党，传数百年。秦并蜀，通五尺道，置吏主之。"《太平御览》卷七七一说："将军庄蹻诉沅水，出且兰，以伐夜郎王，椓牂牁系舡于且兰。既克夜郎，而秦夺楚黔中地，无路得归，遂留王之，是为庄王。以且兰有椓舡牂牁处，因改其名为牂牁。"尽管《华阳国志》和《太平御览》两书所载与《史记》、《汉书》关于楚庄蹻西略的进军路线有出入，但他经营的地方相同，庄蹻西略之地就是夜郎。到了秦汉时期，华夏族与夜郎往来逐渐密切，建立起较广泛的联系。正如《史记·西南夷列传》说"秦时常頞略通五尺道，诸此国颇置吏焉"。《史记·货殖列传》说"程郑，山东迁虏也。亦冶铸，贾椎髻之民（夜郎人也是椎髻之民），富埒卓氏，俱居临邛"。《史记·西南夷列传》说"南越食蒙枸酱，蒙问所从来。曰：‘道西北牂牁，牂牁江广数里，出番禺城下。’蒙归至长安，问蜀贾人。贾人曰：‘独蜀出枸酱，多持窃市夜郎’”。《史记·平准书》说“汉通西南夷道……悉巴蜀租赋不足以更之，乃券豪民田南夷，入粟县官，而内受钱于都内”。《史记·西南夷列传》说“上罢西夷，独置南夷夜郎两县一都尉”。正因为自战国至秦汉，华夏族不断移入夜郎，并与夜郎关系日益密切，夜郎受华夏的影响逐渐加深，所以《汉书·地理志》说“犍为、牂牁、越巂皆西南外夷，武帝初开置。民俗略与巴、蜀同”。《盐铁论》说“西南诸夷，楚庄之后”。《新唐书·南蛮传》说“自滇池、夜郎以西，皆曰庄蹻之裔”。

夜郎地处西南，秦汉时属“西南夷”中的“南夷”，三国魏晋时期属“南中”。牂牁江上段之遯水即今北盘江，流经夜郎境内。夜郎是在春秋时期牂牁国的基础上发展起来的，牂牁郡又是在夜郎国破灭后建置的。钩町国在今滇、桂、黔之交，在夜郎西南部。建宁郡在今曲靖，朱提郡在今昭通，位于秦汉时夜郎的西部和西北境。犍为郡（古称僰道，又叫戎州）在今宜宾，曾属夜郎北部。秦之五尺道经夜郎辖地的西北角入滇。西汉所开凿的僰道有二：一路以宜宾为起点，东南经黔西北至北盘江，即经夜郎的北境直达夜郎中心区；一路经滇东北达滇东，即经夜郎的西北部到西南部地区。交趾、南越的北部近夜郎，乃越人世居之地。巴、蜀与夜郎北边为邻；楚在夜郎东边。因此，前面所引的史料，如：“卜人，西南之蛮也”；“濮在楚西南”；“濮为西南夷也”；“南域……闽濮之乡”；（钩町）“置自濮王”；“建宁郡南有濮夷”；竹王（即夜郎王）被诛后，“夷濮阻城”；以及彝文史书关于彝族先民在滇东、黔西等地曾与濮人发生战争的记载，都说明夜郎境内有濮人。

“南越以财物役属夜郎”，“夜郎侯始倚南越”，“南中在昔盖夷越之地”，（蜀）“南接于越”，“南域……闽濮之乡”，“俗人谓越王牂牁”，“牂牁河俗呼郁林江，即骆越水也”等史料，及解放后在我国西南地区搜集到的有肩石斧和近年在黔西北赫章、威宁两县发掘汉代墓葬出土的铁柄铜剑、滇东北曲靖地区出土的一些铜器，均具有越人的文化特征。这些文献资料及有关文物，都从不同角度表明夜郎属于越地，住过越人。

“僰道指牂牁江”，“僰，犍为蛮夷”，“朱提县……有大泉池水，僰名千顷田”等记载及近年在川西南发现的僰人冢等遗迹，说明夜郎的西北境内有僰人。而“夷僚咸以竹王（夜郎王）非血气所生”，建宁郡有“濮僚”，“荆州极西南界至蜀，诸民曰僚子”，“李寿从牂牁引僚入蜀”，“牂牁、兴古僚种复反”，“僚在牂牁”等有关记载，则是夜郎境内有僚人的历史证据。至于华夏之民移居夜郎的史实前已引述，在此不必重复。

《史记·司马相如列传·集解》说“僰，羌之别种也”，《汉书》的《伍被传》、《杨雄传》均曾将“羌、僰。并列，《盐铁论·备胡》、《后汉书·杜笃传》将氐与僰并列，而僰道经过夜郎的西北境和西南境，可见夜郎境内僰人中的一部分与氐羌族群有关系。

根据文献资料，我们认为先秦时期夜郎境内的居民，主要属于“濮”、“越”这两个关系密切的族群。濮人中的一部分与南来的氐羌以及四川境内的巴蜀人，经过长时期的交往、融合，形成了僰人（参看蒙默同志的《僰为僚说》一文，载《凉山彝族奴隶制研究》1977年第1期）。濮人中的另一部分，与越人相互影响、交融，自汉初之后逐渐形成了僚人（参看尤中同志的《汉、晋时期“西南夷”中的民族成分》一文，载《思想战线》1979年第1、2两期）。僚人既保有濮的特征（见田曙岚同志遗作《关于夜郎国的都邑和族属问题》一文，载《夜郎考》讨论文集之一），又具有越人着“桶裙”、居“干栏”、贵“铜鼓”等习俗。

二、夜郎境内的居民与近代民族的关系

社会总是不断地在前进，民族也随之在不断地变化发展。战国秦汉时期迁居夜郎地区的楚人和巴人、蜀人中的一部分，发展为后来贵州境内最早的一批汉族居民，另一部分则逐渐融合于其他古代民族中，羌人中的一部分，经过“叟”，“爨”，“乌蛮”、“倮罗”等各个发展阶段，融合了其他古代有关民族的部分成员，形成了现在的彝族。僚人中的一部分先后由“鸠僚”、“葛僚”、“秃刺”、“土佬”演变为仡佬族；另一部分居住在夜郎境内的僚人，则发展为“牂古老”，“仲家”以至今天的布依等族。《桂海虞衡志》说：“宜山一带之僮人，俗称僮古老。”近人徐松石的《泰族僮族粤族考》说：“今岭南和滇黔的土佬同胞，常称为僮人或僮牯佬。僮牯得名于牂牁。”“僮古老”即“僮牯佬”，当是“牂牁僚”一名的异写。仲家的“仲”应是“僮”的音转。布依族中有自称“布绕”的。“布”意是人，“绕”意为咱们，“布绕”就是“咱们这些人”之意，而“布”

可能是“濮”的音转，“绕”可能是“僚”的音转，因而“布绕”可能是“濮”、“僚”在布依族称谓中的一种遗存。

《南诏德化碑》在提到南诏国的区域时说“东爨悉归”；《新唐书·南蛮传》说南诏国东部的辖区是“东界黔、巫”。住有“东爨”（今之贵州）的，曾在南诏势力范围之内。南诏统治者趁唐王朝的腐败，曾多次出兵扰掠，贵州西部邻境以及贵州境内曾是其扰掠地区之一，这就是《通鉴·唐纪》记载的“袭陷巂、戎二州……寇东川”，“陷犍为”，“遣兵陷播州（贵州的遵义）”，“寇黔南、黔中”。继南诏而起的大理国管有三十七部。据《元史·地理志》记载：宋代的地方政权大理国，当年管辖的范围，曾“东至普安路”。普安路在贵州西部，包括今天的盘县、普安等地。

宋王朝由于战争的需要，必须由南方补充军马，因此曾于邕州（南宁）设立购买军马的机构，每年从滇、黔两地购买大批马匹。买马机构虽然是设在邕州，但马匹贸易却主要在横山寨进行。《建炎以来系年要录》记有“大理遣其臣张罗贤以千骑至横山寨”的事。南诏、大理是以彝族、白族为主体的地方政权，而白族在历史上曾有“僰人”之称，明、清时又叫作“民家”。《云南志略》说，“民家，即僰人也”。唐、宋以来，由于种种原因，云南白族中的一部分，曾以各种身份移居今天贵州西部的一些地方。这部分白族与秦汉时期就住在黔西北等地的僰人会合后，由于他们在名称、族源（都与古代氐羌人有关）、语言、习俗诸方面比较接近，于是贵州境内的白族便逐渐得到发展。今天分布在威宁、毕节、大方。纳雍，普安、水城、贞丰等地的僰人（即白人，又称民家或七姓民），可能就是长期以来在贵州居住的上述白族的后裔。乾隆《贵州通志》卷四说："僰人在普安州土官各营，男女皆披毡衣。……凡倮罗、仲家、仡佬语不相谙者，常以僰人通传声音。风俗与南诏略同。……性淳而佞佛，常持素珠诵梵咒。""性淳而佞佛"，正是崇奉佛教的大理白族的遗风。《普安一直隶厅志》卷四称"僰人居鲁土、簸箕、狗场三处，盖大理王段氏、蒙氏之遗"，直接说明普安的僰人就是大理的白族移民；而居住在水城、威宁、毕节等地的僰人，也传说其先辈来自云南大理。

三、结束语

综上所述，我们可以看出在古夜郎境内居民的民族成分不止一种，计有濮人、越人、羌人、僰人以及楚人、巴人和蜀人。这些具有不同称谓、不同族系的人们共同体，经过长期的经济交流，政治影响和文化接触，逐渐形成了贵州境内的仡佬族、布依族、彝族、白族等少数民族和一部分汉族的先民。

下面，我们再就有关问题作几点说明：

（一）夜郎境内的几个族群并不是同时出现的，他们的分布状况也不相同。

作为地方政权，夜郎出现在牂牁之后。《管子·小匡》记齐桓公说的一段话："南至吴、越、巴、牂牁、瓟、不庾、雕题、黑齿、荆夷之国，莫违寡人之命。"根据前引的"南中在昔盖夷越之地"、"俗人谓之越王牂牁"等有关记载，可以认为在夜郎政权出现之前，这个地区的主体居民应是越人。《水经·温水注》说："郁水即夜郎遯水也。汉武帝时，有竹王兴于遯水。有一女子浣于水滨，有三节大竹流于女子足间。推之不去，闻有声，持归破之，得一男儿，遂雄夷濮。氏以竹为姓。……后唐蒙开牂牁，斩竹王首。夷僚咸怨，以竹王非血气所生，求为立祠。""以竹为姓"是竹图腾崇拜的反映。图腾崇拜这一习俗盛行于原始社会，它虽流传到阶级社会，但却不产生于阶级社会，而是原始社会的产物。夜郎在战国时期已是一个奴隶制的地方政权，因而竹王传说不是到汉代才出现的。这一传说应早在本民族内部世代相传，到夜郎王被杀后，夜郎的奴隶主贵族在军事力量悬殊的情况下，便利用这个传说中的民族感情，作为政治手段与封建王朝对抗，因而这一传说便显得突出起来。尽管郦道元也和常璩、范晔一样，对这个传说的起源同样有过误解，但它却弥补了常、范二人的片面性（常璩认为夜郎的居民是濮人，范晔认为夜郎的居民是僚人）。它正确地反映出夜郎的濮人和僚人既有区别，又有联系的历史真实。"竹"孩长大之后，"遂雄夷濮"，"以竹为姓"，称为"竹王"，这表明了夜郎早期的主体居民是濮人；到了汉代，僚人才逐渐成为夜郎的主体居民，因而"竹王"被诛后发生"夷僚咸怨"的情况。通过对史料的分析，我们认为夜郎中心区的最早居民是越人，继而是濮人，后来是僚人。在夜郎的西北境和西境，则杂有部分羌人和僰人。战国末年以后，华夏之民才逐渐进入夜郎境内。

（二）近代民族与古代有关族群存在着一定的历史渊源关系，但近代民族并非古代某个族群直接的延续，也不是几个族群的简单混合。

斯大林科学地指出："民族，首先就是一个共同体，是个一定的人们的共同体。这个共同体既不是种族的，也不是部落的。现在的意大利民族是由罗马人、日耳曼人、额特鲁斯亚人，希腊人等等所组成的。法兰西……英吉利和德意志等等民族也是如此，它们是由一些不同种族和部落所组成的（见《马克思主义与民族问题》）"。仡佬虽与越人、濮人、僚人有关，但他并不是越人→濮人→僚人→仡佬这样的单线发展，而是部分濮人与部分越人融合成了僚人之后，僚人中的一部分发展成为后来的仡佬族。所以在僚人繁盛之时，还有濮、僚并存现象，仡佬出现之后，仍有僚人与之并存。仡佬族既没有越人"断发文身"的习俗，又不象越人、僚人那样普遍居住"干栏"，也不完全效法濮人、僚人行"悬棺葬"；布依族虽同样和濮人、越人、僚人有关，但他并无濮人、僚人的"悬棺葬"和"凿齿"等特征，也没有越人文身、断发的习俗；彝族的主体虽然是从羌人发展而成，但他接受了濮人、仡佬族的某些影响，原日的习俗，已发生了不少的变化。

（三）谁是夜郎国的创建者

从战国到秦汉时期相继或同时出现在夜郎境内的居民，无疑地对夜郎社会的经济、政治的发展，都作出了巨大的贡献，他们共同创造了夜郎的文化。由这些古夜郎时代的居民融合、发展而成的各个民族，千百年来共同推动着祖国西南地区历史不断前进。但这些居住在夜郎境内的各个族群，并不都是夜郎国的创建者。

越人是夜郎境内最古老的族群，但他们主要活动在夜郎以前的牂牁时期，夜郎政权出现后，境内虽有羌人和僰人，但他们只是活动在夜郎西部及西北部边境；华夏人（汉族）在夜郎时期就进入这一地区，但其人数当时不多，夜郎国并非华夏人建立的政权。我们认为创建夜郎国的应是“遂雄夷濮”的竹王所属的这一部分濮人。

贵州一些民族的语言、历史、民俗等方面的有关资料，也为上述论断提供了证据。如：

（1）根据彝文《西南彝志》记述，彝族先民在西汉时期进入贵州后，碰到许多濮人（彝语称仡佬为“濮”）。由于战争等原因，彝族先民和仡佬族先民不断出现“彝变濮”、“濮变彝”的民族交融现象。

（2）贵州彝族称北盘江为“濮土佐以”，意为“濮人开通的窄河”。

（3）黔桂边境红水河沿岸居住的布依族、壮族用本民族语言称谓仡佬时，含有“主人”之意。

（4）贵州一些地方的彝族在农历三月春耕时，曾有祭“山主仡佬”的习俗。

上述事例，可以作为仡佬族的先民濮人，曾是夜郎国主体居民的一些旁证。

由于我们专业知识贫乏，掌握的史料又不多，因此本文必然有许多缺点和错误，希望同志们指正。

（原文载贵州省社会科学院历史研究所编：《夜郎考（讨论文集之二）》，贵州人民出版社，1981年1月第1版）

清初回族迁入威宁考[①]

威宁彝族回族苗族自治县位于贵州西北边缘的高寒山区，南、北、西三面与云南省接壤，海拔平均在二千二百公尺以上，乌蒙山脉绵延全境。全县居住着近七十余万彝、回、苗、汉等各族人民，据1974年度统计，全县回族人口48 239人，是全省回族人口居住最多的县份，遍布全县十三个区，其中以观风海区（14 789人）、中水区（11 577人）、黑石头区（4 747人）的回族聚居人口最多。

回族何时迁入威宁？对此说法不一。《威宁县志》记载："威宁西北一带，昆连滇之昭（通）、鲁（甸），多回族，其先皆出甘新，随元明两代征西南，故移植于滇，及黔之边地，其种族生殖最繁，就威宁论，户已逾万"。另据有关调查资料说是："清雍正八年前，回族首领哈元生，任云南军门提督，率兵向西北征讨彝族，将彝族首领杀了，就一直进到金河边。即所谓'日打三河'（中水的前、中、后三河）'夜踏八寨'（今中水区中河公社及昭通的花露坪），回民便跟后进住威宁西北地区"。[②]

为了弄清回族迁入威宁的历史，我们查阅了方志文献，并去迁入威宁历史较久和人口聚居较多的马家屯、下坝、松林等

① 本文为正东教授与余宏模合作。

② 毕节专署民委会：《威宁西北部回族宗教信仰情况调查》。（未刊本，原件现存毕节地区档案馆）

回族生产队进行调查。

元明之时，回族是否即已迁入今威宁境内？据《大定府志》卷四十五记载：元成宗大德年间，亦奚不薛（按即水西）土官蛇节（亦作奢节、折节）与云南顺元土官宋隆济叛，元朝派大兵压境，大败蛇节于墨特川（按即今赫章）。以后，蛇节归降被杀，亦奚不薛平定。

《元史·本纪第二十一·成宗四》载："（大德七年六月）乙未，以亦乞不薛就平，留探马赤军二千人讨阿永叛蛮，馀悉放还"。可知在讨平蛇节和阿永叛蛮的过程中，元朝派遣的军队里面就有所谓的"探马赤军"。

"探马赤军"在元初忽必烈统一全国的战争中，就有大批由中央亚细亚、波斯、阿拉伯等东来的回族军士被编入[①]。蒙古贵族给"探马赤军"规定"上马则备战斗，下马则屯聚牧养，""探马赤军，随地入社，与编民等"，使得"探马赤军"的回回军士，可以在社的编制下，进行农垦，取得普通农民的身份，或过着兵农合一的所谓"屯戍"人户的生活，发展成为以后回民聚居的村寨。元成宗时讨伐水西境内"叛蛮"的探马赤军，是否就有回族军士转为"屯戍"人户，留在今黔西北境内，成为贵州毕节专区各县回族最先迁入的历史渊源，目前尚无可靠资料证实。

威宁的回族干部和群众普遍传说：明初洪武年间，回族随军调北征南时即来到此地。在马家屯坟山的墓碑上也镌刻有"予族世籍平凉，于洪武十四年晋守乌撒，历明至清，三百余

① 见《回族简史》（宁夏人民出版社 1978 年版）。

年”之句。

据《明史·本纪第二·太祖二》记载：洪武十四年“九月壬午朔，傅友德为征南将军，兰玉、沐英为左右付将军，帅师征云南”。在远征云南的进军路上，在今川黔交界的赤水河、和七星关（在今赫章境）、乌撒（今威宁），都曾受到元右丞乌撒彝族统治者实卜的率兵阻挠，多次被打败以后始降，继而又叛，因此，洪武十五年秋七月“乙亥，傅友德、沐英击乌撒蛮，大败之”。在此值得注意的是明初进军云南的将领之一沐英就是回族，他所率领的军队就有许多回族军士随同进入云南。[①] 在沐英征讨乌撒蛮时，是否有回族军士随军来到了乌撒，被留下来屯田戍守，发展成为今日威宁回族聚居的村寨？对此我们进行了一些调查。

《威宁县志》记载，明初洪武年间，平定乌撒叛乱以后，在今威宁、宣威县境，设置卫所，屯田戍守。如傅正文系征南将军傅友德的长子，率军“屯垦北关至下坝一带，相度地势，疏濬小河，开辟草莱，芟夷荆榛，耕为新田，尽力屯守，未敢疏忽”。又如王绳武“充屯田守，屯垦大桥一带，分兵布将，创兴七屯，外家屯、陈广屯、卯官屯、杨旺屯、耿家屯、乌木屯、海子屯各地，凿通河流，开辟草莱，成为熟土”。明初洪武年间，在今威宁驻兵屯田，即相传的所谓“四十八屯”等地，其中的尚官屯、卯官屯、杨旺屯等地，是今威宁回族历史较久的聚居村寨。明末天启年间，彝族统治者安邦彦、安效良起兵反叛明廷时，这些屯田卫所，均遭到战争破坏，废弛殆尽。

---

① 见《回族简史》（宁夏人民出版社 1978 年版）。

威宁城关区草海公社朝阳大队，在城郊的下坝，即明初洪武年间垦屯的“四十八屯”之一的尚官屯，是个回族聚居的生产大队，以马姓最多，俗称“下坝马”，其旁有撒家湾，过去有撒姓回族居住，今已迁往别地。

此地建有一座清真寺，寺旁原有一块石碑，镌刻文字记述此地回民迁入的历史，但在文化大革命中破“四旧”时，碑被砸碎。仅在附近找到铺在地面上的一小块碎片，字跡清晰，只看见有“来自陕西，姓太师”等几个字。

据回族社员说：下坝回族的祖先是在洪武年间由陕西固原柳树湾随军前来此地的。当时是以地为姓，计有纳、撒、马、哈、赛、虎、宿七大姓才是真正的回族，以后和当地汉族开亲，互相成了亲戚，有的汉族也融合入了回族的，如张、刘等姓。

下坝马姓回族原有家谱，惜已烧毁。据称马姓字辈的排行是：定、国、成、麟、玉、周、明、才、仲、永、关、昭、千、礼、凤，共计十五代。目前后世子孙已至昭字辈，仅十二代传，如以每代人平均按二十年计算，也不过两百多年。字辈的回忆也许有遗漏，据下坝马姓始祖墓碑所记的字辈排行，可查的有国、成、麟、廷、文、龙、恩、周。在麟字至周字之间即遗漏廷、文、龙、恩，但即使加上遗漏的字辈，至今也不过十五代传，约二百年，也推溯不到明初洪武年间。

我们对墓碑进行了考察，在下坝寨外道侧不远有一坟墓，墓碑的左右上角刻写阿文，碑文正中及两侧系用汉文刻的，直行阴刻为“皇清敕封孺人马老太夫人墓”。回族社员都说：这是马姓的第二代祖坟。立碑的时间是乾隆十九年（公元1754年），跟今只有二百二十五年，如此则知下坝马姓回族迁入的历史，肯定不是明初，甚至也不是清初顺治年间迁来此地的。

在寨侧坟山的半山上，有一较大的墓阙已被推倒，墓碑上的字已多剥蚀，但可认出是“皇清敕封太师”的墓，立碑的时间不明。从“皇清敕封”而可确信是清墓不是明墓，更不是传说洪武年间即来此地的太师马金山之墓。死者姓名可能是马金山其人，但绝不会是明洪武年间人。

在坟山的顶上，社员群众一致指出下坝马姓第一代的始祖墓，墓碑碑文字迹清晰，全录如下：

道光二十五年季春月　穀旦

盖闻木有根有枝，水有源有流，人自有先有后也。如我族始祖名纯祖者，自陕至威，徵之家谱，已历数世，奈土塚无碑，我众能无恨乎！况今族大人繁，子孙蕃衍，文武农商，接代显荣，不一而止。所以咸感叹曰：苟非吾祖之深谋远虑，何以及此，恃同心协力，允力碑记，以表祖之所由来，又昭后之所自出，庶不负始祖离故乡之苦衷，亦不愧众族之显荣也。

九世之孙　武庠　占魁　聊为是序

讳　纯祖

皇清优赠一品顶戴耄寿处士马公　府君之墓

祖母撒氏

忠

孝男　昭　孙　高　孙　孙　孙　孙　孙　孙　孙

国安　成凤　□　麟　廷　文　龙　恩　周

龙　伯　□　元　万

科

从对墓碑的考察可知：下坝马姓回族的始祖马纯祖墓，其墓碑是后世九代之孙在道光二十五年（1845 年）所立，如以每代二十年计，上溯一百八十年应是康熙四年（1665 年）同时，据第二代祖墓“马孺人”的墓碑为其子在乾隆年间所立，由此推知其始祖马纯祖的生年，也应属清初康熙时人。因此，回族迁入下坝居住的历史很可能是在清初康熙年间，距今不过三百年左右。

马家屯，系小海区耿家公社大地大队中心生产队的住地，是明初在乌撒设置卫所屯田的四十八屯之一，也是回族迁入威宁较早的聚居村寨。除了三户姓锁以外，全寨住户都姓马，俗称“马家屯马”，其家族藩衍，有由此迁居分支去安顺、平坝和云南的昭通、鲁甸等县居住的。

据调查：马家屯的回族原籍是“陕西平凉府柳树湾”人，传说也是洪武年间来此“打蛮王”的，如此应属明初即来此地，历史也很悠久了。但据我们对马家屯坟山墓碑的考察，结合马姓家谱字辈排行的推溯，两相对证，则显然也是清初迁来此地的。

马家屯坟山上祖茔垒垒，墓碑如林，但经考察，最早的墓碑是清朝康熙年间所立。此外，清朝乾隆、道光、嘉庆、咸丰年间的墓碑则随地可见，却没有发现任何一块明代墓碑的存在。

当地回族老人说：坟山上最早的祖坟，是马遇连和马遇魁兄弟两人所立的其母丁氏墓碑。此碑保存完整，文字清晰，全录如下：

予族世籍平凉，于洪武十四年晋守乌撒，历明至清，三百余年。所有予母丁氏，于万历四十乙卯三月十三日建生，享年八十六岁，亡于康熙四十辛巳年八月初六日，终于内寝。生子二人，长名遇魁，次名遇连，因世远派繁，历代严慈谱牒莫考，予思慈母难酬劬劳，爰于坟前刻立碑记，使后代子孙，敬而誌之也。

清故显妣马门丁氏之碑

康熙四十七年八月初六日　吉旦　立

云贵总督部院　巴　外委威宁镇标抚夷千总孝子　马遇连

媳　卯氏

孝子　　　　　　　　　　　　　　　蕃　　　　　宣

马遇魁　媳　刘氏　率孙　马钟　　　能　玄孙马

克

冀

安　衢

孚

登

康

据说：马家家谱记载，马家屯的始祖名马启（起），和马超、马越是兄弟三人，在此以前的祖坟在陕西平凉府原籍。马启之子是龙字辈，丁氏则系马启之媳，马遇魁、马遇连两人，则系马启之孙。其后世子孙的字辈排行是：启、龙、遇、钟、衢、图、朝、元、金、占、正、履、武、敏、歆、举、步、恭、让、肃、雍、兴、藻、惟、家、之、祯，共计二十七代。目前后代排行已到举字辈，即从始祖马起至今已经相传了十六代人。

在马家屯的坟山上，至今还保留着一块清代咸丰年间阖族公立的《马家屯三公世繫碑记》证实了马姓字辈排行的可信，碑文如下：

永垂千古

马家屯三公世繫碑记

开经暨碑标总理承办族长

定　　永　　珍　　开　　有

怀　品　　禄　喜　　顺

马　图、朝承、元　、金双、占清

安　　安　　义　　元

彦　　洪

海华　　庆　　彪　　　华

会议定十六字于正字下，以后昭字排列，有乱此行，定非马家屯子孙。履武敏歆　举步恭让　肃雍光藻　惟家之祯

引　　古　　讚曰

三公贤德　　积原流光　　一人有庆　　万寿无疆

麟趾献瑞　　百世荣昌　　光前裕后　　瓜瓞绵长

文经武褘　　四海名扬　　美矣一脉　　伟哉祯祥

明洪谧功不朽　忠厚传家有章　如云山之苍苍　似江水之洋洋　惟尔祖于醇德　并山高与水长　歌三多之余庆　叶九如乃慈祥　国承先而启后　培芝兰且腾芳　远近愈隆报本　垂白石以弥光

周师　　讳　明吉顿首拜併刊

清咸丰岁次庚申夷则月　　榖旦

马家屯阖族子孙公立

根据墓碑和调查的情况，我们得出以下几点看法：首先，可以肯定马家屯回族是由陕甘原籍来到西南地区的。碑文所称的“世籍平凉”，据《明史、地理志》陕西“平凉府，洪武三年五月直隶行省，领州三、县七，东南距布政司六百五十里”。平凉县和固原州（下坝回族原籍）都属于平凉府管辖。到清朝时，据《清史稿·地理十》记称：“康熙二年，析临洮、巩固、平凉、庆阳四府置甘肃省，移右布政使治之”。平凉府和固原州又都划属甘肃省。在平凉县的西部有空同山，其支麓为笄头、马屯山、弹筝峡，其中的马屯山和迁居来威宁马家屯的回族，在地名的称谓上，是否也有一定的渊源关系。其次，据马家屯的家谱字辈排行，始祖马启，传说墓不在此，而马家屯祖茔最早的“马门丁氏碑”属于第二代人，其生卒年限系明末清初时人，因此，墓碑所载“于洪武十四年晋守乌撒，历明至清，三百余年”和《马家屯三公世繄碑记》所称：“明洪谧功不朽”等的说法，在时间上误差很大，极不相符。按洪武十四年是公元一三八一年，朱元璋命傅友德进军云南途中，在乌撒大败卜实之后，置城设卫。而丁氏的墓碑记其生年为明末“万历四十乙卯”，即公元1615年；亡于“康熙四十辛巳”，即公元1701年。其生年上距明初洪武十四年相差二百二十四年；殁年则相差三百二十年，因此，即使是马家屯始祖马启，其生年也绝不可能由此上溯是明初洪武时人。最后，据“马门丁氏碑”所记其子马遇连（第三代）系清“云贵总督部院巴外委威宁镇标抚夷千总”。据《清史稿卷八·圣祖本纪》康熙三十七年十二月“巳末，以巴锡为云南贵州总督”。《威宁县志》也记有：“威宁总兵孟大志尅减兵饷，巴锡奏闻，四十五年，巴锡始去云贵”。由此可知马遇连的“外委威宁镇标抚夷千总”职衔，是在清康熙三十七年以后由云贵总督巴锡所委任的。此时，吴三桂剿水西，又叛清而被平定；乌撒土府安圣祖已死，停袭改土归流，从时间上推测，马家屯回族迁入的历史，是清初康熙年间随吴三桂军队进剿水西，打盐仓府（乌撒土府）；或清廷平吴三桂叛乱时随军来此的可能性大。如系前者，则可能是由云南迁来，如系后者，则可能是由云南、或从陕甘随军而来。

紧隣马家屯的所谓“松林马”的回族，现属小海区保家公社的卯官屯，即明初四十八屯之一。在阳旺桥水库边上，有一座“松林马”的祖茔，据说是第三代祖墓，墓碑碑文如下：

大清乾隆十七年岁次壬午十一月十六日立

皇清待赠清故显妣马老太君　之墓

胡　俊

顺

孝男口　孙文相

突

涛　商

当地回族干部说：“松林马”的第一代始祖名马维富，墓在今毕节县的青山区，第二代祖的墓地在今赫章县妈姑区境内。我们由其第三代祖妣的墓碑立碑年代推知，则“松林马”回族迁入威宁的历史也短，比马家屯、下坝要晚，大约是清代中期之时。

综如前述，对“下坝马”、“马家屯马”、“松林马”三地回族马姓祖茔墓碑和家谱排行的调查，从比较可信的历史资料证实，回族迁入威宁的历史，应在清朝康雍时期，系由云南随军来此的可能性较大。

《威宁县志》又载：马家屯和下坝马姓的回族中，曾经产生一批由武举出身的人。如：

马登衢	康熙四十九年戊子武举	武生出身	历任把总
马升衢	康熙五十年辛卯武举	武生出身	任职未详
马凤图	雍正十三年乙卯武举	武生出身	任职未详
马麟英	康熙五十年辛卯武举	武生出身	任职未详
马麟炽	雍正元年癸卯武举	武生出身	任职未详
马文焕	乾隆九年甲子武举	武生出身	历任永北千总
马廷玠	乾隆十五年庚午武举	武生出身	历官把总
马文灿	乾隆十八年癸酉武举	武生出身	历官未详
马廷随	乾隆二十一年丙子武举	武生出身	历官付将

上列武举都是康、雍、乾时期人，而在康熙以前则无记载，可能与康熙前威宁仍属乌撒土府未实行改土归流有关。但由此也可佐证回族迁入威宁的历史，其时间上限可能止于清初。根据目前可信的资料判断，所谓明初洪武年间调北征南时即已驻守乌撒，迁入威宁的说法，未必可靠。我们认为：回族迁入威宁的时间应在清初。这一看法，是否妥当，请读者指正。

（原文载《贵州民族研究》1980年第1期）

苗族历史学术讨论会在贵阳举行[①]

一九七九年六月十四日至十六日，贵州省民族研究所邀请省、市二十五个单位的史学工作者和有关同志共五十余人，在贵阳举行苗族历史学术讨论会。

这次讨论是围绕编写《苗族简史》一书的有关学术问题进行的。苗族是我国人口较多的兄弟民族之一，分布于七个省、区，半数以上居住在贵州。由于苗族历史悠久，住地辽阔，长期以来与汉族并其他兄弟民族交错杂处，关系密切，因此在编写《苗族简史》的过程中，对有关学术问题需要广泛征求意见，进行深入研究。

讨论会贯彻执行了“百花齐放、百家争鸣”的方针，与会同志本着实事求是、理论联系实际的原则，解放思想，畅所欲言，对苗族历史中的许多学术问题，进行了认真的探讨，提出了有益的看法，并对《苗族简史》的编写工作和进一步开展对苗族历史的研究，提出了积极的建议。

与会同志分别就苗族的来源和形成问题、苗族历史上是否经历过奴隶社会的问题、近代苗族社会的性质问题、苗族的语言和文字问题、苗族历史资料的收集和使用问题，进行了认真讨论。

---

① 本文由正东教授与邹世恒合著。

在讨论苗族族源问题时，一些同志根据汉文记载、苗族传说和族称读音等方面的资料，分别提出苗族先民可能与“九黎”“三苗”“髳”“僚”“蛮”等古代民族有关的看法。有的同志主张在研究古代民族史时，应当重视本民族的口头传说；对于原始民族的“图腾”制度，应当用历史唯物主义的观点进行解释。有的同志指出任何民族的形成都有一个过程，并且要有一个相对稳定的聚居地区，因此主张苗族是秦、汉以来从“五溪”地区（今湘西、黔东一带及其毗邻地区）的古代“蛮”人中逐渐发展、形成的。

在讨论苗族历史上曾否经历过奴隶制阶段时，有的同志建议根据马克思主义经典著作中有关“古代东方奴隶制”的论述，具体地分析各个不同时期苗族社会中“议榔”、“合款”的性质；有的同志主张对不同地区、不同支系的苗族古代社会资料分别进行研究；有的同志认为可以从苗族先民与“楚”文化的关系以及苗语有关词汇的涵义中，探索古代苗族的社会性质。由于目前占有资料不够，参加讨论的同志一致认为对于苗族古代历史的分期问题，应当继续进行深入的调查研究。

在讨论近代苗族的社会性质时，与会同志也有一些不同的看法。如有的同志认为在苗族聚居地区的社会经济，在民主改革以前依然是封建地主制；其他一些同志则认为从政治、经济、文化各个方面考察，苗族地区近代社会的性质和内地汉族一样，只是在半殖民地半封建化的程度上有所不同。

在讨论苗族的语言、文字时，有的同志根据口头传说、汉文记载和部分文物，探索了有关“古苗文”的问题；有的同志对推行解放后创制的苗族文字，提出了积极的建议，并介绍了利用苗文扫盲、注音的成功事例；还有同志建议在编写苗族历史时，对苗语的专有名词，尽可能地按照苗语的不同方言标音，以便各地苗族群众阅读，在整理、介绍苗族民间文学作品时，应尽量保持原意和它们的原有风格。

此外，与会同志还谈到在编写苗族历史时，选用资料、论述问题应注意防止大汉族主义的倾向，建议对与苗族有关的各类人物进行真体夯析，分别作出恰如其分的评价。

与会同志反映，这次学术讨论会开得很有收获。它不仅对深入研究苗族历史是个良好的开端，而且对我省即将开始的《布依族简史》《侗族简史》《水族简史》《仡佬族简史》等书的编写工作，提供了可供参考的经验。

会议结束后，《苗族简史》编写组认真地研究了会上提出的各种意见，并组织有关人员前往我省黔东南苗族、侗族自治州进行了补充调查。现该组同志正加紧进行编写工作，争取一九八〇年内完稿。

（原文载《贵州民族研究》1980 年第 1 期）

第五编

其他民族问题

雷、台、剑三县和凯里市[1]
苗族妇女婚姻状况浅析

黔东南州是贵州苗族的聚居地区，该州苗族人口约占全省苗族人口46.5%。为了探讨苗族人口的婚姻状况，我们根据1982年人口普查资料，分别对雷山、台江、剑河三县和凯里市苗族中15—49岁的77 575名妇女的有配偶、离婚、丧偶、未婚四个方面的数据进行汇总测算，得出了这三县一市的有关苗族妇女的婚姻资料。由于汇总测算的妇女人数比较多，上述县市又是苗族的世居地区，因此，这些数据不仅反映该地区苗族妇女的婚姻状况，同时也反映了贵州苗族妇女的婚姻状况。

从汇总测算出的数据来看，雷山、台江、剑河、凯里三县一市的苗族妇女婚姻状况有以下特点：

一、妇女随年龄增长，有配偶的人数逐渐增多；在有配偶的妇女中，早婚人数仍占有一定的比重

随着年龄上升，妇女有配偶的人数占同岁人口中的比例上升，如20岁时为45.47%到30岁的91.35%。（见附表一）这反映了当地苗族的婚姻传统和人们的婚配规律，也反映了近几十年苗族地区的社会比较安定，人们的正常婚姻得以实现。但是，

---

① 本文由张正东教授与石开忠教授合著。

这种有配偶的人数与年龄成正比的关系，在三县一市的苗族妇女中并不是完全一致，具体表现在比例上升的幅度不同。如在20岁时，雷山县和凯里市苗族妇女中有配偶的人数仅占该年龄妇女的35.38%和37.39%，台江县的上述人数则已接近该年龄妇女的半数，剑河县的比例更高，接近60%。又如，在28岁时，台江县、剑河县苗族妇女有配偶数已超过该年龄人口数的90%，而雷山、凯里的苗族则仅为该年龄人数的85.29%和88.42%。[①]

我国现行的《婚姻法》规定：结婚年龄，男不得早于22周岁，女不得早于20周岁。按此规定，雷山、台江、剑河三县和凯里市苗族妇女，早婚人数占同一年龄组总人数的百分比平均为12.83%，也就是说在15—19岁这一年龄段中，如以总数为100计，则在100人中约有13个人早婚。早婚情况在三县一市中差别较大，如雷山仅占同年龄妇女的9.42%，凯里市占9.73%，台江县则高于雷山县和凯里市，为13.45%，剑河县则两倍于雷山县和凯里市。

形成早婚的原因是多方面的。在三县一市的部分苗族群众中，由于受当地社会经济发展水平的制约以及传统婚俗的影响，早结婚早生孩子被认为是“传宗接代”的需要，是“老有所养”的需要，又是增加劳动力的需要。早婚同时又是当地社会经济、文化落后的反映。家庭具有生产和消费的功能，当地苗

① 笔者实地调查。

族长期保存着早婚的习俗，希望早婚能使家庭人口早增加，家庭收入随之增加。在实行生产责任制之后，家庭作为一个生产单位的职能更为显著，一个年轻力壮又能吃苦耐劳的女青年，在从事某些生产中可以发挥较大作用。因此，一般家庭都希望早娶媳妇，获得帮手，藉以增加劳动力。

二、苗族妇女离婚人数占同一年龄已婚妇女的比重较小

三县一市的苗族妇女离婚人数占该年龄妇女的比例极小，仅为0.06%，最多的也只有1.89%。[①]（见附表二）由此可知苗族的婚姻关系比较巩固，离异的人数极少。这种情况与上述县、市苗族的下列婚俗有关。苗族青年男女的社交活动比较自由，每逢赶场、节日或喜庆活动，他们可以利用这些机会谈情说爱。有的寨子还专门为青年男女的社交活动提供场所；如果青年男女要在家中进行这一活动，父母、兄弟等就主动让开。男女青年们自由交往、接触，双方比较了解后才订婚、结婚。以感情为基础的婚姻是目前该地区苗族婚姻的主流，因此婚后离婚的人数较少。

在一些地方对苗族妇女离婚有种种限制。比如，妇女婚后要离异者首先赔偿结婚时男方支付的费用；社会舆论对离婚的妇女也多方指责。作为已婚妇女自己来讲，她们有了孩子之后，往往把感情和精力集中在对孩子的抚养、教育上，即使是夫妻感情不够好，也不会随便离异，这是苗族妇女传统的婚姻道德

① 笔者根据1982年人口普查资料计算得出。

观，也是苗族妇女的美德。

在这些地区的苗族妇女中也有离婚的，但离婚是与当地残存婚俗有关，不同于城市或汉族离婚的原因。据了解，它同三县一市一些苗族村寨还残存的“不落夫家”（婚后一段时间不常住夫家）的婚俗有一定的关系。青年男女结婚后有一段时间不常在一起过偶居生活，仍可同婚前一样出入社交场所谈情说爱。如果他们的婚姻原是由“父母包办、媒妁之言”建立的，或者属于“姑舅表优先婚”的类型，而在社交场所的活动中又找到了自己的意中人，那就会使他们原有的夫妻关系破裂，导致离婚。

三、妇女的丧偶人数，随着年龄上升，在同一年龄已婚妇女中所占比例逐渐加大

由上表可以看出：第一、随着年龄的上升，丧偶人数在同一年龄的妇女中的比重逐渐加大。第二、丧偶人数在年龄分布上两头小中间大。（见附表三）雷山、台江、剑河三县和凯里市地处雷公山地区，这里山高坡陡，自然条件恶劣，加之历代统治阶级实行民族歧视与民族压迫政策，致使苗族社会发展缓慢。苗族群众在生产技术落后、生产工具原始的条件下从事繁重的体力劳动，男子在体力大量消耗之后，缺乏必要的营养和足够的休息；遇到伤病也往往得不到及时治疗；在生活上的其他困难也很多，等等。上述原因使男子寿命明显缩短，导致已婚妇女丧夫的人数增多。此外，这些县、市的苗族，在选择配偶的年龄条件上，也多习惯男大于女。因此，上述性别比的变化，除男女寿命长短的因素外，男大于女的婚俗也是一个因素。三县一市的苗族已婚妇女丧偶人数在年龄段上所占的比例不一致，有的比例悬殊较大。这同样表明：雷山、台江、剑河三县和凯里市苗族已婚妇女丧偶也与当地社会经济发展水平有关系。

四、随着年龄上升，苗族妇女未婚人数在同年龄的妇女中所占比例逐渐下降；终身未婚人数所占的比例极低

雷山、台江、剑河三县和凯里市苗族妇女未婚状况符合一般地区妇女的年龄增长、未婚人数逐渐减少的普遍规律。（见附表四）在这些地区的苗族男女，多实行民族内婚或民族支系内婚，在一个民族或者是一个支系内，由于受当地姑舅表优先婚、包办婚等婚俗的影响，妇女的婚姻大多在未成年时早已决定，因而到达法定婚龄时她们多已婚配。在三县一市的苗族社会中，人们认为女性过了20岁没有结婚就是“老姑娘”，高龄未婚和终身不婚的女子更是倍受人们的指责。这些县、市的苗族妇女入学读书的人较少，如雷山县小学毕业的妇女人数仅占10—17岁人数的2.3%，台江县占1.5%，剑河县占1.2%，凯里市占3.7%。入学读书的人数少，自然形成了文盲率高。这也促使她们尽快成家，养育子女；同时还限制了她们在职业上的选择，绝大多数人只能从事一些辅助性的体力劳动，客观上造成女性在经济上和生活上难于自立，因此妇女到结婚年龄时一般都已结婚，建立家庭。

据调查，妇女终身未婚者同样是受婚俗的制约。当地苗族严格实行族内婚、支系内婚和姑舅表优先婚，这类婚姻都是近血缘婚。“近亲结婚，其生不蕃”的道理，早已被人们所认识。近亲男女结婚生育的后代，容易患痴呆、智力迟钝、色盲等病症，而且抗病能力弱，有的因此丧失了劳动力或不具备生活自理能力。对于这些丧失了生活自理能力的人来说，当然也就无法结婚。

从以上我们对雷山、台江、剑河三县和凯里市苗族妇女的婚姻状况的分析来看，婚姻受多种因素制约，但主要是受当地的和本民族的社会、经济、文化和传统的风俗习惯的制约。在以上各种因素中，传统的民族婚俗起着重要的作用。

附表如下：

附表一：三县一市苗族15—49岁妇女有配偶人数（以各年龄组妇女总人数为100）

单位：%

县、市别＼年龄（岁）	15—19	20	21	22	23	24	25	26	27	28	29	30	31—34	35—39	40—44	45—49
三县一市平均数	12. 83	45. 47	59. 1	64. 18	70. 12	73. 3	80. 93	84. 06	85. 65	88. 96	90. 17	91. 35	93. 72	95. 91	97. 67	95. 96
雷山县	9. 42	35. 38	51. 98	62. 01	67. 70	69. 56	78. 25	80. 77	81. 73	85. 29	86. 86	87. 23	90. 26	92. 80	96. 51	95. 32
台江县	13. 45	49. 26	61. 00	71. 65	71. 12	71. 57	81. 00	88. 59	88. 07	91. 56	92. 43	92. 77	95. 50	96. 53	98. 22	96. 35
剑河县	18. 75	59. 88	74. 24	68. 39	74. 82	80. 35	84. 57	84. 55	87. 15	90. 58	90. 41	93. 07	94. 60	97. 60	98. 25	96. 14
凯里市	9. 73	37. 39	49. 18	57. 87	67. 19	71. 86	79. 91	82. 31	85. 65	88. 42	91. 00	92. 32	94. 54	96. 71	97. 71	96. 06

附表二：三县一市苗族15—49岁妇女离婚人数（以各年龄组妇女人数为100）

单位：%

县、市别＼年龄（岁）	15—19	20	21	22	23	24	25	26	27	28	29	30	31—34	35—39	40—44	45—49
三县一市平均数	0. 06	0. 26	0. 07	0. 40	0. 32	0. 56	0. 63	0. 48	0. 54	0. 48	0. 20	0. 44	0. 43	0. 45	0. 54	1. 89
雷山县	0	0. 42	0	0	0	0	0. 16	0. 21	0. 24	0. 42	0	0	0. 07	0. 61	0. 73	2. 33
台江县	0. 23	0. 63	0. 01	1. 61	0. 93	1. 48	1. 80	1. 14	1. 40	1. 40	0. 81	1. 20	0. 96	0. 58	0. 19	0. 07
剑河县	0. 01	0	0	0	0. 35	0. 51	0. 49	0. 50	0. 27	0	0	0. 34	0. 41	0. 36	0. 36	2. 94
凯里市	0	0	0. 27	0	0	0. 28	0. 09	0. 09	0. 28	0. 10	0	0. 23	0. 29	0. 28	0. 91	2. 23

附表三：三县一市苗族 15—49 岁妇女丧偶人数（以各年龄组妇女人数为 100）

单位：%

县、市别 \ 年龄（岁）	15—19	20	21	22	23	24	25	26	27	28	29	30	31—34	35—39	40—44	45—49
三县一市平均数	0. 1	0. 28	0. 33	0. 19	0. 39	0. 86	0. 63	0. 38	0. 75	0. 51	0. 62	0. 70	0. 56	0. 57	0. 44	1. 21
雷山县	0. 10	0. 42	1. 32	0	0	1. 54	0. 67	0	1. 20	1. 01	0. 21	1. 20	0. 74	0. 76	0. 48	0. 51
台江县	0	0	0	0	0. 23	0. 16	0. 45	0	0. 35	0	0. 20	0. 48	0. 51	0. 65	0. 65	3. 33
剑河县	0. 23	0. 59	0	0. 57	1. 07	1. 02	0. 98	1. 00	1. 10	0. 25	1. 27	1. 03	0. 30	0. 18	0. 27	0. 30
凯里市	0. 07	0. 12	0	0. 22	0. 28	0. 75	0. 45	0. 54	0. 38	0. 80	0. 81	0. 11	0. 70	0. 71	0. 36	0. 69

附表四：三县一市苗族 15—49 岁妇女未婚人数（以各年龄组妇女人数为 100）

单位：%

县、市别 \ 年龄（岁）	15—19	20	21	22	23	24	25	26	27	28	29	30	31—34	35—39	40—44	45—49
三县一市平均数	87	54. 47	40. 75	34. 4	29. 07	25. 23	17. 78	15. 07	13. 04	10. 04	9	7. 5	5. 28	3. 05	1. 34	0. 93
雷山县	90. 48	63. 78	46. 7	37. 99	32. 3	28. 9	20. 92	19. 02	16. 83	13. 28	12. 93	11. 57	8. 93	5. 83	2. 28	1. 84
台江县	86. 32	50. 11	39. 99	26. 83	27. 72	26. 79	16. 72	10. 27	10. 18	7. 04	6. 56	5. 55	3. 03	2. 24	0. 94	0. 24
剑河县	81. 01	39. 53	25. 76	31. 04	23. 76	18. 12	13. 96	13. 95	11. 48	9. 17	8. 32	5. 56	4. 69	1. 86	1. 12	0. 62
凯里市	90. 02	64. 49	50. 55	41. 91	32. 53	27. 11	19. 55	17. 06	13. 69	10. 68	8. 19	7. 34	4. 47	2. 3	1. 02	1. 02

（原文载《民族人口探索》1988 年第 1 期）

论贵州民族地区的师资队伍建设[①]

发展民族教育，培养建设人才，直接关系到我省少数民族地区的两个文明建没。在这方面需要解决的问题很多，现仅就我省少数民族地区的师资队伍建设问题谈两点看法：

一、我省少数民族地区师资队伍的现状

为了建设社会主义物质文明和精神文明，必须把教育摆在战略重点的地位。为了办好各级各类学校，必须建立一支有足够数量的，合格而稳定的教师队伍。只有这样，才能培养出适应全省经济、社会发展与科学技术进步需要的人才。由于我省教育的基础差，教育的发展又受到经济发展水平的制约，加之十年动乱的破坏和教育体制上存在的一些问题，致使我省目前的教育事业还很不适应全省和社会发展的需要。这个问题在民族教育方面更加突出。通过对教师队伍现状的分析，可以看出下列存在的问题：

首先，教师的数量不足。我省少数民族地区现有教师的数量不能满足需要。近两年来，一些地、州、市因招聘引起了教师的不正常流动，部分少数民族地区的骨干教师，被交通方便、经济条件好的中心地区聘走。中心地区的教育基础本来比较好，

① 本文为正东教授与潘朝霖合著。

但仍感到师资缺乏，文化基础薄弱的少数民族地区自然更成问题。少数民族地区普遍存在着教师不足的问题，尤其是担任高中课程的骨干教师更为紧缺。高中教师的课程负担偏重，教师患病或有事请假，往往就要停课。教育基础本来就很差的少数民族地区，遇上招聘带来的冲击，就使不少县份的高中部难以开课。像黔东南州的丹寨县、雷山县和黔南州的三都县等就曾出现上述情况。因此，希望有关方面正视现实，对教师队伍的建设要及时抓，并且采取切实有力的措施，以适应教育发展的需要。

随着社会的发展，教师队伍建设的步伐必须加快。从黔东南州教育发展对教师需求量的预测来看，到本世纪末该州中学，各类中等专业学校和大专院校所需的教师数量很大。就中学而言，1983 年该州有教师 3 885 人，1990 年预测为 6 239 人，净增 2 354 人，增长 60.6%；到 2000 年预测数 9 914 人，比 1983 年净增 6 029 人，增长 55.2%[①]。该州中专、中技、职业中学、农业中学预测情况是：1990 年为 1 627 人，约为 1983 年的 4 倍；2000 年为 4 889 人，约为 1983 年的 12 倍。中学和各类中等专业学校的发展，需要该州的高等教育有相应的发展。预测到 2000 年，该州高等学校应需教师 740 名，从 1985 年起，必须每年递增 45.6 人。上面所列的预测数，仅仅是专职教师数的需求量，如果再计算政工后勤管理人员，那么需求量更大。

其次，教师的素质较低。由于种种原因，少数民族地区教师队伍的素质普遍不高。在“文化大革命”期间和此后一段时

① 见《贵州少数民族教育研究（一）》中的《二〇〇〇年黔东南教育展望》一文。

间里，很多地方出现高中毕业生教高中，初中毕业生教初中，小学毕业生教小学的事例。这些教员往往是升学考试的落榜者。这样的师资水平自然要影响当地各级学校的教学质量。

为了促使教师水平的提高，教育部门在鼓励教师钻研业务的同时，又规定教师参加“教材过关”考试。从“教材过关”考试中，教师素质偏低的问题就明显地反映出来。1984 年，全省近 20 万中小学教师中，有 132 216 名参加“教材过关”考试。其中，参加小学两个学科考试的教师，平均合格率为 30.38%；参加初中九个学科考试的教师，平均合格率为 49%，参加高中九个学科考试的教师，平均合格率为 53.21%[①]。不参加考试的教师中，有一部分是合格的，过硬的，即使再加上这部分教师，总的合格率也并不高。这样的师资水平同我们教育事业的发展是不相适应的。教师队伍的情况一般来说，中心地区要好一些，少数民族地区要差一些。1983 年“教材过关”考试后，据黔南、黔西南两自治州的统计：小学教师的平均合格率仅为 5.2596%，及格率为 34.1%[②]。即使在全省高考成绩较突出的少数民族聚居的天柱县，也同样存在这种现象。该县 1983 年中小学公办教师为 1 541 人，其学历情况是：本科 77 人，专科 165 人，中专 585 人，高中 185 人，初中 307 人，初师 77 人，其他文化程度 178 人。其中初中以下文化程度计 562 人，超过总数的三分之一。该县中学专任教师 547 人的学历情况是：本科 47 人，

① 见《贵州日报》1984 年 11 月 6 日《以考促教，以学促教》一文。

② 见《贵州少数民族教育研究（一）》中的《关于加强和发展我省民族教育的意见》一文。

专科146人，而中专，高中毕业的有283人，中专、高中肄业以下的71人，其中本科、专科学历的教师仅占35.3%。该县1983年“教材过关”考试，参加小学语文考试的有197人，合格22人，占11%；参加算术考试的有302人，合格15人，占5%。平均合格率为7.4%。初中教师参加语文、数学、物理、化学四科考试的251人，合格49人，平均合格率为19.5%①。

这种情况，就是贵阳市花溪区的高坡乡也同样存在。该乡1983年秋季有两所初中、十一所小学和一些教学点，在110名教师中，本地教师为90名，而其中的代课教师为41名。这个乡30岁以下的57名青年教师中无大专生，仅有18名两年师范生和10名高中毕业生，其余的29人都是初中、小学毕业生。这些青年教师都是在“文化大革命”期间念的书，有的虽说是毕业，但在升学考试中都屡次落选。由于该乡教师素质低，其教学效果也很不理想②。

再次，民族地区的教师队伍不够稳定。民族地区教师队伍不够稳定的问题，这几年尤其显得突出。由于招聘成风，使少数民族地区的教师队伍受到很大的冲击，很多民族地区的骨干教师被聘走。造成不稳定的原因，除了招聘直接影响之外，过去有关少数民族地区教师待遇的规定也存在着“一刀切”的弊病。有些领导对教师在政治上、生活上不够关心，这也是造成

---

① 见《贵州少数民族教育研究（一）》中的《天柱县教育发展概况的调查》一文。

② 见《贵州少数民族教育研究（一）》中的《贵阳市高坡乡民族学校教师现状调查》一文。

教师队伍不稳定的原因之一。当然，也有个别教师为追求高薪待遇而私自出走。

教师队伍不稳定的根本原因，是少数民族地区还没有建立起一支以本地区、本民族为主体的合格而稳定的教师队伍。如果解决了这个问题，教育的发展就会大大加快。现以天柱县为例，该县有三十余万人，自1980年之后，在中专和大专院校考试中，取得较好成绩，升学人数也有显著增加，跃居省内先进县的行例。该县1983年中小学教师有2 597人，其中少数民族教师2 496人，占96%。这两年省内有些地区刮起的招聘风，虽然波及天柱，但受到的影响不大。加上该县又重视人才，对于外流的个别骨干教师，他们亲自到受聘地方去做工作，热情地把这些教师请回来。这样，使该县教师队伍得以保持稳定，教学效果比较理想。天柱县的事例说明，如果全省各少数民族地区在五十年内，都能建立起一支由本地区、本民族为主体的合格而稳定的教师队伍，那么，这些地区的教育现状将会随之有明显的变化。

最后，教师队伍的民族构成不太合理。由于历史的原因，民族地区的经济、文化落后，导致该地区教师队伍不仅数量少、素质低，而且教师的民族构成也不合理。据1982年全省统计，少数民族的小学教师只占小学教师总数的18.9%，少数民族中学教师只占中学教师总数的10%，中等师范少数民族教师只占中等师范教师总数的11%①。少数民族教师比例偏低，显然不适

① 见《贵州少数民族教育研究（一）》附表十一：《全省各学校民族教师人数》。

应民族地区教育发展的需要。根据上述情况，不难看出我省教师队伍存在的问题。要解决这些问题，必须采取相应措施，才能使我省的民族教育事业得到迅速的发展。

二、对我省少数民族地区师资队伍建设的几点建议

中共中央在关于教育体制改革的决定中指出："国家还要帮助少数民族地区加速发展教育事业。"贵州是一个多民族的省份，少数民族地区的经济、文化基础薄弱。要改变其落后面貌，就需要重视发展少数民族教育。民族教育中的一个关键问题是建立本地区、本民族成员为主体的合格而稳定的教师队伍，并且抓好对客籍教师的稳定和引进工作。要做好这两项工作，可从以下几方面去努力：

1. 开设民族知识课。我们伟大的祖国是统一的多民族国家，我省是一个多民族的省份。各兄弟民族为了缔造、保卫和建设我们的祖国，都进行了不懈的努力，做出了宝贵的贡献。为了振兴中华，实现各民族的共同繁荣，需要加强民族团结，增进彼此了解，提高各族人民相互支援的责任感。我们建议省内高等院校，特别是师大、民族学院和师专各级中等专业学校、职业技术学校都开设"民族知识课"，讲授民族理论与政策、民族概况、民族教育、民族学、民族史等方面的基础知识。通过学习，使大家意识到建设贵州少数民族地区，促进少数民族地区经济文化的发展，是自己不容推卸的责任。也使少数民族地区的学员更重视自身肩负的职责，乐意回乡从事民族教育工作和其他方面的工作。

2. 逐步建立一支以本地区、本民族成员为主体的合格而稳定的教师队伍。少数民族地区的自然条件不同于内地省份和中心地区，解决这些地区各级各类学校的师资问题的根本办法，是有计划地培养大批在当地生长的、懂少数民族语言、熟悉当地社会情况的人员担任教师。当前，对少数民族地区师资队伍的建设，可以考虑进行以下几项工作：

（1）稳定少数民族地区现有的在职教师。稳定现有的教师队伍，是发展民族教育的前提。任何单位和部门不得以任何借口挖少数民族地区的教师；也不能在少数民族地区内部用“三不要”或“四不要”的招聘办法互相拆台。本地区、本系统内部调整，也必须按照正常的人事调动手续办理。同时，要切实注意提高教师的社会地位和生活待遇。

（2）大力培养少数民族地区的各类师资。省内师范院校在今后的招生中，应适当增加少数民族地区的招生指标，省内各高等院校、中专和技工学校，要切实办好民族班或民族预科班，继续实行定向招生、定向分配以及降低分数段录取少数民族考生的办法，实行本科定指标到县，专科定指标到区，中师定指标到乡的招生合同制。尤其要注意培养少数民族女教师。通过以上措施，力争到1996年左右，实现省内大学、大专和中专在校少数民族生的比例与全省少数民族人口所占的比例相当。

（3）努力提高少数民族地区教师的政治素质和业务水平。希望有关部门，动员教育基础好的地区支援少数民族地区，有组织，有计划地开展多种形式的智力支边活动，也希望民族地区的教师根据自己的条件，利用电视、广播、函授、刊授学习各科知识，通过自学考试提高业务水平。学校应对这部分教师提供学习条件。当他们通过考试取得合格证书时，教育主管部门要根据情况，给予必要的物质奖励。

各大、专院校，尤其是教师进修院校和教育学院，要切实抓好现有教师，特别是少数民族教师的培训工作。民族自治地方还可以根据需要，举办民族师资班，重点培训少数民族教师。近年来，黔南自治州教育局改变了过去把教师培训经费往下分的作法，由州里集中掌握使用。凡是州内参加高一级学校考试，只要考分上了录取线而未被录取的教师，都送到有关院校深造。这样做对于提高民族地区教师的素质，收到了较好的效果。

另外，对少数民族地区的教师要建立定期轮训的制度。这些教师因受当地条件的限制，学习参考资料比较缺乏，再加上现代各科知识的不断更新，所以对在这些地区的教师，每任教五六年左右，可以考虑让他们脱产去学习一段时间。

（4）发扬“尊师重教”的良好风尚。希望领导部门对教师在政治上要充分信任，在工作上大力支持，在生活上热情关怀，采取切实可行的措施，多为教师做实事、做好事，使教师安心工作，并逐渐在全社会的范围内形成尊重知识、尊重人才、尊师重教的良好风尚。建议有关部门对在民族地区工作二十五年以上的教师，在确定退休金时应予照顾，对在少数民族地区工作的教师家属的农转非、升学、就业等问题，应予以适当的照顾，组织长期坚持在少数民族地区工作的教师到外地参观学习，增长见闻，对客籍教师应根据他们的实际需要，同意他们在假期中外出探亲。

此外，教师还应加强学习，自尊、自爱、自重，在精神文明建设中，努力做出新的贡献。

师资队伍的建设，是发展民族教育的一个关键性问题。我们根据所掌握的很不全面的材料，对师资问题的现状进行了初步的分析，并就建立一支有足够数量的合格而稳定的教师队伍，提出了几项建议。由于我们对实际情况了解得很不够，理论水平和政策水平也不高，本文可能有不少缺点和错误，希望读者给予批评指正。

（原文载孟铸群、陈红涛等主编：中国民族教育论丛（一）贵州民族教育研究专集，《民族教育》编辑部，1987 年 7 月第 1 版）

第六编
忆 先 师

吴泽霖教授二三事

吴泽霖教授是我国当代著名的社会学家、民族学家。他在长期从譬教学、科研的过程中，一贯重视实地调查和社会服务。吴教授不仅自己身体力行，而且指导、帮助他的学生们努力联系实际，使社会学、民族学为我国各族人民服务。

今年欣逢吴教授执教60周年。我是40年代初期他在西南联大执教时期的学生，现就个人追忆所及，将吴老师从1942—1943年所从事的几项有关社会学、民族学的活动简述如下：

一、筹建边胞服务站并指导该站工作

1942年，抗日战争正处于困难时期。那年春天，云南西部的一些地方受到日本侵略军的威胁，边疆形势日趋紧张，人民生活十分困苦。根据当时的抗战形势，吴泽霖教授认为有必要在云南省筹组一两个微型的、带有实验性质的社会服务团体，为邻近战区的边疆各族人民服务。为实现这一目的，他积极同有关方面联系，先后得到新生活运动促进总会和清华大学研究院的资助，并从云南省卫生处等单位获得了部分防疫和治疗用的药物。1942年7月，吴教授组成了第一边胞服务站，他推荐西南联大社会学系当年的毕业生张正东、邝文宝，教育学系当年的毕业生李觉民（在校时曾用名张翰杞）和一位纳西族女教师赵银棠以及其他几位青年，前往云南省丽江地区开展边胞服务工作。

这个边胞服务站在云南丽江、维西、德钦、宁蒗、贡山、福贡等县、区（自治区）从事过医疗卫生、国民教育、抗战宣传和社会调查等工作。吴教授每月给该站负责人写一次信，对各项工作进行指导。这个边胞服务站工作到1946年2月。在三年半的时间内，该站工作人员从事过一些民族调查。他们撰写的有关报告和文章，都曾寄送给吴教授审阅、指正。

此外，吴教授还指导他的其他学生到云南省墨江县建立过第二边胞服务站。其工作项目与丽江边胞服务站大体相同。这里就不再详说了。

二、主持云南西北地区少数民族文物展览

1942年7月，吴泽霖教授筹建丽江地区边胞服务站时，曾指示该站工作人员注意收集当地少数民族生产、生活用具的实物和照片，以供清华大学社会学系和校内外其他研究单位教学、科研之用。该站工作人员经过半年的努力，先后在纳西族、傈僳族和藏族聚居地区收集到200多件文物和照片。根据吴教授的指示，上述文物于1943年2月从丽江送抵重庆，并于同年2月中旬至3月上旬在重庆夫子池展出。我记得当时前来参观展览的有重庆《新华日报》社的主要负责同志，还有不少在重庆工作的文化教育界人士。吴教授主持这个展览会是为了向有关方面和城市居民介绍边远地区少数民族的情况，希望引起各界人士对边疆建设的重视。在50年代院系调整时，这批文物现存部分由清华大学移交给中央民族学院收藏、利用。

三、深入少数民族地区从事社会调查

1941 年 2 月，吴泽霖教授应聘到西南联大社会学系任教后，除在讲授人类学、社会学时鼓励学生到少数民族地区从事社会调查外，他还在 1943 年 8 月亲自到云南丽江县纳西族地区进行社会调查。之后，他撰写了《么些人之社会组织与宗教》一文，刊载于 1945 年出版的《边政公论》第 4 期。以我个人的体会来说，吴教授去丽江从事社会调查，也是对离校不久的社会学系毕业生进行的一次示范性的业务指导，对我们以后进行民族研究工作具有重要的指导意义。

（原文载冯友兰等著：《联大教授》，新星出版社 2010 年版）

怀念三位老师[1]

陈达、潘光旦、吴泽霖三位教授都曾长期在清华、联大社会学系执教。我们在校读书时曾多次亲聆教诲，毕业后仍得到他们多方面的关心和帮助。他们联系实际，教书育人；关心学生，提携后进；为人师表，率先垂范。这些好思想、好作风，永远值得我们纪念和学习。

下面，我们谈几点个人的体会：

一、社会学是一门应用性很强的学科。社会学系的教学工作如能紧密联系国情，研究实际问题，就有可能推动社会进步，服务国家建设。当然，学者们的良好愿望能否产生积极的社会效益，还要取决于一定的历史条件和社会制度。我们听过陈达老师讲授的人口问题和劳工问题，听过潘光旦老师讲授的家庭问题、优生学和社会思想史，听过吴泽霖老师讲授的高级社会学和人类学。半个世纪以来，我们能够先后从事一些民族研究和人口研究工作，这同早期在联大社会学系所受的教育有密切关系，同上述三位老师的教导是分不开的。

二、教书育人是教师的终身事业。热爱祖国、立志献身教育事业的教师，他们总是长期、全面地关心并帮助自己的学生。50 年来社会剧变，人世沧桑。1942 年我们毕业离校去云南边疆

---

① 本文由正东教授与邝广宝合著。

地区工作，以后的四年中我们曾同三位老师保持联系，并有机会面聆教益。由于工作关系，这一时期我们同吴泽霖老师的联系更为密切（参见湖北科学技术出版社 1988 年 9 月出版的《吴泽霖执教 60 周年暨 90 寿辰纪念文集》中的两篇文章：邢玉林写的《吴泽霖小传》和张正东写的《遵循吴师教导，致力民族研究》）。在这几年中，我们还得到潘光旦老师的多次指导和具体帮助，陈达老师也很关心 1942 年到 1945 年我们在云南丽江地区从事的社会调查工作（这项工作在山东人民出版社 1987 年 8 月出版的杨雅彬著的《中国社会学史》第 249 页中有简略的介绍）。

1946 年陈、潘、吴三位教授随清华复员北上后，我们向老师求教的机会少了一些；但是，直到 1960 年和 1974 年邝文宝和张正东先后去北京看望潘、陈两位老师时，他们仍仔细地询问我们在云、贵两省的工作、生活情况。从 70 年代末到 1990 年 5 月，我们每次见到吴老师时，他都十分关心我们的生活情况，并对我们的工作给予精心的指导。这种真挚的师生情谊，我们永远也不会忘记。

三、为人师表，率先垂范。社会学系的学生毕业后要继续研究社会问题并从事社会工作，因此他们很需要老师们的言传身教和具体指导。

清华、联大社会学系的教师们除了授课外，大都结合有关专业进行调查研究工作并编写专著。陈、潘、吴三位老师也都在这方面作出了榜样。陈达教授早在 1934 年即有《人口问题》专著问世；1939 年至 1946 年他主持清华大学国情普查研究所，进行了关于中国人口的实地调查和研究；随后，出版了《现代中国人口》一书。这些著作对我们从事的人口教学和人口研究有重要的参考价值。潘光旦教授的民族学著作，特别是《湘西北的“土家”与古代的巴人》一文，对我们从事的少数民族历史研究以及湘、鄂、川、黔一些地区的民族识别工作，有着针对性的指导意义。吴泽霖教授从1938年随上海大夏大学内迁贵阳开始，直到1990年他逝世之前的半个世纪，他对我国西南地区的许多种少数民族亲自作过调查，撰写和修改、审定了大量的调查报告、论文和专著。他还对少数民族文物的搜集、研究和展览具有丰富的实践经验，是民博工作的专家（见《吴泽霖执教60周年暨90寿辰纪念文集》选载的吴教授论著和附人的著作、译文日录）。吴老师启发、指导我们从事民族研究工作，并在一些方面作出了榜样（请参阅中国文史出版社1988年10月出版的西南联合大学50周年纪念文集《笳吹弦颂情弥切》中的《吴泽霖教授二三事》一文）。

我们毕业后远离母校，长期在西南地区从事民族研究（包括少数民族人口问题研究）和民族教育工作，对老师们的嘉言懿行了解的很不系统。因此，本文回忆的事项很不全面，没有反映出几位教授为人师表、教书育人的全貌。希望读到系友们在这方面更好的纪念文章。

（原载《桃李思故园》，《社会研究》1991年第6期增刊）

附：张正东教授简历

1919年10月25日出生于河南省汲县的一个医生而且是信仰基督教的家庭。父亲张恩宣，医师，一生从事医务工作，1957年病死于华中师范学院卫生科科员任内。母亲魏守贞，家庭妇女。1930年病逝。继母张灵凤，家庭妇女。张正东教授妻子邝文宝老师，1919年3月生，广东人，华侨，为国立西南联合大学社会学系同学，于1942年结婚，生有三个子女。大女儿张凯龄，在安顺一中和贵州民族学院教务处工作，现已退休；长子张协龄，在贵州民族学院图书馆工作，现已退休；次子张昌龄，在贵阳市房地产管理局工作，是房产评估师。

一、简历

1919年10月25日出生于河南省汲县的一个医生而且是信仰基督教的家庭；

1926年9月—1930年7月，在河南商丘县立小学（初小部）学习；

1930年9月—1935年7月，在上海私立清心中学（高小部、初中部）学习；

1935年9—12月，在河北通县私立潞河中学（高中一年级上学期）学习；

1936年2—7月，在河南开封私立豫中中学（高中一年级下学期）学习；

1936 年 9 月—1937 年 7 月，在上海私立浦东中学（高中二年级）学习；

1937 年 9—12 月，在河南开封私立豫中中学（高中三年级上学期）学习；

1938 年 2—6 月，在河南鸡公山国立东北中学（高中三年级下学期）学习；

1938 年 10 月—1942 年 7 月，在云南省昆明市国立西南联合大学法商学院社会学系学习；

1942 年 7 月—1946 年 1 月，清华大学资助在云南丽江从事民族调查；

1946 年 2—10 月，云南省立丽江中学文科专任教员；

1946 年 11 月—1949 年 7 月，云南丽江师范学校校长；

1949 年 10 月—1950 年 3 月，云南大学社会学系讲师，讲授“人类学”；

1950 年 4—10 月，西南人民革命大学云南分校学习；

1950 年 11 月—1951 年 7 月，云南昆明长城中学副校长、文科专任教员；

1951 年 8 月—1953 年 8 月，云南昆明第十二中学文科专任教员；

1953 年 9 月—1956 年 5 月，云南昆明第六中学文科专任教员；

1956 年 6 月—1957 年 6 月，云南昆明第十五中学文科专任教员；

1957 年 7 月—1959 年 12 月，贵州民族学院研究室研究人员（民族学）；

1960 年 1 月—1979 年 8 月，贵州省民族研究所研究人员（民族学）；

1979 年 9 月—1980 年 9 月，贵州民族学院讲师；

1980 年 9 月—1982 年 10 月，贵州民族学院副教授；

1982 年 11 月起，任贵州民族学院教授；

1982 年 12 月至 1986 年 8 月，曾先后担任贵州民族学院历史系筹备组副组长（主持工作）、贵州民族学院社会学系筹备组顾问；

1982 年 12 月加入中国民主同盟，曾任民盟贵州省委委员。还担任贵州省社会学学会常务理事、中国民族研究会会员、贵州民族研究会顾问、贵州省人口学会副会长、贵州省计划生育协会副会长、贵州省民族识别审议小组成员、贵州苗学研究会顾问、贵州省民族文化学会会员。曾当选贵阳市花溪区第九届和第十届人民代表；

1984 年 9 月，省委、省政府授予他民族团结先进工作者称号；

1985 年 10 月，省政协、省智力支边领导小组、省委统战部授予他“贵州省各界人士为四化服务先进代表”称号；

1986 年 9 月，学院授予他“为人师表，教书育人”先进教师称号；

1989 年 5 月退休；

1997 年 3 月 6 日 20 时 26 分在贵阳逝世，享年 78 岁。

二、学术研究

1. 1942年毕业后研究工作

（1）云南省永胜、中甸、维西、宁蒗、德钦、贡山、福贡七县的有关民族调查的专题资料十余种。

（2）1944年在《边疆文化》上发表《德钦纪行》；1945年撰写《傈僳族调查报告》等；1948年在《边疆服务》上发表《傈僳族的创世传说》。

2. 新中国成立后的研究工作

（1）1958—1960年，参加彝族、仡佬族简史、简志编写工作；

（2）1960—1963年，参加《〈清实录〉贵州资料辑要》的工作，1964年贵州人民出版社出版；

（3）1979年，参加编写《贵州少数民族·彝族》，1980年由贵州人民出版社出版；

（4）1979—1981年，先后在《贵州民族研究》、《贵州民族学院学报》发表民族识别文章；

（5）1980在《贵州民族研究》第一期发表《清初回族迁入威宁考》（与余宏模合著）；

（6）1981年，文章收入《夜郎考（讨论文集之二）》，贵州人民出版社出版；

（7）1981年，发表《试论贵州少数民族人口研究中的几个问题》和《百越民族史和贵州民族研究》两篇文章；

（8）1983—1986年担任《中国人口·贵州分册》副主编，

参与编写贵州省第一部区域性人口著作；

（9）1985—1986 年参编《贵州省志 · 地理志 · 人口篇》；

（10）1986 年起担任《贵州通史》编委；

（11）1986 年，在《贵州民族学院学报》发表《人口普查与民族研究》论文（与石开忠合著）。

图书在版编目（CIP）数据

云贵民族考 / 张正东著；石开忠编 .— 北京：群言出版社，2014. 4

ISBN 978-7-80256-531-9

Ⅰ. ①云… Ⅱ. ①石… Ⅲ. ①少数民族 – 贵州省 – 文集 Ⅳ. ① K820.73 – 53

中国版本图书馆 CIP 数据核字（2013）第 298210 号

出 版 人　范　芳
责任编辑　李　群
封面设计　群言艺术设计中心 · 胡蔓青

出版发行　群言出版社（Qunyan Press）
地　　址　北京市东城区东厂胡同北巷 1 号（100006）
网　　站　www.qypublish.com
电子信箱　qunyancbs@126.com
总 编 办　010-65265404　65138815
发 行 部　010-65263345　65220236
经　　销　全国新华书店
读者服务　010-65262436　65276609
法律顾问　北京市君泰律师事务所

印　　刷　北京鑫瑞兴印刷有限公司
版　　次　2014 年 4 月第 1 版　2014 年 4 月第 1 次印刷
开　　本　880 × 1230　　1/32
印　　张　10.5
字　　数　200 千字
书　　号　ISBN 978-7-80256-531-9
定　　价　35.00 元